SERIES EDITOR
STEFANO DEL LUNGO

VOLUME 3

Young Lukanian Archaeologists (YLA)

BAR INTERNATIONAL SERIES 3049 | 2021

La stipe votiva di Monticchio Bagni *(Rionero in Vulture, Italia)*

Natura e Sacro sul Monte Vulture nel contesto italico

ANNARITA SANNAZZARO

Published in 2021 by
BAR Publishing, Oxford

BAR International Series S3049

Young Lukanian Archaeologists (YLA) Volume 3
La stipe votiva di Monticchio Bagni (Rionero in Vulture, Italia)

ISBN 978 1 4073 5860 4 paperback
ISBN 978 1 4073 5861 1 e-format

DOI https://doi.org/10.30861/9781407358604

A catalogue record for this book is available from the British Library

© Annarita Sannazzaro 2021

COVER IMAGE *Alcuni degli oggetti della stipe votiva di Monticchio, esposti nel Museo Archeologico Provinciale "M. Lacava" di Potenza (Italia) (foto autorizzata dal Museo Archeologico Provinciale "M. Lacava" di Potenza, Italia).*

The Author's moral rights under the 1988 UK Copyright,
Designs and Patents Act are hereby expressly asserted.

All rights reserved. No part of this work may be copied, reproduced, stored, sold, distributed, scanned, saved in any form of digital format or transmitted in any form digitally, without the written permission of the Publisher.

Links to third party websites are provided by BAR Publishing in good faith and for information only. BAR Publishing disclaims any responsibility for the materials contained in any third party website referenced in this work.

BAR titles are available from:

           BAR Publishing
           122 Banbury Rd, Oxford, OX2 7BP, UK
EMAIL info@barpublishing.com
PHONE +44 (0)1865 310431
FAX   +44 (0)1865 316916
           www.barpublishing.com

Young Lukanian Archaeologists

Il terzo volume della collana degli YOUNG LUKANIAN ARCHAEOLOGISTS è dedicato all'analisi della stipe di Monticchio Bagni (località Varco della Creta, Rionero in Vulture, PZ), scoperta nel 1901 da Vittorio Di Cicco. Il nucleo votivo, conservato ed esposto nel Museo Archeologico Provinciale "M. Lacava" di Potenza, è composto da piccole terrecotte figurate assise e stanti, da testine con differenti copricapi ed elaborate acconciature e da un erote, inquadrabili cronologicamente tra il quarto e il terzo (IV–III) secolo a.C. Le pratiche devozionali eseguite a Monticchio sembrano rivolte ad una divinità femminile, legata ai valori del culto afrodisio e a personalità affini del mondo indigeno, come *Mefitis*, evocando i concetti di fertilità, procreazione, fecondità, nonché momenti particolari, come i passaggi di *status*, dall'età infantile a quella adulta attraverso il matrimonio, e i riti di guarigione con l'acqua che dovevano svolgersi nel santuario. Il contesto topografico nel quale è inserito il rinvenimento ed anche il materiale messo in luce seguono appieno i modelli di altri santuari lucani coevi, evidenziando come la Basilicata, in questa fase, fosse caratterizzata da una forte omogeneità e coesione culturale. La realtà del santuario locale di Monticchio, inoltre, se inserita nel più ampio culto areale del Monte Vulture, ritrova importanti connessioni, nella relazione tra sacralità ed elementi naturali, con altre aree cultuali distribuite nel più vasto orizzonte del contesto italico. Questo caso di studio permette, dunque, di indagare e comprendere il ruolo, lo sviluppo e le modalità insediative dei santuari nel mondo antico, sacralizzati per peculiarità paesaggistiche e ambientali particolari (*bosco, altura, grotta e acqua*), e caratterizzati dal manifestarsi di particolari fenomeni, con l'obiettivo di stabilire connessioni tra Natura e Sacro nel Tempo.

Annarita Sannazzaro (Potenza, 1979; annaritasannazzaro@email.it) ha conseguito la laurea in "Conservazione dei Beni Culturali", indirizzo Archeologico, presso l'Università degli Studi "Suor Orsola Benincasa" di Napoli, il Diploma di Specializzazione in "Archeologia Classica" presso la Scuola di Specializzazione in Archeologia di Matera - Università degli Studi della Basilicata ed il Master di II Livello in "Studi Storico-Artistici e di Tutela a Valorizzazione del Patrimonio culturale e ambientale" presso la LUMSA di Roma. Ha partecipato a diverse campagne di scavo e progetti di ricerca: dal 2011 fa parte di *équipes* di ricerca del CNR-ISPC di Tito Scalo (PZ), operative nella ricerca territoriale (agro di Metaponto, Armento), nella viabilità di età romana (*Via Herculia, Via Annia-Popilia*) e nello studio dei santuari dell'antichità, con l'elaborazione di pubblicazioni scientifiche. Guida turistica abilitata e socio fondatore di Archeoworking (www.archeoworking.com), vanta una solida esperienza nella didattica archeologica e museale, nell'archeologia sperimentale, nell'allestimento di mostre e nell'organizzazione di eventi culturali. Collabora con musei, istituti scolastici, enti pubblici e privati alla redazione e realizzazione di progetti culturali per la promozione e la valorizzazione del patrimonio archeologico della regione Basilicata.

Sia il marchio sia il titolo sono stati creati appositamente da Stefano Del Lungo, l'editore di questa serie (e-mail: stefano.dellungo@cnr.it; c/o BAR Publishing, 122 Banbury Road, Oxford OX2 7BP Tel/Fax +44 (0)1865 310431; e-mail: info@barpublishing.com) e sono utilizzabili solo in rapporto a questo prodotto.

This third volume in the YOUNG LUKANIAN ARCHAEOLOGISTS series analyzes the assemblage of votive objects from Monticchio Bagni (Varco della Creta, Rionero in Vulture, PZ), discovered in 1901 by Vittorio Di Cicco. The votive objects, preserved and exhibited in the "M. Lacava" Provincial Archaeological Museum (Potenza), are small female figures in terracotta, seated and standing, as well as heads with various headdresses and elaborate hairstyles and an eros. They date to the 4th-3rd (IV-III) centuries BC. The devotional practices performed in Monticchio seem to have been directed towards a female divinity, similar in type to Aphrodite or Mefitis, evoking the concepts of fertility, procreation and fecundity, as well as particular moments, such as the passage of status from childhood to adulthood through marriage, and the healing rituals with water which were to take place in the sanctuary. The topographical context and the archaeological materials are similar to those in other contemporary Lucanian sanctuaries. The sacred site of Monticchio is part of the cultural and religious area of Monte Vulture. It allows us to investigate the relationships between sanctuaries and the landscape, the environment (wood, hill, cave and water) and natural phenomena, establishing connections between Nature and the Sacred in Time.

Annarita Sannazzaro (Potenza, 1979; annaritasannazzaro@email.it) graduated in "Conservation of Cultural Heritage", with a focus in archaeology, at the "Suor Orsola Benincasa" University of Naples, and a Specialization in Classical Archeology at the School of Specialization in "Classical Archeology" of Matera - University of Basilicata and a Level II Master's in "Historical-Artistic Studies and Protection to enhance cultural and environmental heritage" at LUMSA in Rome. She has participated in various excavation campaigns and research projects: since 2011 she has been a member of the research teams of the CNR-ISPC of Tito Scalo (PZ), working on territorial research (Metaponto, Armento), on the Roman road system (*Via* Herculia, *Via* Annia-Popilia) and on the study of ancient sanctuaries, including the production of scientific publications. As a licensed tourist guide and founding member of Archeoworking (www.archeoworking.com), she has solid experience in archaeological and museum education, in experimental archeology, in the setting up of exhibitions and in the organization of cultural events. She collaborates with museums, schools, and public and private bodies in the drafting and implementation of cultural projects for the promotion and enhancement of the archaeological heritage of the Basilicata region.

The logo and series title were created by Stefano Del Lungo (e-mail: stefano.dellungo@cnr.it; c/o BAR Publishing, 122 Banbury Road, Oxford OX2 7BP Tel/Fax +44 (0)1865 310431; e-mail: info@barpublishing.com), the series editor, and they can be used with this type of product only.

Di relativo interesse

Dediche di Occidentali nel santuario di Apollo a Delfi (VI-IV a. C.)
Maria Emilia Cavaliere

Oxford, BAR Publishing, 2013   BAR International Series **2479**

Young Lukanian Archaeologists (YLA), 1

Archeologia dell'insediamento protostorico di Mursia (Pantelleria Italia)
Studio dei reperti di fauna marina
Antonella Tolve and Sebastiano Tusa

Oxford, BAR Publishing, 2014   BAR International Series **2621**

Young Lukanian Archaeologists (YLA), 2

Pratiche funerarie e cultuali in Italia meridionale fra VI e V sec. a.C.
Il centro indigeno di Garaguso tra tradizione e innovazione
Valentina Garaffa

Oxford, BAR Publishing, 2021   BAR International Series **3026**

Architectural Terracottas at the Sanctuary of Punta Stilo at Kaulonia
Genesis, Problems, Developments
Nicola Giaccone

Oxford, BAR Publishing, 2015   BAR International Series **2777**

Indice

Lista delle figure ix

Lista delle tabelle xi

Introduzione 1

1. La Stipe Votiva Di Monticchio Bagni, Località Varco Della Creta 5
    1.1. Monticchio: inquadramento territoriale e storia della ricerca 5
        1.1.1. Il quadro territoriale 5
        1.1.2. Presentazione della frequentazione antropica del territorio 5
        1.1.3. Analisi preliminare per una carta archeologica del territorio 7
    1.2. La stipe votiva 10
        1.2.1. La storia della scoperta e vicende del nucleo votivo 10
        1.2.2. Caratteristiche della stipe 15
        1.2.3. Elementi tecnici 16
        1.2.4. Norme per una classificazione 17
    1.3. Catalogo 17
        Piccole terrecotte figurate 17
            A.1. Statuette femminili assise (tavv. I-VI, nn. 1-23) 17
            A.2. Statuette femminili stanti (tavv. VII-XVII; tavv. XXX-XXXIII, da n. 24 a n. 66;
            da n. 114 a n. 125) 20
            A.3. Eroti (tav. XXXIII, n. 126) 34
            A.4. Frammenti di tipi non identificabili (tav. XXXIV, nn. 127-130) 35

2. La Stipe Di Monticchio Nel Quadro Della Religiosità Lucana 71
    2.1. Santuari e sviluppo del territorio 71
    2.2. Santuari e manifestazioni naturali 76

3. Il Santuario Come Unità Sacra e Documento Archeologico Su Luoghi e Manifestazioni Naturali 79
    3.1. I santuari in rapporto allo spazio 79
    3.2. Modalità insediative dei santuari nel mondo antico 80
        3.2.1. Il Bosco 81
        3.2.2. L'Altura 81
        3.2.3. La Grotta 86
        3.2.4. Le Acque: sorgente, fiume, fontana 88
        3.2.5. Le Acque: il lago 89
    3.3. Quadro sinottico dei santuari analizzati 92

Abbreviazioni e Bibliografia 95
Indice Analitico 107

Lista delle figure

Fig. 1.1. La Basilicata nord-occidentale con ubicazione del complesso del Monte Vulture 6

Fig. 1.2. Il complesso vulcanico del Monte Vulture visto da Castel Lagopesole 6

Fig. 1.3. Cartina dei principali centri abitati noti in Basilicata nell'Antichità (elab. cart. S. Del Lungo) 8

Fig. 1.4. Carta archeologica del territorio tra Rionero in Vulture e la Valle dell'Ofanto 9

Fig. 1.5. I laghi vulcanici di Monticchio 10

Fig. 1.6 a-b. La località Varco della Creta con, al centro, il presunto sito della stipe votiva 11

Fig. 1.7. Delibera della Deputazione Provinciale n. 1479 con oggetto: richiesta del Direttore del Museo Provinciale in ordine agli scavi archeologici (in APPZ; su concessione del Museo Archeologico Provinciale "M. Lacava" di Potenza) 12

Fig. 1.8. Relazione sul Museo Archeologico Provinciale, stilata dal Direttore Di Cicco, per il Resoconto Morale 1910-1911 (in APPZ; su concessione del Museo Archeologico Provinciale "M. Lacava" di Potenza) 14

Fig. 1.9. Delibera di Consiglio n. 136 con oggetto: provvedimenti per il Museo provinciale (in APPZ; su concessione del Museo Archeologico Provinciale "M. Lacava" di Potenza) 16

Fig. 2.1. Santuari del IV secolo a.C. in Basilicata, dal culto alla tipologia (elab. cart. S. Del Lungo) 72

Fig. 2.2. Rossano di Vaglio (Vaglio di Basilicata, PZ): la spianata del santuario con le canalizzazioni per l'acqua a pavimento (foto: S. Del Lungo) 73

Fig. 2.3. Rossano di Vaglio (Vaglio di Basilicata, PZ): la spianata del santuario (foto: S. Del Lungo) 73

Fig. 3.1. Nemi (RM): il *nemus Nericinus* sui fianchi del cratere vulcanico visto dalle rovine del santuario di Diana (foto: S. Del Lungo) 82

Fig. 3.2. Nemi (RM): alcune strutture del santuario di Diana (foto: S. Del Lungo) 82

Fig. 3.3. Atella (PZ): il Monte Vulture visto dalla Valle di Vitalba (foto: S. Del Lungo) 84

Fig. 3.4. Rocca di Papa (RM): la *via sacra* in ascesa verso la sommità del Monte Cavo (foto: S. Del Lungo) 87

Fig. 3.5. Latronico (PZ): le grotte in località Calda 88

Fig. 3.6. Carta con i luoghi di culto esaminati 91

Lista delle tabelle

Tabella 1. Statuette femminili assise 18

Tabella 2. Statuette femminili stanti 22

Tabella 3. Testine 28

Introduzione*

Il volume *La stipe votiva di Monticchio Bagni (Rionero in Vulture, Italia). Natura e Sacro sul Monte Vulture nel contesto italico* è il frutto dell'integrazione tra le ricerche svolte per la stesura della tesi di Specializzazione in Archeologia Classica[1] e le attività realizzate durante gli anni di collaborazione con il CNR-ISPC e accoglie le attività svolte a seguito della ricerca condotta da S. Del Lungo su *Memorie nascoste e territori svelati nella ricerca topografica antica e medievale* e della partecipazione nell'Aprile del 2013 al Convegno *Natura 2000 in Basilicata: percorsi di 'contaminazione' tra natura, scienza, arte e cultura dei luoghi* (ENEA e Regione Basilicata). In quest'occasione è stato presentato, nella Sessione 2 (*Scienza, Arte e Letteratura raccontano i luoghi di Rete Natura 2000*), il poster *Cultural Landscapes: dalle stipi votive alle pergameni medievali* (di S. Del Lungo, A. Sannazzaro).

Ne sono seguiti il contributo *Paesaggio tra Archeologia e Ambiente: l'integrazione della componente culturale nelle schede della Rete Natura 2000 Basilicata* (di S. Del Lungo, A. Sannazzaro) all'interno del volume curato da G. Gabrielli, M. Lazzari, C.A. Sabia, S. Del Lungo, *Cultural Landscapes. Metodi, strumenti e analisi del paesaggio fra archeologia, geologia e storia in contesti di studio del Lazio e della Basilicata (Italia)*, (Notebooks on Medieval Topography, n. 9 - BAR IntS 2629), Oxford 2014 (pp. 235-264), e la partecipazione nel Settembre 2013 al Workshop Internazionale "*Geoarchaeology and landscape analysis: background and new frontiers of study, research and profession*", organizzato da S. Del Lungo e M. Lazzari, nell'ambito di GeoItalia, IX Forum Italiano di Scienze della Terra presso l'Università di Pisa, con l'intervento *The sanctuary in ancient times as a sacred unit and geoarchaeological document*, confluito in questo volume.

Il rapporto tra azioni rituali, oggetti della devozione popolare ed elementi sacri celati nel paesaggio caratterizzano la presente ricerca. In particolare, la relazione tra sacro e fenomeni naturali viene analizzata nelle sue diverse componenti ambientali (*Bosco, altura, grotta, sorgente, fiume, fontana, lago*) ed individua nella stipe votiva di Monticchio Bagni (località Varco della Creta, Rionero in Vulture - Potenza) un caso di studio di particolare interesse per meglio comprendere l'aspetto della sacralizzazione di un comprensorio vulcanico e di un culto rivolto alle acque salutari.

L'obiettivo principale del lavoro è, dunque, quello di delineare le caratteristiche formali della stipe votiva, illustrandone il tipo di culto e le azioni rituali, per poi inquadrarla nel contesto territoriale di appartenenza e nello stesso tempo definire nuove componenti di tipo sia storico-culturale sia geologico-geomorfologico, capaci di precisare meglio il tipo di interazione Uomo-Ambiente nel Tempo.

Inoltre, lo studio di questo nucleo votivo ancora inedito potrebbe rivelarsi utile per apportare nuovi dati sulla strutturazione dei santuari della Basilicata antica, nel quadro più ampio del processo di trasformazione insediativa, dovuto all'arrivo dei Lucani in regione nel IV secolo a.C.

Per lo studio della stipe votiva di Monticchio si è dovuto ricostruire sia la storia della scoperta, di cui si conosceva la data ed il rinvenitore, ma non il luogo preciso del ritrovamento, sia ricomporre l'intero nucleo votivo all'interno dei magazzini del Museo Archeologico Provinciale di Potenza. Sono stati inizialmente ricercati ed analizzati i documenti del 1911 conservati nell'Archivio Storico dell'Amministrazione Provinciale di Potenza. I dati di archivio si sono rivelati preziosi per comprendere la tipologia e le caratteristiche tecniche della scoperta ma non hanno permesso di identificare il luogo esatto del rinvenimento poichè nei documenti l'area risulta sempre definita genericamente come la "Tenuta di Monticchio". Anche la letteratura archeologica non riporta il luogo esatto, soltanto Dinu Adamesteanu nel 1970 fornisce un dato più preciso collocando il rinvenimento della stipe in località Varco della Creta, nelle immediate vicinanze dei Bagni di Monticchio.

---

* Desidero esprimere sincera gratitudine al Dott. Stefano Del Lungo per i preziosi consigli, la pazienza, la disponibilità, la generosità, le opportunità di confronto culturale e scientifico offertemi in questi anni di collaborazione con il CNR ISPC di Tito Scalo (PZ) e l'importante supporto ricevuto durante la preparazione della presente pubblicazione. Ringrazio sentitamente il Prof. Massimo Osanna che mi ha seguita, guidata e sostenuta con generosità, pazienza e preziosi consigli nella stesura della Tesi di Specializzazione in Archeologia Classica e la Dott.ssa Ilaria Battiloro per l'estrema gentilezza e disponibilità dimostratami in tutte le fasi dello studio del materiale. Sono grata all'intera Amministrazione Provinciale di Potenza per avermi concesso la possibilità di consultare i depositi del Museo Archeologico ed i documenti dell'Archivio Storico durante le ricerche per la stesura della Tesi di Specializzazione; un grazie sincero va in particolare a tutto il personale del Museo Archeologico Provinciale, all'Assessore alla Cultura (2007-2009), Ing. Giuseppe Telesca, e al Sig. Fernando Massa dell'Archivio Storico della Provincia di Potenza. Un vivo ringraziamento va all'ing. Enrico Spera, Direttore del Polo delle Arti e della Cultura della Provincia di Potenza, e alla dott.ssa Anna Grazia Pistone, Funzionario Archeologo e Conservatore del Patrimonio del Museo Archeologico Provinciale di Potenza, per la pronta disponibilità con la quale hanno autorizzato l'utilizzo del materiale illustrativo della stipe votiva di Monticchio. Un pensiero davvero speciale va alla cara collega ed amica prof.ssa Sandra Bianco, con la quale ho condiviso intensi anni di lavoro in Provincia, nel suo indimenticabile ricordo.

[1] La tesi di specializzazione dal titolo *Alla ricerca di un santuario perduto: la stipe di Monticchio Bagni, località Varco della Creta*, è stata discussa il 13 Maggio 2011 presso la Scuola di Specializzazione di Archeologia di Matera - Università degli Studi della Basilicata (Insegnamento di Archeologia e Storia dell'arte greca, Prof. Massimo Osanna).

La stipe votiva di Monticchio Bagni (Rionero in Vulture, Italia)

L'area è stata battuta a piedi ma non sono state rilevate tracce strutturali dell'area di culto. Dopo lo studio documentario sono stati individuati i reperti della stipe, conservati nel Museo Archeologico Provinciale "M. Lacava" di Potenza. Il rinvenimento degli esemplari e il loro successivo riordinamento è il risultato di un'attività molto complessa ed impegnativa. Il materiale, infatti, in parte esposto in una vetrina del museo, era conservato in misura maggiore nei magazzini. Non si presentava ordinato in cassette e suddiviso secondo una classificazione crono-topografica, ma distribuito in varie cassette senza né l'indicazione di provenienza né i numeri di inventario.

Soltanto attraverso l'analisi incrociata delle schede manoscritte, compilate da Vittorio Di Cicco nel 1911, e delle schede redatte nel 1988 dalla Direzione del museo, è stato possibile stilare un elenco completo dei materiali. Si è proceduto, pertanto, alla ricerca dei reperti all'interno del deposito museale, alla ricostruzione della stipe votiva e infine allo studio della stessa. Il materiale, appartenente ad un'unica grande categoria, quella delle piccole terrecotte figurate, è stato suddiviso, secondo una classificazione tipologica, in figure femminili assise, stanti ed eroti.

Dopo la disamina degli esemplari, infine, si è tentato di individuare la divinità titolare del culto, i rituali e le forme di devozione popolare cercando di inquadrare il nucleo votivo di Monticchio nel quadro più ampio del contesto italico.

Potenza, giugno 2021

Introduzione

Natura e Sacro sul Monte Vulture nel Medioevo: l'abbazia di S. Michele sul Lago Piccolo di Monticchio. L'Arcangelo vigila sulle profondità del cratere vulcanico (foto: S. Del Lungo).

1

La Stipe Votiva Di Monticchio Bagni, Località Varco Della Creta

Analyzing the sanctuaries in Basilicata during the 4th century BC, in a period of transformation in territorial infrastructure and settlement organization, Monticchio is a case study of particular interest.

The site, strategically located near the Ofanto river and the Vulture massif, with two volcanic lakes and mineral water springs, was inhabited from prehistory until the late Roman imperial age. The analysis of anthropic attendance in this area helps us to understand settlement dynamics and transformations in this territory.

The archaeological research focuses on the study of the votive assemblage found in Monticchio in 1911 by Vittorio Di Cicco, Director of the Provincial Archaeological Museum of Potenza.

The archaeological literature usually speaks of a votive deposit found in a cave near the Abbey of San Michele Arcangelo, directly above the Little lake of Monticchio. Only Adamesteanu, after systematic searches, changed this and moved the discovery site to the place known as Varco Della Creta, SW of Vulture, west of the lake and in the immediate vicinity of the Bagni di Monticchio village.

The study of handwritten and archival documents allows us to draw up a complete list of votive objects, rediscovered in the deposits held in the Provincial Archaeological Museum. They have been divided into standing, erotic, and seated female figures, belonging to a single large category (e.g. small figured ceramics), and according to a typological classification.

Keywords: Votive assemblage, coroplasty, cult of healthy waters

1.1. Monticchio: inquadramento territoriale e storia della ricerca

1.1.1. Il quadro territoriale

Il territorio di Monticchio è ubicato nella Basilicata settentrionale (figg. 1.1-2), tra i comuni di Rionero in Vulture ed Atella[1]. L'area è contraddistinta dalla presenza di colline, corsi d'acqua[2] e soprattutto dal Monte Vulture[3], che con la sua lunga attività ha modellato o determinato diverse forme del paesaggio, con il cratere del cono eruttivo centrale occupato dai laghi di Monticchio[4].

Il sito rappresenta un importante snodo stradale per il controllo del territorio, un luogo d'incontro tra le diverse popolazioni stanziate nella regione.

1.1.2. Presentazione della frequentazione antropica del territorio

Le più antiche tracce di frequentazione nell'area di Monticchio si datano al Paleolitico medio, ma sono approssimative le notizie relative a reperti ritrovati da Giustino Fortunato[5]. A questo periodo risalgono anche alcuni materiali inediti rinvenuti sulle sponde dei due laghi, che evidenziano l'uso nell'area della tecnica *levallois*[6]. Per il Neolitico Medio, invece, si segnala il rinvenimento di un frammento ad impasto, pertinente ad un'ansa a bastone a sezione ovale con decorazione a impronta di pollice[7].

Nell'area testimonianze più consistenti si collocano nella prima Età del Ferro e sono costituite da un ago crinale con pendaglio ornamentale, donato dal Fortunato al Museo di Potenza[8], e da una serie di vasetti ad impasto rinvenuti da

---

[1] Il territorio di Monticchio comprende i centri di *Monticchio Bagni*, *Monticchio Sgarroni* (entrambi appartenenti al comune di Rionero in Vulture) e *Monticchio Laghi* (nel comune di Atella, PZ).
[2] Da un lato l'Ofanto, che garantisce contatti con l'Adriatico e il Sele, e dall'altro il Bradano che assicura relazioni con la costa ionica.
[3] La formazione del rilievo (1327 m. di altitudine) è databile in un arco cronologico compreso tra 650.000 e 550.000 anni fa.
[4] I laghi si localizzano alla falda sud occidentale del Monte Vulture. Il lago Grande è situato ad Occidente dell'istmo mentre il lago Piccolo ad Oriente. Dal lago Grande, attraverso un emissario, le acque si immettono nell'Ofanto (Tomay 2002, p. 19).

[5] Rescio, p. 52; Sestieri Bertarelli 1957, p. 23 e 40.
[6] Piperno, Tagliacozzo 1999, p. 24.
[7] Il reperto è conservato nei depositi del Museo Archeologico Provinciale di Potenza (N. Inv. 50544, vecchio numero 1340, Dimensioni: lungh. 8,9 cm).
[8] Sestieri Bertarelli 1957, p. 23; Cervellino 1960, p. 5.

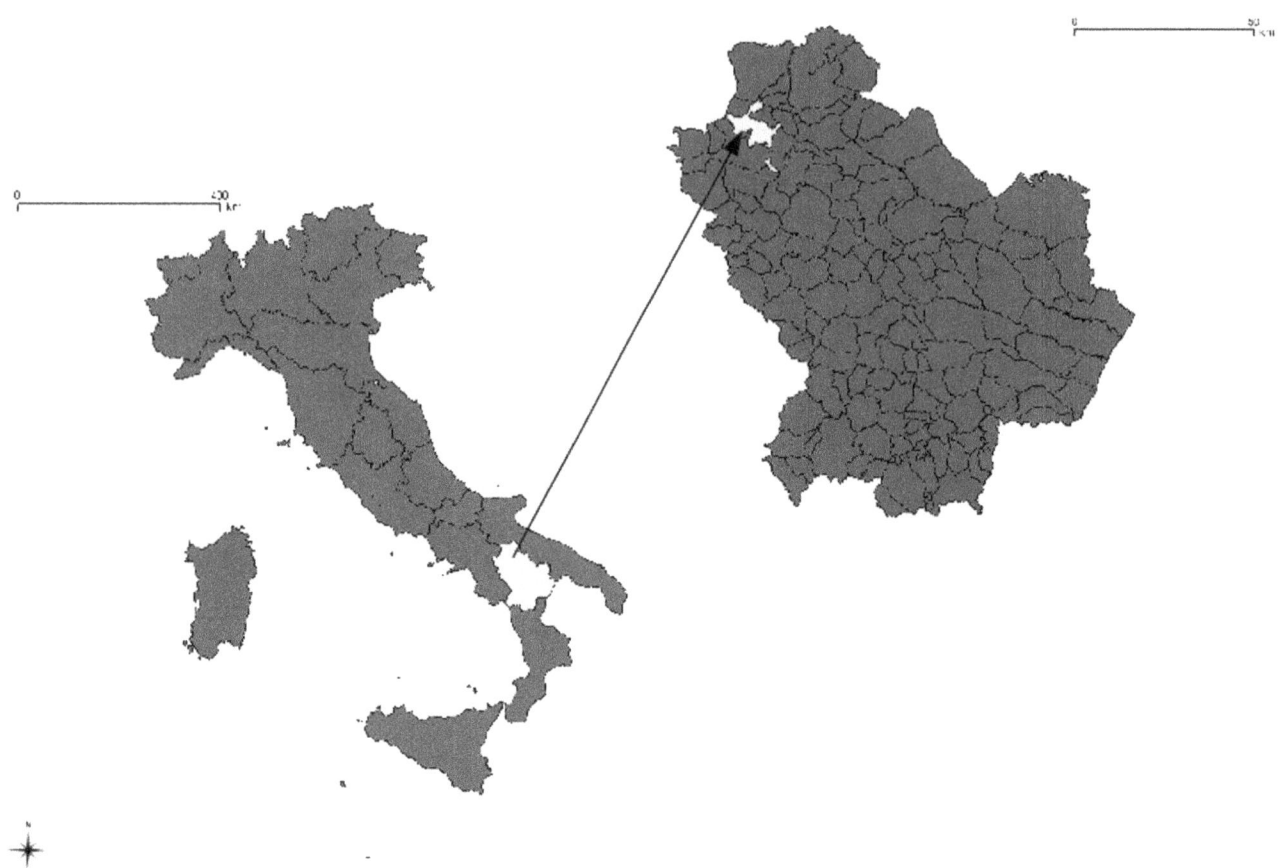

Fig. 1.1. La Basilicata nord-occidentale con ubicazione del complesso del Monte Vulture.

Fig. 1.2. Il complesso vulcanico del Monte Vulture visto da Castel Lagopesole.

Vittorio Di Cicco in località S. Maria di Luco[9]. Si tratta, con ogni probabilità, di manufatti utilizzati per attingere acqua dalla vicina sorgente durante cerimonie sacre[10].

Nello stesso periodo in questo territorio (fig. 1.3), ed in particolare in agro di Melfi, si segnala la scomparsa di siti in altura (Toppo Daguzzo) a vantaggio di centri collocati in pianura[11], finalizzata alla gestione delle vie di comunicazione[12]. Nel V secolo a.C. in quest'area territoriale è possibile individuare nelle sepolture personaggi di alto rango sociale, differenti rispetto all'età arcaica. Si segnalano, oltre alle tombe di Melfi[13], quelle a fossa messe in luce negli anni '80 del '900 in località Serra San Francesco, in agro di Rionero in Vulture.

Gli inumati, deposti in posizione supina, sono accompagnati da oggetti di corredo di particolare pregio, tra cui: un cinturone in bronzo, ceramica a figure rosse, spiedi in ferro e un candelabro in piombo[14].

Sempre al V secolo a.C. risalgono i reperti rinvenuti a Monticchio e conservati nel Museo Archeologico Provinciale di Potenza. Si tratta di un frammento di olla a vernice rossa, un unguentario acromo a corpo globulare ed un coperchietto di *lekane* a vernice nera con presa troncoconica[15].

Tra la fine del V e gli inizi del IV secolo a.C. nel Melfese si verificano una serie di cambiamenti, soprattutto nelle deposizioni funerarie e nei corredi, dovuti alla pressione sannitica[16].

Al IV-III secolo a.C. si data, invece, la stipe votiva rinvenuta in località Varco della Creta, oggetto del presente studio.

L'arrivo dei Romani in questo comparto territoriale è attestato dal rinvenimento in località Cappella del Priore di una necropoli, con corredi di epoca romana imperiale, e in contrada Cupero di un laterizio con bollo rettangolare (lungo 0,115 m ed alto 0,025 m, a lettere rilevate riportanti il testo:]EMINALIS M[)[17].

Infine, in località Paduli, sono state messe in luce monete di epoca romana imperiale scoperte «presso avanzi sotterranei di antiche fabbriche che sembrano appartenere ad un edificio termale»[18]. I rinvenimenti monetali potrebbero essere utili a definire il territorio come appartenente all'area della vicina colonia latina di *Venusia*[19].

1.1.3. Analisi preliminare per una carta archeologica del territorio

Dopo la raccolta dei dati di scavo e ricerca è stata realizzata una carta archeologica del territorio di Monticchio. I siti sono stati posizionati su una cartografia IGM con scala 1:25.000 nella tavoletta IGM F° 187 (Melfi). Le aree di rinvenimenti archeologici, presentate in maniera diacronica con l'indicazione della località, del foglio e del quadrante, convergono in una cartografia 1:35.000 (fig. 1.4).

1. S. Maria di Luco, F° 187 IV SO

La località è posta a SO del Vulture, a sud dell'omonima sorgente, a nord della sorgente Vellutina ed in prossimità

---

[9] La Sestieri annota: «A Monticchio un santuario antichissimo deve essere evidentemente collegato alle sorgenti di acqua acidula. Vi fu rinvenuta una favissa votiva dell'età del Ferro, che conteneva un grande numero di piccoli vasi grezzi votivi. Al di sotto della favissa si rinvennero ceramica dell'età del Bronzo e del Ferro» (Sestieri Bertarelli 1957, p. 40; come già sottolineato dal Rellini 1916, p. 515).

[10] Durante lo studio per la stesura della tesi di specializzazione non sono stati individuati nei magazzini del Museo Archeologico Provinciale di Potenza i suddetti vasi miniaturistici ad impasto. Però, dopo un'attenta e scrupolosa ricerca nell'Archivio del Museo è stato possibile, recuperare le schede RA (Reperto Archeologico) di questi esemplari, ricostruendo così, attraverso il numero di inventario, le caratteristiche tecniche. Si riportano, di seguito, le descrizioni presenti sulle schede: n. Inv. 1098 tubo sacrificale in terracotta (alt. 0,11); nn. Inv. 1252-1254 tre frammenti di *kernos*; n. Inv. 1255 vasetto a fuso, frammentato (alt. 0,13); n. Inv. 1256 frammento orlo vaso con rosoncino (lungh. 0,09); n. Inv. 1257 bambilio con collo frammentato (alt. 0,075); n. Inv. 1259 frammento di vaso grezzo con due rosoncini (lungh. 0,08); nn. Inv. 1260 e 1261 frammenti di due vasetti grezzi (alt. 0,06); n. Inv. 1262 ciotolina con piede (alt. 0,04); n. Inv. 1264 ciotolina grezza con manico (diam. 0,085); n. Inv. 1265 ciotolina bruciata (diam. 0,055); n. Inv. 1266 frammento di ciotola; n. Inv. 1268 grossa ciotola affumicata (diam. 0,18); n. Inv. 1381 manico tubolare di vaso (alt. 0,010); n. Inv. 1382 frammento di coperchio (largh. 0,06); n. Inv. 1383 frammento fittile di vaso (alt. 0,10). Si segnala, infine, che nei magazzini del museo è stato individuato soltanto un manufatto indicato con n. Inv. 1267. Si tratta di una grossa coppa con becco posta su alto piede (alt. 0,19).

[11] Come gli insediamenti nelle località Chiuchiari e Leonessa. In particolare, in località Chiuchiari sono state rinvenute necropoli della prima età del Ferro in gran parte distrutte a causa della sovrapposizione di sepolture del periodo arcaico e tardo-arcaico. In contrada Leonessa, invece, sono stati rintracciati i resti di un abitato databile alla prima età del Ferro (Tocco 1976, p. 21). Tra la fine del VII e gli inizi VI secolo a.C. si datano, invece, le sepolture rinvenute a Ruvo del Monte in località Sant'Antonio. Si tratta di tombe a fossa semplice, a pianta rettangolare, prive di copertura e con deposti in posizione rannicchiata (Bottini 1981, p. 285).

[12] Tagliente 1999, p. 398.

[13] Le tombe rinvenute a Chiuchiari sono del tipo a fossa con inumati in posizione rannicchiata e corredo costituito da ceramica daunia e a decorazione geometrica. In località Pisciolo sono state rinvenute sepolture del tipo a fossa semplice con defunti in posizione rannicchiata, databili tra l'ultimo quarto del VI e il primo quarto del V secolo a.C. Alla fine del V secolo a.C. risalgono, invece, le tombe a cappuccina con ricchi corredi costituiti da vasellame ceramico importato (di tradizione daunia, dell'area nord-lucana e della cultura *Oliveto Citra-Cairano*) (Bottini, Russo, Tagliente 1990, p. 80). Nella stessa località, in prossimità delle tombe, sono stati rintracciati anche i resti di una capanna a pianta circolare databile alla prima metà del V secolo a.C. (Tocco 1972, p. 330).

[14] Rescio, p. 52. Questi reperti sono custoditi ed esposti nelle teche della Biblioteca Comunale "Giustino Fortunato" di Rionero in Vulture (PZ).

[15] Anche questi reperti sono catalogati nelle schede RA, conservate al Museo Archeologico Provinciale di Potenza, con i seguenti numeri d'inventario: 50545 (vecchio numero 1258), dimensioni lungh. 9,1 cm; 50546 (vecchio numero 1263), dimensioni orlo 4 cm, h. 5,1 cm; 50547 (vecchio numero 1380), dimensioni diam. orlo 4,6 cm, h. 1,6 cm.

[16] Tra la fine del IV-inizi III secolo a.C. nelle necropoli di Valleverde e Cappuccini di Melfi si registrano numerosi cambiamenti dovuti all'arrivo nell'area di genti sannite. Si iniziano ad utilizzare, infatti, tombe a camera scavate nel tufo e tombe a camera con *dromos* per personaggi di alto rango sociale (Adamesteanu 1971c, p. 100). Modiche si registrano anche nell'area di Valleverde e dei Cappuccini (Tocco 1971a, p. 112; Tocco 1971b, p. 113) e nel territorio di Atella, dove è stata messa in luce una necropoli di IV secolo a.C. Degno di nota è il corredo della sepoltura n. 44 costituito da oggetti di pregio in metallo (bacile in bronzo, punta di lancia, cinturone in bronzo laminato) (Bottini 1980, p. 334; Bottini 1993, pp. 204).

[17] Fiorelli 1888, p. 648.

[18] Fiorelli 1887, p. 460.

[19] Andreau 1976, p. 30.

La stipe votiva di Monticchio Bagni (Rionero in Vulture, Italia)

Fig. 1.3. Cartina dei principali centri abitati noti in Basilicata nell'Antichità (elab. cart. S. Del Lungo).

della Valle Relezzella attraverso la quale si collega alla Fiumara di Atella. L'area ha restituito ceramica ad impasto, databile all'età del Ferro.

2. **San Francesco**, F° 187 IV SE

La località è ubicata nel comune di Rionero in Vulture, in prossimità del Cugno di Atella ed il Vallone della Noce. Nella zona sono state rinvenute tombe a fossa, databili al V secolo a.C. Alcuni elementi del corredo, quali un cinturone in bronzo, frammenti di ceramica a figure rosse, spiedi in ferro e un candelabro in piombo sono oggi conservati nelle teche della Biblioteca Comunale "Giustino Fortunato" di Rionero in Vulture.

3. **Varco della Creta**, F° 187 IV NO

Il sito è posto in una zona ricca di boschi, ad Ovest del Vulture e dei laghi, nelle immediate vicinanze dei Bagni di Monticchio, in un'area caratterizzata da una morfologia accidentata e con la presenza di acqua. Si localizza, infatti, a sud della sorgente Crocco e a nord del Vallone Ceraso,

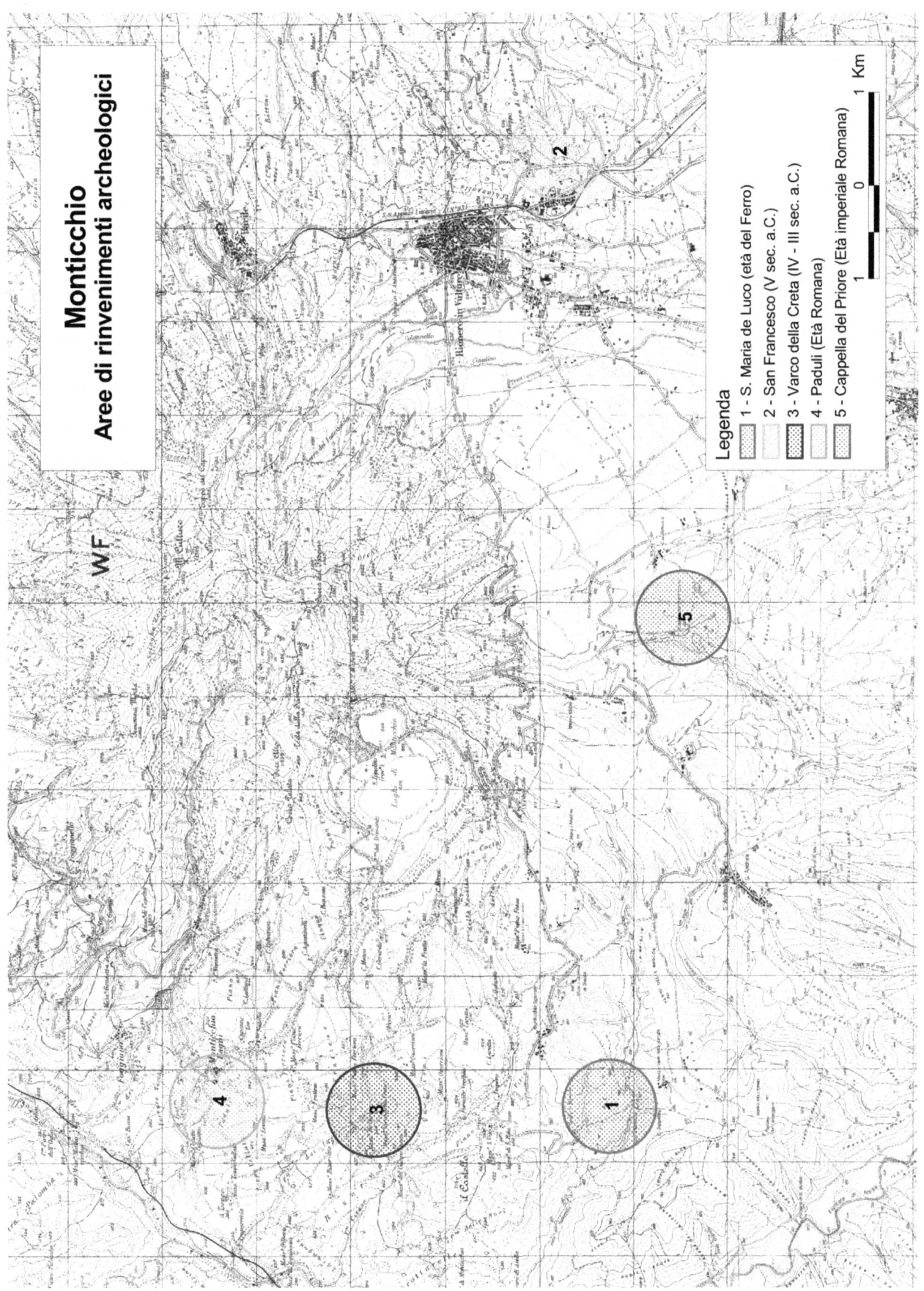

Fig. 1.4. Carta archeologica del territorio tra Rionero in Vulture e la Valle dell'Ofanto.

Fig. 1.5. I laghi vulcanici di Monticchio.

in prossimità della Fontana dell'Acqua Rossa, dalla quale sgorga acqua minerale ferruginosa. L'area ha restituito un deposito votivo databile al IV-III secolo a.C.

4. **Cappella del Priore**, F° 187 IV SE

La località è ubicata nel comune di Rionero in Vulture, in prossimità della Valle dei Cuparo e il fiume Galotte. In questa zona sono state messe in luce tombe di età imperiale romana.

5. **Paduli**, F° 187 IV NO

Il sito è ubicato a NO del Vulture, nella zona di Monticchio Bagni. A nord si localizza la fontana la Preta, ad ovest il Vallone dei Laghi e ad est il Toppo Vallata. Sono stati rintracciati resti di un edificio termale e rinvenute monete sia della colonia greca di *Thurii* sia di epoca romana imperiale.

1.2. La stipe votiva

1.2.1. *La storia della scoperta e vicende del nucleo votivo*

Nella letteratura archeologica la prima nota edita sul deposito votivo di Monticchio risale al 1957, a cura della Sestieri Bertarelli: «A Monticchio molte statuette votive furono offerte alla divinità della sorgente. Il gruppo più numeroso riproduce, in un'enorme quantità di esemplari, un tipo di statuetta di IV secolo a.C. anch'esso noto come proveniente dall'ambiente artistico tarantino. Rappresenta una figura femminile seduta che tiene una patera in grembo con la mano destra, mentre la sinistra, in alcuni esemplari, trattiene il mantello aderente al corpo ed in altri casi un uccello o un altro attributo. La testa è sormontata dal *polos*, da cui scende il velo sulle spalle. Lo schema e il trattamento del panneggio lo riportano ancora al mondo classico. È interessante un particolare della tecnica: il sedile della statuetta non era in terracotta, ma doveva essere appoggiata ad un trono di legno, dato che la parte inferiore è completamente incavata»[20]. La descrizione e l'analisi del nucleo votivo risultano minuziose e accurate ma non è fornita alcuna notizia sul luogo preciso del rinvenimento.

La mancanza di ogni indicazione specifica sul sito è documentata dall'Adamesteanu negli Atti del Convegno di Taranto del 1965, dove si legge: «Si pensi al santuario di Monticchio con la sua ricchezza di materiale archeologico. Ciò che è più grave è la mancanza di dati precisi sia per ciò che concerne la località esatta quanto per i dati di scavo»[21].

---

[20] Sestieri Bertarelli 1957, p. 40.
[21] Adamesteanu 1965, p. 124.

Fig. 1.6 a-b. La località Varco della Creta con, al centro, il presunto sito della stipe votiva.

Nel 1968 sempre l'Adamesteanu, parlando di conservazione e restauro dei materiali fin ad allora rinvenuti in Basilicata, testimonia che «La stipe votiva di Monticchio, scavata nell'Ottocento, sta ora in buone mani»[22].

È chiaro, dunque, che l'insufficienza di dati scientifici relativi alla stipe votiva indusse nel tempo gli studiosi a comunicare differenti date e diverse località generando molta confusione[23].

Di notevole importanza è la pubblicazione di Adamesteanu del 1970 nell'Enciclopedia dell'Arte Antica, sotto la voce 'Monticchio', dove fornisce un'indicazione precisa dell'ubicazione dell'area sacra affermando che le ricerche archeologiche portarono all'identificazione del luogo della stipe a "SO del Vulture, ad Ovest dei laghi (fig. 1.5) e nelle immediate vicinanze dei Bagni di Monticchio, in località Varco della Creta"[24] (fig. 1.6 a-b).

Inoltre, dichiara: «Il santuario della sorgente di Monticchio è ricco di tipi nuovi nell'area del Vulture. Anche dalle poche presentazioni di tipi, si vede immediatamente l'importanza che avrebbe avuto per la conoscenza dell'interno della Lucania uno studio dedicato ad un complesso così ricco. In mancanza di altri dati, per ora possiamo dire che la stipe votiva proveniva da un santuario legato al culto delle acque. Se nella stipe di Monticchio mancano i busti, il resto del materiale fittile è avvolto dalle stesse caratteristiche locali incontrate anche a Timmari. Sono due località ben distinte eppure dominate dallo stesso carattere locale. Non c'è dubbio sull'origine del santuario di Monticchio collegato certamente alla salubrità dell'acqua»[25].

La Dilthey nel 1980, descrivendo brevemente la stipe, annota: «Monticchio è l'unica sorgente finora venerata per le sue acque minerali. Accanto alle statuette del tipo della dea seduta con la patera sul ginocchio e il cigno in braccio si trovano parti del corpo come *ex-voto* di guarigione» ed aggiunge: «purtroppo manca ogni indicazione più precisa sull'ambiente della sorgente ed altri ritrovamenti»[26].

Invece, la Storti, nella Bibliografia Topografica della Colonizzazione greca in Italia del 1993, sotto la voce 'Monticchio', colloca il rinvenimento della stipe in una grotta ubicata sotto l'Abbazia di San Michele Arcangelo[27].

Così come il Rescio che, nel Dizionario di Archeologia lucana sotto la voce 'Rionero in Vulture', registra: «A Monticchio, alla fine dell'Ottocento, nei pressi della più recente Abbazia di S. Michele Arcangelo, fu rinvenuta una ricca stipe votiva di tipo italico preromano, databile tra la fine del IV e gli inizi del III sec. a.C.»[28].

Resta un dato indiscusso, ovverosia che il rinvenimento della stipe votiva di Monticchio è legato al nome di Vittorio Di Cicco, collaboratore di Michele Lacava, già Ispettore dei monumenti e degli scavi per il mandamento di San Mauro Forte e Vice Presidente della Commissione Provinciale per la Conservazione dei Monumenti. Il Di Cicco, con deliberazione provinciale dell'11 Aprile 1904, fu nominato primo Direttore[29] del Museo Archeologico Provinciale di Potenza[30], inaugurando così una stagione

---

[22] Adamesteanu 1968, p. 217.
[23] Greco 1980, p. 264.
[24] Adamesteanu 1970b, p. 503.
[25] Adamesteanu 1965, p. 135.
[26] Dilthey 1980, p. 554.
[27] Storti 1993, p. 44.
[28] Rescio, p. 53.
[29] Le notizie di seguito riportate provengono dai documenti conservati nell'Archivio di Stato di Potenza (ASPZ, *Prefettura*, Archivio generale, 1903-1907, b. 30, fasc. 15) e nell'Archivio Storico dell'Amministrazione Provinciale di Potenza (d'ora in poi APPZ).
[30] La decisione di istituire un museo regionale si deve al Ministero della Pubblica Istruzione che, nel Gennaio del 1885, inviò una nota di richiesta al Prefetto di Potenza ed invitò l'Amministrazione provinciale a ricercare un locale idoneo all'esposizione dei reperti. Successivamente il medico e storico Michele Lacava, nominato Regio Ispettore degli scavi e dei monumenti, inoltrò al Ministero informazioni dettagliate sulle importanti scoperte eseguite nel territorio. Il 22 Gennaio 1887, il Di Cicco, successore del Lacava nella direzione del museo, inviò una nota al Prefetto di Potenza nella quale elencò le numerose collezioni private da utilizzare per allestire il museo: «Le collezioni del Dott. Domenico Ridola di Matera ricche di oggetti preistorici di grande interesse scientifico, la collezione di monete della vedova di Michele Lacava, i vasi e le monete del dott. Francesco Iula, sindaco di Salandra, la raccolta del vescovo di

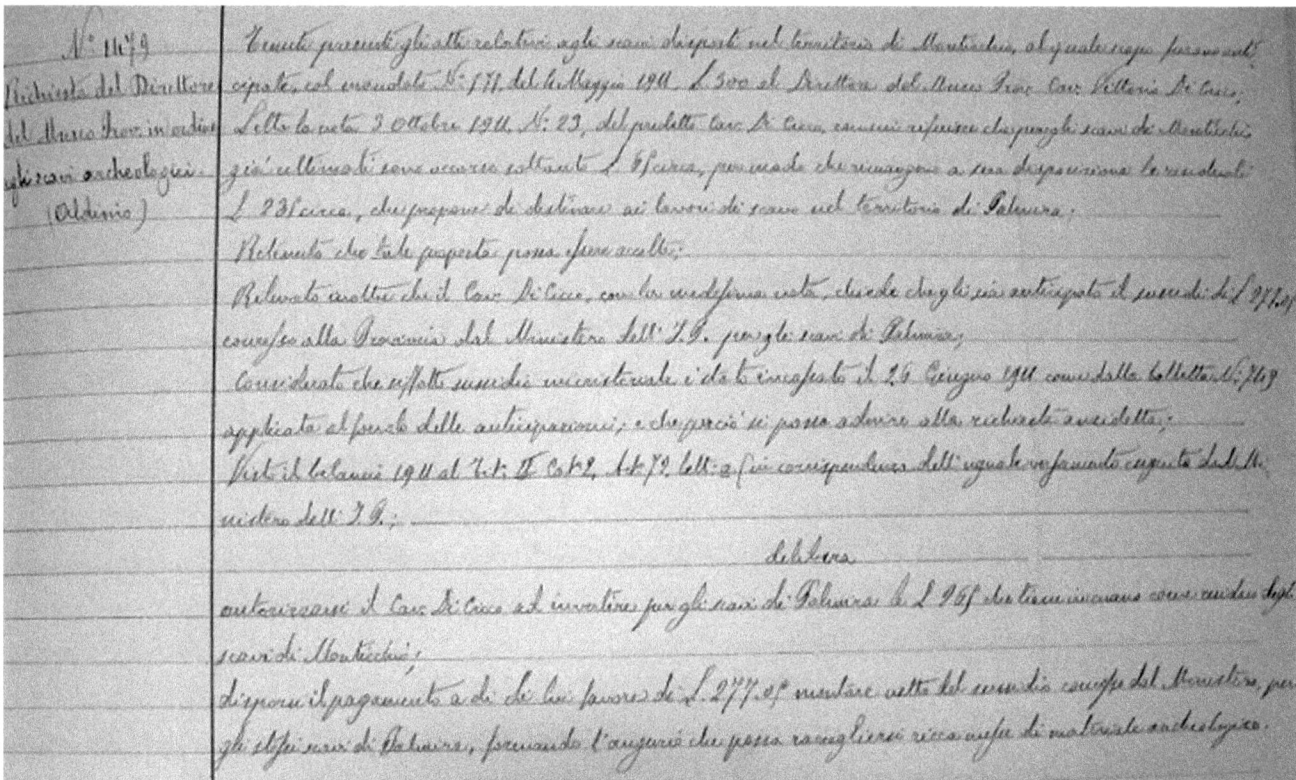

Fig. 1.7. Delibera della Deputazione Provinciale n. 1479 con oggetto: richiesta del Direttore del Museo Provinciale in ordine agli scavi archeologici (in APPZ; su concessione del Museo Archeologico Provinciale "M. Lacava" di Potenza).

fervida per l'archeologia in Basilicata ed arricchendo, con notevoli scoperte ed importanti acquisti, il patrimonio del museo potentino.

Il suo lavoro non fu semplice[31], come si legge nel verbale della seduta del Consiglio Provinciale del 7 Maggio 1907, nell'intervento di Domenico Ridola, relativamente al compenso da elargirgli in qualità di Direttore Conservatore del museo: «Con dolore ho visto che la povera creatura è rachitica. È vano illudersi ancora. Se si vuole che il Museo vada innanzi, è necessario che ci sia chi lo diriga, concedendosi al Direttore un'indennità conveniente. Se questa speranza non c'è si mandi il rachitico bambino alla rupe». Alla fine della seduta si deliberò di «mandarsi all'On. Deputazione provinciale perché il Presidente della Deputazione contratti con l'egregio e benemerito Prof. Cav. Di Cicco il compenso per riordinare il Museo, compilando un elenco illustrativo o guida e provvedendo finanziariamente»[32]. Ben presto il suo ruolo fu riconosciuto così da pianificare numerose attività di ricerca in regione scoprendo diversi siti, tra i quali si annoverano: Latronico, Garaguso, Irsina, Croccia Cognato e Monticchio.

Nel suo articolo "Il Museo di Potenza e l'Arte in Basilicata"[33] del 1915 si legge: «Da Vittorio Di Cicco, nella conca di Monticchio, che serba l'impronta originale della natura nelle vette scabre rocciose del Monte Vulture, un vulcano spento, nelle foreste, nei piccoli laghi selvaggi dove le ombre incupiscono, nella caverna dipinta dai monaci basiliani, furono trovate molte statuette tanagrine dedicate dai popoli italo-greci agli dei per la salubrità delle acque. Tra tante piccole statue votive di fanciulle, che hanno con grande eleganza e cura raggruppati i capelli, si ammira una graziosa terracotta la quale rappresenta una Venere stretta desiosamente da un amorino».

Per rendere completa la ricerca è risultato necessario ricostruire la data e il contesto di rinvenimento. Per questo motivo è stato doveroso consultare le Delibere dell'allora Deputazione Provinciale di Potenza, conservate nell'Archivio Storico dell'Amministrazione provinciale di Potenza.

Potenza, mons. Tiberio Durante» (ASPZ, *Prefettura*, Archivio Generale, 1883-1887, b. 82, fasc. 610). L'inaugurazione del Museo Archeologico Provinciale avvenne nel 1901 nel Palazzo della Provincia, ubicato in Piazza Mario Pagano. Per un approfondimento sulla storia del Museo Archeologico Provinciale si veda Bellino 2006, pp. 359-372.

[31] Il Di Cicco in una lettera indirizzata al Presidente della Deputazione Provinciale scrive: «Un faticoso lavoro fu compiuto in men di tre anni cioè quello di raccogliere una numerosa quantità di oggetti antichi e di ordinarli per forma di tipo e di epoca per iniziare l'opera di un museo provinciale. Gli oggetti raccolti sono tutti usciti da scavi fortuiti e di alcuni ci è ignoto anche il luogo di provenienza. Ora che si è formato il primo nucleo degli oggetti non è prudente continuare a raccogliere cose alla buona; ma la nostra attenzione deve essere unicamente rivolta a quella di arricchire il museo di cimelii che vengono da scavi eseguiti con metodo razionale. Con questo sistema avremmo non un deposito di anticaglie ma un istituto scientifico. Il mio ideale è stato sempre quello di farne un museo modello degno della nostra patriottica Basilicata» - APPZ, Lettera del 29 Settembre 1902, con arrivo il 9 Ottobre 1902 n. prot. 9388.

[32] ASPZ, *Prefettura*, Archivio generale, 1903-1907, b. 30, fasc. 15.
[33] Di Cicco 1915, p. 432.

La prima delibera, datata 25 Marzo 1911, fu eseguita dalla Deputazione Provinciale, dopo la lettura della nota n. 7 del 21 Marzo dello stesso anno, inviata dal Di Cicco. La Commissione esaminò il funzionamento del Museo Provinciale e segnatamente le ricerche e gli scavi archeologici condotti dal direttore deliberando sulle indennità relative ai viaggi verso Stigliano e Monticchio «per tentare delle scoperte di oggetti in quest'ultimo territorio»[34].

Dopo la lettura della nota n. 8, inviata dal Di Cicco il 21 Marzo 1911, la Commissione nella seduta del 26 Marzo evidenziò che non fu il direttore in persona a rinvenire il deposito votivo ma fu invitato a «portarsi sul luogo per esaminare un'importante scoperta» dal Cav. Rocco Buccico, amministratore della tenuta di Monticchio[35]. Recatosi sul posto, il Di Cicco verificò il rinvenimento e scrisse che: «L'*anathema* sovrabbondante fa ritenere di essere una stipe votiva e per la singolarità della scoperta si ritiene conveniente, nell'interesse di questo museo, uno scavo metodico».

Esaminata la suddetta nota, la Deputazione Provinciale deliberò il mandato di pagamento a favore del Di Cicco per i lavori di scavo e «rilevato che il signor Direttore propone un voto di plauso e di ringraziamento da parte della Onorevole Deputazione per la liberalità compiuta dal Cav. Buccico», dispose il «mandarsi all'On. Presidente di esprimere il plauso ed il ringraziamento di questo Consesso al Buccico per l'opera di lui altamente meritoria»[36].

Il rinvenimento del tutto casuale da parte del Cav. Buccico e la successiva attività di scavo ad opera del Di Cicco si datano, dunque, al mese di Marzo del 1911. Le ricerche in ogni modo continuarono anche nei mesi successivi[37], come si legge nella delibera datata 28 Giugno 1911.

Dopo la lettura della nota del 21 Giugno 1911 n. 18, inviata dal Di Cicco, la Commissione deliberò a favore di un'indennità al direttore per le ricerche archeologiche «intorno alle prove eseguite nella campagna in prossimità del distrutto abitato di Croccia Cognato e al completamento della scoperta del deposito di statuette votive nella tenuta di Monticchio»[38].

Infine, nella delibera del 6 Ottobre 1911 si legge che «tenuti presenti gli atti relativi agli scavi disposti nel territorio di Monticchio, al quale scopo furono anticipate, con il mandato n. 979 del 4 Maggio 1911, 300 lire al Direttore del Museo e letta la nota del 3 Ottobre 1911 n. 23 del predetto, con cui riferisce che per gli scavi di Monticchio già ultimati sono occorse soltanto 69 lire, si propone di destinare le restanti 23 lire a lavori di scavo nel territorio di Palmira»[39] (fig. 1.7).

I documenti d'archivio, dunque, datano il rinvenimento e l'inizio delle attività di scavo al Marzo del 1911, la prosecuzione delle ricerche al mese di Giugno e il completamento entro l'Ottobre dello stesso anno.

La conferma del rinvenimento della stipe votiva in questa data da parte del Di Cicco si ritrova analizzando un importante documento inviato il 18 Settembre 1911 dal Direttore Di Cicco alla Deputazione Provinciale. Si tratta di un rapporto sull'attività del Museo Provinciale, stilato per il Resoconto morale 1911-1912, una documentazione precisa ed organica che la Deputazione richiedeva ogni anno a tutte le unità organizzative dell'amministrazione provinciale al fine di tracciare il bilancio di gestione (fig. 1.8).

Nel quarto punto della relazione, relativa all'amministrazione del museo, il Di Cicco afferma che «si sono praticati scavi sistematici a Vietri di Potenza, nella tenuta di Monticchio ed in prossimità della cinta murale pelasgica di Croccia Cognato in quel di Oliveto Lucano». Più avanti descrive con precisione l'entità e le caratteristiche tecniche del rinvenimento e registra: «A Monticchio ho scoperto una stipe votiva consistente in statuette muliebri di terracotta formate a stampo: sono fattura di arte locale imitante le belle forme dell'arte greca e sono analoghe, per foggia di vestire, e coeve alle figurine di Tanagra. È un materiale che accredita il Museo. Per la buona riuscita dello scavo sono stato efficacemente coadiuvato dal solerte e valoroso cav. Rocco Buccico»[40].

---

[34] Seduta del 25 Marzo 1911, II tornata, Presidenza del Cav. Uff. Avv. Eduardo Leo – Delibera della Deputazione Provinciale n. 490 con oggetto: *Pagamento indennità a favore del Direttore del Museo Provinciale* (in APPZ).
[35] Rocco Buccico, ufficiale dell'amministrazione forestale dello Stato dal 1876 al 1882, fu direttore tecnico dell'azienda di Monticchio acquistata dalla Società Lanari di Roma. Per un approfondimento su questa particolare questione si veda il volume di Società A. Lanari & C., *La tenuta di Monticchio in Basilicata (ettari 5340). Bonifica e colonizzazione 1892-1900*, Officina Poligrafica Romana, 1900. Molto interessante è la notizia pubblicata in data 15 Luglio 1911 sul periodico "La Provincia": «Il cav. Rocco Buccico, il quale alla profonda competenza in materie di agraria accoppia un grande amore per tutto ciò che possa essere di lustro e di decoro alla nostra Basilicata, ne informò subito il cav. De Cicco il quale immediatamente si portò sul luogo. Egli sempre con la cooperazione del cav. Buccico potè rintracciare in due giorni di lavoro un gran numero di statuette».
[36] Seduta del 26 Marzo 1911, III tornata, Presidenza del Cav. Uff. Avv. Eduardo Leo – Delibera della Deputazione Provinciale n. 531 con oggetto: *Richiesta del Sign. Direttore del Museo Provinciale per anticipo di somme necessarie agli scavi sulla tenuta di Monticchio* (in APPZ).
[37] Un documento manoscritto dal Di Cicco, conservato nell'Archivio Storico del Museo Archeologico Provinciale di Potenza "Sala Di Cicco", riporta un elenco degli scavatori intervenuti nelle ricerche all'interno della tenuta di Monticchio. Nel testo sono registrati i giorni di lavoro (dal 6 al 13 Giugno del 1911), il numero dei lavoratori (circa sei al giorno) e la paga giornaliera (5 lire) (in Archivio Museo Provinciale, Sala Di Cicco).

[38] Seduta del 28 Giugno 1911, IV tornata, Presidenza del Cav. Uff. Avv. Eduardo Leo – Delibera della Deputazione Provinciale n. 1009 con oggetto: *Indennità al Cav. Vittorio Di Cicco, Direttore del Museo Archeologico Provinciale* (in APPZ).
[39] Seduta del 6 Ottobre 1911, II tornata, Presidenza del Cav. Uff. Avv. Eduardo Leo – Delibera della Deputazione Provinciale n. 1479 con oggetto: *Richiesta del Direttore del Museo Provinciale in ordine agli scavi archeologici* (in APPZ).
[40] Lettera del Direttore Di Cicco, n. 5635 del 6 Settembre 1911, alla Deputazione Provinciale di Potenza per offrire notizie relative al Museo Provinciale al fine di provvedere alla stesura del Resoconto morale 1910-1911 - data di arrivo 18 Settembre 1911, n. 5906 (in APPZ, b. 11, fasc. 10: "Richiesta di relazioni per Resoconto Morale della Deputazione Provinciale").

La stipe votiva di Monticchio Bagni (Rionero in Vulture, Italia)

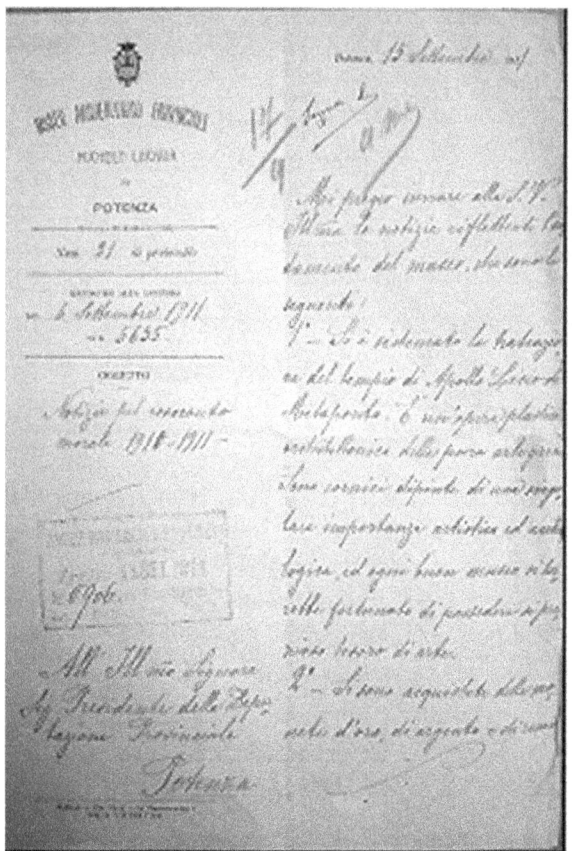

Fig. 1.8. Relazione sul Museo Archeologico Provinciale, stilata dal Direttore Di Cicco, per il Resoconto Morale 1910-1911 (in APPZ; su concessione del Museo Archeologico Provinciale "M. Lacava" di Potenza).

Questo documento è di notevole importanza per la ricostruzione del rinvenimento, in quanto oltre a rimarcare la presenza nel recupero casuale dei reperti dell'amministratore di Monticchio, il cav. Buccico, per la prima volta si legge una descrizione più approfondita della stipe.

A seguito della scoperta del nucleo votivo di Monticchio e di altri rinvenimenti, nel 1911 il Direttore Di Cicco iniziò un'attenta opera di catalogazione del patrimonio museale potentino[41].

Il Consiglio Provinciale di Potenza dispose, inoltre, scrupolosi provvedimenti relativi al patrimonio archeologico regionale stabilendo finalmente due fondi separati nel bilancio dell'Ente: l'uno a favore del direttore del Museo per le indennità di residenza e l'altro per le spese relative «agli scavi archeologici, al trasporto e al restauro degli oggetti»[42] (fig. 1.9).

Dopo la scoperta, il materiale messo in luce a Monticchio fu condotto al Museo Archeologico Provinciale di Potenza per essere esposto. L'anno dopo, però, nel Museo divampò un violento incendio[43] che distrusse e rovinò moltissimi reperti[44]. Tra questi si annoverano anche le statuette della stipe di Monticchio; gran parte delle quali oggi si presenta completamente combusta dal fuoco.

Il Di Cicco riportò così l'accaduto: «Il Museo era piccolo però veniva ammirato dagli studiosi. Ma siccome tutte le cose buone che tornano a decoro della nostra regione vanno a finire miseramente, così dopo tante fatiche, un violentissimo incendio lo distrusse la notte del 22 Febbraio 1912».

Successivamente il bombardamento del 1943, che interessò anche i locali del Museo, provocò una nuova dispersione dei reperti[45] tra i quali, ancora una volta, sono da includere quelli del deposito votivo di Monticchio[46].

Nel 1949, il nuovo direttore del Museo Concetto Valente inviò una lettera al Presidente dell'Amministrazione Provinciale di Potenza descrivendo il nuovo allestimento del museo, nel quale erano presenti anche le statuette di Monticchio[47]. Nel documento si legge: «Ho destinato nel Museo i quattro saloni resi liberi alla raccolta archeologica che è costituita dallo *Heraon* – tempio marmoreo - e dalle statuette arcaiche di Garaguso, dalle gronde dei templi di Metaponto adorne di protomi leonine, dai vasi adorni di decorazioni geometriche di Garaguso, di Pisticci, Lavello e Banzi, dalle statuette muliebri tanagrine di Monticchio. Una severa vigilanza dedico alla custodia del tempietto (che sarà ricomposto nel salone della sezione archeologica, ove ora sono raccolti i suoi frammenti marmorei), dalla statuetta della dea *Persephone* arcaica di marmo greco del VI-V secolo a.C., delle sculture fittili arcaiche di Garaguso (VI secolo a.C.), delle statuette in bronzo e delle raccolte delle monete, che sono rinchiuse in un cassettone della mia camera da letto. Ho condotto scavi ad Armento (necropoli di Serra Lustrante e Sant'Eramo), Roccanova (contrada Battifarano presso Castronuovo), e alla Torre di Satriano».

Oggi quello che rimane della stipe di Monticchio è in parte esposto in una vetrina del Museo Archeologico Provinciale di Potenza ed in parte conservato nei suoi magazzini.

1.2.2. Caratteristiche della stipe

L'analisi della stipe votiva di Monticchio presenta particolari limiti poiché non esiste alcun dato di scavo e non si conoscono con esattezza il contesto archeologico di provenienza e le caratteristiche stratigrafiche del rinvenimento.

Oggi la stipe è rappresentata da 130 reperti, inquadrabili in un arco cronologico che va dalla fine del IV agli inizi del III secolo a.C., ma in origine doveva essere costituita da un numero senza dubbio maggiore di esemplari. La parzialità, caratterizzata anche dalla mancanza di repliche dello stesso tipo, è in parte causata dal bombardamento del 1943.

Inoltre, non risultano presenti i votivi anatomici di cui parlano Dylthey nel 1980[48] e Comella nel 1981[49], legati alle

---

[41] Nella lettera del 18 Agosto 1906, n. 4937, relativa alle notizie sul funzionamento del Museo Provinciale, che il Di Cicco inviò alla Deputazione Provinciale per il Rendiconto morale dell'anno 1906-1907, si legge: «Per far sì che il lavoro degli scavi sia proficuo allo studio dell'archeologia ho cominciato a compilare degli atlanti, riproducendo le piante planimetriche, le fotografie ed altri disegni che illustrano il monumento che viene scoperto. In un altro atlante sono le fotografie dei monumenti sparsi nella Provincia» (in APPZ, b. 11, fasc. 10: "Richiesta di relazioni per Resoconto Morale della Deputazione Provinciale").
[42] Adunanza del Consiglio Provinciale del 18 Novembre 1911, VII tornata, II convocazione, Presidente: Comm. Laviano, Segretario: Avv. Amato – Delibera di Consiglio n. 136 con oggetto: *Provvedimenti per il Museo provinciale*. La proposta al Consiglio Provinciale si legge nella Delibera della Deputazione Provinciale n. 1694 con oggetto: *Provvedimenti per il Museo Provinciale in Potenza* (in APPZ).
[43] Nella cronaca del giornalista Eugenio Pasqualini su "Il Lucano" si legge: «(…) nelle vetrine, coi vetri in gran parte rotti, erano accatastati parecchi di quei cari oggetti, alcuni erano a pezzi o guastati irrimediabilmente» (Pasqualini, in "Il Lucano", 24-25 Febbraio 1912).
[44] Nel Resoconto morale 1911-1912, una raccolta di relazioni sulla gestione e l'andamento dei servizi dell'amministrazione provinciale, di notevole interesse è un capitolo interamente dedicato al Museo Provinciale. Il documento è stato redatto dopo la lettura della precedente nota inviata dal direttore Di Cicco alla Deputazione Provinciale (datata 16 Luglio 1912, n. 5393, con oggetto: *Notizie per il resoconto morale*). In questo capitolo si legge dell'incendio sviluppatosi nella notte del 22 Febbraio 1912, nei locali della Segreteria della Regia Procura sovrastanti quelli del Museo Provinciale. Il Direttore Di Cicco «affranto dal dolore, vide in poche ore distrutto il suo lavoro paziente ed accurato». Inoltre, si legge che nei giorni successivi «Il materiale scampato alla furia del fuoco è stato provvisoriamente collocato in alcune camerette dell'Ufficio Scolastico al Palazzo Arrigucci. Il Prof. Di Cicco, con maggiore lena e novella energia si è dato ad iniziare un'altra serie di ricerche allo scopo di preparare ampie esplorazioni delle quali possa trovare maggiori risultati perché al Museo sia dato raggiungere quel lustro che le persone competenti gli avevano riconosciuto» (in APPZ, b. 11, fasc. 10: "Richiesta di relazioni per Resoconto Morale della Deputazione Provinciale").
[45] Nell'incendio andò perso il materiale di Garaguso, Pandosia, l'oreficeria di Metaponto ed alcuni vasi provenienti da Armento, S. Mauro Forte e Lavello (Bellino 2006, p. 371).
[46] Adamesteanu 1970a, p. 224.
[47] Lettera al Presidente dell'Amministrazione Provinciale di Potenza del 19 Maggio 1949 (in APPZ).
[48] Dilthey 1980, p.554.
[49] Comella 1981, p. 735.

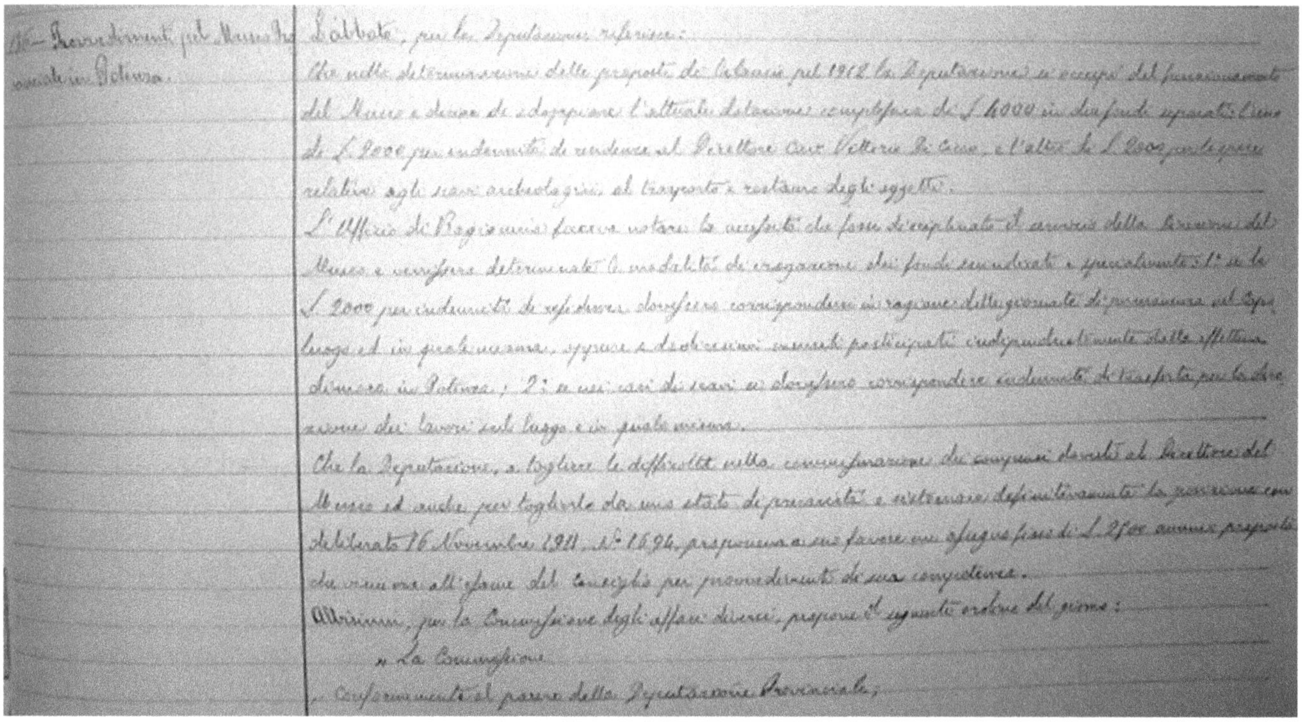

Fig. 1.9. Delibera di Consiglio n. 136 con oggetto: provvedimenti per il Museo provinciale (in APPZ; su concessione del Museo Archeologico Provinciale "M. Lacava" di Potenza).

funzioni terapeutiche delle acque minerali che sgorgavano in prossimità del santuario[50]. L'attuale presenza nella stipe di sole statuette è testimoniata proprio dall'Adamesteanu, il quale riporta: «Non è rimasto, dopo il bombardamento, alcun altro oggetto al di fuori delle statuette fittili»[51].

Il nucleo votivo fu classificato per la prima volta dal Direttore Di Cicco con schede manoscritte numerabili dal n. *1055* al *1251*, dal n. *1269* al *1342* e dal n. *1345* al *1376*, n. *1403* e n. *1419*. Queste schede RA raccolgono e descrivono tutti i rinvenimenti del 1911[52]. Successivamente furono realizzate altre catalogazioni fino al 1988 quando la stipe fu nuovamente inventariata con schede RA numerate dal *50024* al *50072*[53].

È possibile suddividere il materiale in un'unica grande categoria, quella delle piccole terrecotte figurate, rappresentate da statuette assise in trono, statuette stanti ed eroti. Tra le statuette sedute il modello più diffuso è costituito dal tipo della figura femminile abbigliata con chitone e basso *polos* sul capo, recante nella mano destra una patera e nella sinistra una colomba. Invece, la gran parte delle statuette stanti riproduce le Tanagrine, conservate anche come testine, alcune delle quali presentano i punti d'attacco.

Queste terrecotte si rifanno nello stile alla coroplastica tarantina[54] ma, per la loro fattura molto semplice e a volte addirittura superficiale, sembrano essere di produzione locale e sono confrontabili con diversi esemplari messi in luce sia in area indigena che coloniale tra il IV e il III secolo a.C.

1.2.3. Elementi tecnici

Gli esemplari della stipe sono esaminati sotto i seguenti aspetti:

- *Tecnica di produzione*: I votivi di Monticchio sono realizzati a matrice stanca[55]. Alcune statuette presentano solo la parte anteriore, altre, invece, sono state eseguite con doppia matrice. Su alcune testine restano tracce dei ritocchi a stecca e i particolari (orecchini, collane e diademi), modellati a mano, sono stati uniti dopo la cottura. Non sono presenti matrici.
- *Dimensioni*: le statuette sedute non superano i 14 cm di altezza. La maggior parte delle statuette stanti sono di piccole dimensioni, non oltrepassano i 16 cm di altezza, tranne rare eccezioni che raggiungono i 22 cm.
- *Argilla*: impasto tenero, con inclusi litici, micacei e calcarei.
- *Colore*: *beige* chiaro, le tracce di policromia, invece, non sono più visibili. Come spiegato in precedenza, un gran numero di statuette si presenta combusto dal fuoco

---

[50] Masseria, D'Anisi 2001, p. 128.
[51] Adamesteanu 1970b, p. 503.
[52] Il Direttore Di Cicco, in una nota datata 18 Agosto 1906 ed inviata alla Deputazione Provinciale, sottolineò l'importanza di catalogare tutti i reperti del Museo: «E' stato necessario, dare un nuovo indirizzo di sistemazione agli oggetti. Di quelli che provengono numerosi da un dato Comune ho dovuto iniziare delle sezioni» (in APPZ, b. 11, fasc. 10: "*Richiesta di relazioni per Resoconto Morale della Deputazione Provinciale*").
[53] Si riportano in questa sede alcune descrizioni di queste schede.
[54] Adamesteanu 1965, p. 123; Adamesteanu 1970a, p. 224; Adamesteanu 1971a, p. 858; Lo Porto 1973, p. 239; Lo Porto 1974, p. 129; Lattanzi 1976a, p. 106.
[55] Alcuni studiosi per "matrice stanca" indicano una matrice sporca (Barberis 2004, p. 40, nota 35).

a causa dell'incendio divampato nelle sale del Museo Archeologico Provinciale nel 1912.

1.2.4. Norme per una classificazione

La classificazione tipologica dei reperti è stata realizzata seguendo il metodo di catalogazione e il tipo di numerazione elaborati ed utilizzati per lo studio dei manufatti del santuario di Torre di Satriano[56].

Il materiale è stato classificato in un'unica categoria, le piccole terrecotte figurate, contraddistinta da una lettera maiuscola dell'alfabeto (*Piccole terrecotte figurate*). Questa categoria, con sottogruppi indicati da un numero arabo, si divide in: A.1. *Statuette assise*, A.2. *Statuette stanti* e A.3. *Eroti*. Inoltre nel gruppo A.4. *Tipi non identificabili* sono stati inseriti quattro frammenti che non si possono ricondurre a tipi specifici. Per ogni categoria si è proceduto con l'articolazione di gruppi tipologici identificati da un numero arabo in pedice. In questi gruppi sono stati poi separati i vari tipi segnalati con un numero romano.

Le varianti dello stesso tipo sono indicate con una lettera minuscola dell'alfabeto. È stata infine utilizzata una numerazione sequenziale di reperto: dal n. 1 al n. 130, includendo le piccole terrecotte figurate e le testine.

1.3. Catalogo

Piccole terrecotte figurate

La classe delle piccole terrecotte figurate è stata suddivisa in quattro gruppi tipologici:

A. 1. *Statuette femminili assise*
A. 2. *Statuette femminili stanti*
A. 3. *Eroti*
A. 4. *Tipi non identificabili*

A.1. Statuette femminili assise (tavv. I-VI, nn. 1-23)

Nella stipe votiva di Monticchio risultano numerose le statuette femminili assise che sono state distinte in tre gruppi tipologici: statuette con patera e colomba, statuette con *phiale* e statuette di tipi vari. Quest'ultimo gruppo presenta terrecotte che sono conservate in pochi esemplari o in un unico esemplare e si dividono in vari tipi: offerente con *phiale* e seno in evidenza o con braccio destro sul seno, figure femminili con entrambe le mani poggiate sulle ginocchia o reggenti verosimilmente un panno.

A.1.₁
Statuette femminili assise con patera e colomba
Le statuette femminili riunite in questo gruppo tipologico sono sedute in trono[57]. Quest'ultimo elemento non è presente materialmente ma è evocato dalla cosiddetta posizione "a gradino"[58]. La parte posteriore, infatti, è completamente incavata indicando che in origine doveva essere presente un supporto ligneo o in altro materiale deperibile. Si tratta di un modello proveniente da Taranto[59], molto diffuso nel IV secolo a.C.[60] in tutto il mondo magno-greco[61]. In particolare, in Basilicata i tipi seduti recanti attributi si ritrovano sia in contesti coloniali (Metaponto[62], Eraclea[63]) sia in area indigena lucana (Timmari[64], Armento[65], Chiaromonte - San Pasquale[66], Sant'Arcangelo - San Brancato, Grumento - San Marco[67], Rivello - Colla[68], San Chirico Nuovo - Pila[69], Torre di Satriano[70] e Rossano di Vaglio[71]). Le statuette sono abbigliate con chitone lungo fino ai piedi[72] ed *himation*, che copre anche il capo, adorno di un basso *polos* svasato[73]. Le mani sono ritratte in pose diverse: completamente avvolte nell'*himation*[74], rappresentate nell'atto di reggere un lembo del mantello con la mano destra all'altezza del petto[75] oppure a recare vari attributi (fiori[76], frutti[77], uova, *kalathoi*[78], un

---

[56] Per il criterio di classificazione si è preso come modello e riferimento Battiloro 2005a, pp. 144-146.
[57] Potrebbero risalire ai prototipi della grande scultura microasiatica come ad esempio il gruppo dei Branchidi di Mileto e la statuaria di Samo (Caporusso 1975, pp. 51-52).
[58] Sestieri Bertarelli 1957, p. 40.
[59] Cfr. *Catalogo del Museo Archeologico di Taranto, I, 2*, p. 54, fig. 39: statuette fittili di tipo tarantino raffiguranti Afrodite, databili al IV-III secolo a.C. provenienti da una stipe votiva rinvenuta nel 1976 a Saturo (Leporano). Si veda anche Adamesteanu, Dilthey 1992, p. 52; Ranaldi 1964, p. 140; Lippolis 1995, pp. 58-59.
[60] Battiloro, Di Lieto 2005, p. 144. Questo modello si ritrova anche in area campana (Bottini, Rainini, Isnenghi Colazza 1976, pp. 403-406; Greco, Pontrandolfo 1990, pp. 106-111).
[61] Questo modello è completamente diverso dal tipo "*Hera* in trono", originario di *Paestum*, dove il podio è chiaramente riprodotto in terracotta: Cfr. Tocco Sciarelli 1996, pp. 215-216; Bottini, Rainini, Isnenghi Colazza 1976, pp. 400-402, fig. 14 n. 45; Cipriani 1989, pp. 110-111, tav. 19; Higgins 1967, p. 92, tav. 40e; Levi 1926, p. 98, fig. 419; Mollard Besques 1954, fig. 155; Zancani Montuoro, Zanotti Bianco 1937, p. 206. Questo tipo si è diffuso intorno al V secolo a.C. nell'intera Magna Grecia (Cfr. Postrioti 1996, Tav. 16a) ed in area indigena lucana come ad esempio a Pomarico Vecchio (cfr. Barra Bagnasco 1997, p. 219, n. 3, fig. 88). Si veda anche Higgins 1954, I, pp. 375-376, n. 1376, tav. 194.
[62] Cfr. Adamesteanu, Mertens, D'Andria 1975, p. 164, fig. 26. 1; Letta 1971, p. 125, tav. XXV, 2-3.
[63] Cfr. Pianu 1990, tav. LXXI, n. 2, p. 162 n. 4; tavv. XXXVI, XL; Adamesteanu 1974, p. 107.
[64] Cfr. Lo Porto 1991, p. 109, tav. XLVI, n. 71 (Inv. 5567); p. 109, n. 72 (Inv. 5595).
[65] Cfr. Russo Tagliente 2000, p. 74, fig. 81.
[66] *Il sacro e l'acqua*, p. 24; Cfr. Loprete 1996b, p. 273, fig. 3.45.2; Barra Bagnasco 2001, p. 228, fig. 14.
[67] Cfr. Bottini P. 1997, p. 130, n. 14. Bottini P. 1992, p. 96; Masseria 2000, p. 115; Greco G. 1982, p. 43, tav. XXI, 1-2.
[68] Cfr. Greco G. 1982, pp. 46-47, tavv. XXII, n. 1-2; XXI, n. 4; Bottini P. 2005, p. 182.
[69] *Il sacro e l'acqua*, p. 133.
[70] Cfr. Battiloro 2001, p. 50, n. 17.
[71] Cfr. Adamesteanu, Dilthey 1992, p. 53, tav. VII; Adamesteanu 1992, p. 65; Cfr. Adamesteanu, Dilthey 1992, p. 106, tav. V; p. 109, tav. VIII; Adamesteanu 1971b, p. 83, tav. XXXI, nn. 54242, 44393.
[72] Graepler 1994, pp. 284-285.
[73] Fabbricotti 1979, n. 202; si conserva soltanto la testa con basso *polos* ricoperto dall'*himation*.
[74] Cfr. il tipo di Rivello: Greco G. 1982, p. 92 (Tav. XXII, n. 1, Inv. 70694).
[75] Cf. D'Anisi 2005, p. 170, figg. 3,4; Bottini P. 2005, p. 184, fig. 6.
[76] Cfr. corredo dalla T. 23 di Sant'Arcangelo - San Brancato in Roubis 1996, p. 265, fig. 3.40.23 (Inv. 205431); fig. 3.40.24 (Inv. 205432), p. 266 fig. 3.40.25 (Inv. 205434). Le figure femminili sedute recano nella mano destra un fiore sul petto. Anche a Caporre di Ferrandina, sono attestate figure femminili sedute con in mano un frutto o un fiore (Masseria 2000, p. 67).
[77] Cfr. per Rivello-Colla: Bottini P. 1998, p. 122, n. 8 (inv. 70694); per Grumento-San Marco: Bottini P. 2005, p. 186, n. 7b; per Rossano di Vaglio: Taddonio 2012, p. 189, fig. 2d; per Timmari: Lo Porto 1991, tav. LVI, n. 132 (Inv. 5495).
[78] Lo Porto 1991, tav. LVII, n. 135 (Inv. 5815).

La stipe votiva di Monticchio Bagni (Rionero in Vulture, Italia)

Tabella 1. Statuette femminili assise

Categoria	Sottogruppo della categoria	Gruppo tipologico	Tipo	Esemplari
A Terrecotte figurate	A. 1. Statuette femminili assise	A.1.$_1$ Statuette femminili assise con patera e colomba		nn. 1-16
		A.1.$_2$ Statuette con *phiale*		n. 17
		A.1.$_3$ Statuette di tipi vari	A.1.$_3$ I: offerente con *phiale* e seni in evidenza	n. 18
			A.1.$_3$ II: offerente con entrambe le mani sulle ginocchia	nn. 19-21
			A.1.$_3$ III: statuetta con braccio destro sul seno	n. 22
			A.1.$_3$ IV: statuetta con panno	n. 23

tympanon[79] posto in genere sul fianco sinistro, o ancora una palla[80], un ventaglio[81], uno specchio[82]. Numerosi risultano gli esemplari con patera ombelicata portata al petto, al ventre o sulle gambe con la mano destra, e recanti nella sinistra animali[83] (porcellini[84], conigli[85] o volatili[86], come ad esempio il cigno)[87]. Alcune statuette presentano, invece, il leprotto[88], molto diffuso nel IV secolo a.C. nei santuari di Armento[89], Tolve[90], Timmari[91], Chiaromonte - San Pasquale[92], San Chirico Nuovo[93], Sant'Arcangelo - S. Brancato, Grumento[94] ed Accettura[95].

Altre ancora mostrano la figura nuda, arricchita solo da *polos* ed orecchini circolari[96], con braccia rivolte in avanti oppure con braccia unite al corpo e "due pastiglie a rosette nelle mani"[97]. La molteplicità dei doni si adatta a diverse divinità che rievocano i concetti di fertilità e rinascita: da Hera a Demetra fino ad Afrodite[98] o personalità similari nel mondo indigeno, come Mefite[99].

Gli esemplari di Monticchio, raccolti in un solo tipo (A. 1.$_1$), presentano la figura femminile seduta nell'atto di reggere nella mano destra una *phiale*, poggiata sulle ginocchia, e nella sinistra una colomba dalle ali chiuse[100]. Il capo è adornato da un basso *polos* e la figura è arricchita da orecchini a disco. Il tipo è attestato da quindici esemplari[101] e presenta una sola variante data dallo scollo del chitone di forma triangolare (A.1.$_1$ Ia$_1$).

1. Statuetta seduta. Interno cavo, placca sul retro. Stato di conservazione: integra ma molto corrosa. Dimensioni: h. 14,5 cm, largh. max. 7 cm. Inv. 1075.

---

[79] Cfr per Timmari: Lo Porto 1991, p. 118, tav. LI, n. 106 (Inv. 5687); p. 118, tav. LI, n. 107 (Inv. 5667); p. 118, tav. LII, n. 108 (Inv. 5580); p. 119, tav. LII, n. 109 (Inv. 5801); per Rossano di Vaglio: Adamesteanu, Dilthey 1992, p. 53, tav. VIII e Taddonio 2012, p. 188, fig. 1a. Cfr., inoltre, la Collezione Lagioia nel Museo di Milano in Giacobello 2004, p. 385, nn. 339 (Inv. A997.01.345) e 340 (Inv. A997.01.346). Per la necropoli di Botromagno-Gravina: Cfr. Cotton, Ward-Perkins, Vander Poel 1969, plate XXI, n. 7 (67.119).
[80] Loprete 1996a, p. 267, n. 3.41.14 (Inv. 208 239).
[81] Lo Porto 1991, tav. LVIII, n. 138-140 (Inv. 5793, 6122, 5929); Piccioloni 2012, p. 67, fig. 3a; Taddonio 2012, p. 189, fig. 2b.
[82] Lo Porto 1991, tav. LVII, n. 137 (Inv. 5746).
[83] Cfr. *Testimonianze archeologiche nel territorio di Tolve*, p. 104 (Inv. 69932): dea con *polos*, seduta e reggente una patera nella destra e un animale nella sinistra.
[84] Molte stipi votive presentano, invece, figure femminili sedute con fiaccola a croce e porcellino, sacro a Demetra, come ad Eraclea (Pianu 1988-89, pp. 135-136, tav. IV), Colla di Rivello (Bottini P. 1998, p. 123 n. 11, p. 124 n. 13 e 14, p. 126 n. 19), Garaguso - Deposito Altieri (Bertesago 2012, p. 50, fig. 1d), San Nicola di Albanella (Cipriani, Ardovino 1989-1990, p. 342), Lucignano (Lo Porto 1973, p. 223, n. 3, tav. LXVIII; Lattanzi 1979, p. 119, Tav. XXXVIII.5),
[85] Per Timmari si veda: Piccioloni 2012, p. 67, fig. 3c.
[86] Cfr. Bottini P. 2005, p. 186, n. 7c; Battiloro 2001, p. 47; Piccioloni 2012, p. 67, fig. 3d. Cfr. per Tricarico: de Cazanove 2004, p. 261, fig. 6; Cfr. la Collezione Lagioia nel Museo di Milano in: Giacobello 2004, n. 342 (Inv. A.997.01.348). Per Timmari: Lo Porto 1991, p. 123, tav. LIV; per Chiaromonte-San Pasquale: Loprete 1996b, p. 273, n. 3.45.4 (Inv. 211102); per Rossano di Vaglio: Taddonio 2012, p. 189, fig. 2e; per Egnazia: Winter 1903, p. 132, n. 3 ed Higgins 1969, p. 365, n. 1345, tav. 186; per Gravina in Puglia: Cfr. Cotton, Ward-Perkins, Vander Poel 1969, pp. 141-142, n. 6, tav. XXII, n. 6; per Manduria: Palumbo 1986, tav. XVIII, n. 520 (Inv. 108623); per Oria, Monte Papalucio: Palumbo 1986, tav. XLIX, n. 36.
[87] Questo tipo si ritrova nella stipe di Timmari, località Lamia San Francesco (Lo Porto 1991, p. 118, tav. LI, n. 105-Inv. 5626). Presenta nella mano destra un *tympanon* pendulo e nella sinistra un cigno; p 123, tav. LIV, n. 123 (Inv. 5713). È, inoltre, replicato negli esemplari: nn. 5497, 5582, 5898, 5602, 5982, 5598, 5700, 5715, 5716, 5753, 5734, 5816, 5820). È attestata anche la variante con l'anatroccolo (Lo Porto 1991, p. 126, tav. LVII, n. 134 - Inv. 5798).
[88] Cfr. Higgins 1954, p. 186, n. 1341.
[89] Cfr. Russo Tagliente 2000, p. 74, fig. 81 (cat. nn. 58-59; con leprotto nella mano sinistra).
[90] Cfr. *Testimonianze archeologiche nel territorio di Tolve*, p. 53, fig. a p. 104 (n. inv. 69932).
[91] Cfr. Lo Porto 1991, p. 122, tav. LIV, n. 122 (Inv. 5698); Adamesteanu 1974, p. 104, matrice di statuette femminile con colomba e *tympanon*.
[92] Cfr. un esemplare con colomba nella mano destra dall'area sacra di Chiaromonte – San Pasquale in Loprete 1996b, p. 273, fig. 3.45.4.
[93] *Il sacro e l'acqua*, p. 33; Tagliente 2005a, p. 120.
[94] Cfr. Bottini P. 1997, p. 130, fig. 14.
[95] D'Anisi 2005, p. 166. 168-171, figg. 3-5.
[96] Cfr. Schojer 1988, tav. XXXIX, n. 34.1211 (Inv. 13.581).
[97] Palumbo 1986, tav. XXIII, n. 532 da Squinzano, collezione privata. Inoltre, si segnala una statuetta seduta e nuda fino alla vita proveniente dal santuario di Torre di Satriano (Battiloro 2005a, p. 159 e tav. VI, n. 23).
[98] Barra Bagnasco 2001, p. 228.
[99] Barra Bagnasco 2008, p. 190.
[100] Cfr. Breitenstein 1941, n. 437, fig. 24; Higgins 1954, n. 1345 (da *Egnatia*); Small 1976, p. 141, tav. XXII, n. 6.
[101] Per l'esemplare n. 6 cfr. Lo Porto 1991, p. 109, n. 73, tav. XLVI (Inv. 5836) e tav. LIV, n. 123 (Inv. 5713).

2. Statuetta seduta. Interno cavo, placca sul retro. Stato di conservazione: integra. Dimensioni: 7,5 cm, largh. max. 4 cm. Inv. 1197.

3. Statuetta seduta. Interno cavo, modellata solo nella parte anteriore. Stato di conservazione: molto corrosa e mancante di parte del piede sinistro. Dimensioni: h. 13 cm; largh. 4,3 cm; spess. 0,05 cm. Inv. 50061.

4. Statuetta seduta. Interno cavo, modellata solo nella parte anteriore. Stato di conservazione: molto corrosa, soprattutto nella parte sinistra e nei lineamenti del volto, e completamente combusta. Dimensioni: h. 14,5; largh. 3,5; spess. 0,05. Inv. 50065.

5. Statuetta seduta. A tutto tondo, interno cavo, modellata solo nella parte anteriore. Stato di conservazione: frammentaria nella parte inferiore destra e completamente combusta. Dimensioni: h. 11,04; largh. 4; spess. 0,04. Inv. 50064.

6. Statuetta seduta. A tutto tondo, interno cavo, modellata solo nella parte anteriore. Stato di conservazione: integra. Dimensioni: h. 13 cm; largh. 3,8 cm; spess. 0,05 cm. Inv. 50071.

7. Statuetta seduta. A tutto tondo, interno cavo, modellata solo nella parte anteriore. Stato di conservazione: frammentaria nella parte inferiore. Dimensioni: h. 14 cm; largh. max 3,7 cm; spess. 0,05 cm. Inv. 50067.

8. Parte superiore di una statuetta probabilmente seduta. Stato di conservazione: frammentaria, si conserva solo la parte superiore fino al ventre. È molto corrosa soprattutto sul volto. Dimensioni: 7,2 cm, largh. max 3,8 cm. Inv. 1394.

9. Frammento di statuetta fittile seduta. Stato di conservazione: frammentaria, si conserva soltanto la parte superiore, la patera è scheggiata, mentre i lineamenti del volto sono molto corrosi. Dimensioni: h. max 9,8 cm, largh. max. 6 cm. Inv. 1076.

10. Frammento di statuetta fittile seduta. Stato di conservazione: frammentaria, si conserva fino al ventre, con azioni di restauro nella parte inferiore destra. Dimensioni: h. 12,3 cm, largh. max. 6,4 cm. Inv. 1132.

11. Frammento di statuetta fittile seduta. Stato di conservazione: molto corrosa e completamente combusta. Dimensioni: h. 14 cm; largh. 3,7 cm; spessore 0,4 cm. Inv. 50063 (vecchio numero 1153).

12. Frammento di statuetta fittile seduta. Stato di conservazione: molto corrosa e completamente combusta con azioni di restauro nella parte centrale del corpo. Dimensioni: h. 11,8 cm; largh. 3,6 cm; spessore 0,6 cm. Inv. 50069 (vecchio numero 1092).

13. Frammento di statuetta fittile seduta. Stato di conservazione: molto corrosa e completamente combusta. Dimensioni: h. 14 cm; largh. 4,2 cm; spessore 0,5 cm. Inv. 50060 (vecchio numero 1149).

14. Frammento di statuetta fittile seduta. Stato di conservazione: molto corrosa e completamente combusta. Dimensioni: h.12 cm; largh. 4 cm; spessore 0,4 cm. Inv. 50070 (vecchio numero 1142).

15. Frammento di statuetta fittile seduta. Stato di conservazione: molto corrosa e completamente combusta. Dimensioni: h.11,7 cm; largh. 4,8 cm; spessore 0,08 cm. Inv. 50039 (vecchio numero 1147).

A.1.$_1$ Ia$_1$
sottogruppo

16. Statuetta seduta. Indossa il chitone liscio, con scollo triangolare. A tutto tondo, modellata solo nella parte anteriore, interno cavo. Stato di conservazione: scheggiata e molto corrosa. Dimensioni: h. 10 cm; largh. 3,3 cm; spess. 0,04 cm. Inv. 50059.

A.1.$_2$
Statuetta femminile con phiale

La statuetta seduta regge nella mano destra la *phiale mesomphalos*, mentre il braccio sinistro, poggiato sul ginocchio, sostiene un lembo del velo[102]. Sui capelli a *melonenfrisur*, è posto il *polos*. Le gambe sono unite e distinte da una ampia solcatura. Numerose sono le statuette simili[103], databili al VI-V secolo a.C., provenienti dall'Attica, dalla Beozia, dall'Argolide[104], da Corinto, da Olinto e da Lindos e quelle rinvenute in Magna Grecia[105] e in Sicilia[106].

17. Statuetta seduta. A tutto tondo, interno cavo, modellata solo nella parte anteriore. Stato di conservazione: Integra ma completamente combusta e con il volto abraso. Dimensioni: h. 14; largh. 4,3; spess. 0,04. Inv. 50066.

A.1.$_3$
Statuette femminili assise di tipi vari

Appartengono a questo gruppo statuette riferibili a quattro tipi differenti: il primo tipo, attestato in un solo esemplare, presenta i seni in evidenza e la mano poggiata sul grembo a reggere una *phiale mesomphalos*[107]. La figura è simile agli esemplari rinvenuti nelle stipi votive di *Paestum* e dell'*Heraion* alla foce del Sele[108]. Il secondo tipo, invece, è rappresentato con entrambe le mani poste sulle ginocchia.

---

[102] Cfr. Lo Porto 1991, p. 113, tav. XLVIII, n. 86 (Inv. 5705); p. 125, tav. LVI, n. 129 (Inv. 6769); Winter 1903, p. 132, n. 3; Higgins 1954, p. 186, n. 1345. Si veda anche Palumbo 1986, tav. XXIX, n. 574 (Inv. 2484) da *Rudiae* con patera nella destra e due rosette sulla spalla destra, simile all'esemplare da Ferrandina (cfr. Lo Porto 1973, tav. LIII, n. 2).
[103] Tipi simili sono stati rinvenuti nella necropoli di Botromagno a Gravina: cfr. Cfr. Cotton, Ward-Perkins, Vander Poel 1969, plate XXI, n. 6 (inv. 67.120).
[104] Mollard Besques 1954, tav.2, B2; tav.10, B78; tav.19, B150.
[105] Giacobello 2004, p. 385, n. 338 (Inv. A997.01.344).
[106] Iacobone 1988, p. 9-11; Letta 1971, p. 121.
[107] Bottini, Rainini, Isnenghi Colazza 1976, p. 400.
[108] Zancani Montuoro, Zanotti Bianco 1937, p. 206; Higgins 1954, p. 92 e tav. XL.

Il terzo presenta il braccio destro piegato sul seno e il braccio sinistro poggiante sul trono. Il quarto, infine, regge con il braccio destro probabilmente un panno mentre il braccio sinistro è piegato lateralmente.

A.1.$_3$ I
Offerente con phiale e seni in evidenza
Il tipo, attestato in un unico esemplare, presenta la figura seduta, con chitone liscio ed *himation* che ricopre il capo adorno da un'acconciatura del tipo a crocchia. La mano destra regge una *phiale mesomphalos*, mentre il braccio sinistro è poggiato sulla gamba.

18. Statuetta seduta. A tutto tondo, interno cavo, modellata solo nella parte anteriore. Stato di conservazione: integra, con tracce di combustione. Dimensioni: h. 11cm, largh. max. 3,7 cm. Inv. 50058.

A.1.$_3$ II
Offerente con entrambe le mani sulle ginocchia
Il tipo, attestato in tre esemplari[109], presenta una figura femminile, abbigliata con chitone ed *himation* e con le mani poggiate sulle ginocchia.

19. Statuetta seduta acefala. Stato di conservazione: frammentaria, è presente soltanto la parte inferiore e si conserva il bracciolo destro del trono. Dimensioni: h. 11,3 cm, largh. max. 5,7 cm. Inv. 1135.

20. Statuetta ammantata seduta acefala. Stato di conservazione: frammentaria con tracce di combustione. Dimensioni: h. 14 cm, largh. max 5,4 cm. Inv.1075.

21. Statuetta seduta con velo che le copre il braccio sinistro ed entrambe le gambe. Indossa il chitone con scollo rotondo e il *polos* dal quale affiora l'acconciatura a *melonenfrisur*. Indossa orecchini a disco con pendenti. A tutto tondo, interno cavo, modellata solo nella parte anteriore. Stato di conservazione: frammentaria nella parte inferiore sinistra. Dimensioni: h. 13,5 cm, largh. 4,5 cm. Inv. 50072.

A.1.$_3$ III
Statuetta con braccio destro sul seno
Il tipo, attestato in un solo esemplare, presenta la figura femminile con il braccio destro poggiato sul seno e il braccio sinistro posto sul bracciolo del trono[110].

22. Statuetta seduta, acefala. Stato di conservazione: non si conserva la parte inferiore del lato sinistro. Dimensioni: h. 12 cm; largh. 6 cm. Inv. 50040 (vecchio numero 1137).

A.1.$_3$ IV
Statuetta con panno
Il tipo, attestato in un solo esemplare, presenta una figura femminile con mano destra reggente verosimilmente un panno e con braccio sinistro piegato lateralmente. Il capo è ornato da una *stephane*, da cui affiora l'acconciatura a *melonenfrisur*. Indossa orecchini a disco.

23. Statuetta seduta. Stato di conservazione: integra e combusta. Dimensioni: h. 11 cm; largh. 3,5 cm; spessore 0,3 cm. Inv. 50068 (vecchio numero 1147).

A.2. Statuette femminili stanti (tavv. VII-XVII; tavv. XXX-XXXIII, da n. 24 a n. 66; da n. 114 a n. 125)

Le statuette femminili stanti[111], tutte abbigliate con chitone ed *himation*, sono state raccolte in tre diversi gruppi tipologici. Nel primo gruppo sono stati catalogati i tipi tanagrini, al quale sono associate le testine che inizialmente dovevano essere unite ai corpi. Nel secondo sono inseriti esemplari che derivano da tipi della statuaria greca, come quello di Afrodite appoggiata ad una colonnina o di personaggi femminili semi panneggiati con *himation* sui fianchi. Il terzo, infine, raccoglie tipi vari, quali statuette recanti vari attributi, donne stanti con la mano poggiata sul ventre[112] o in posizione di riposo.

A.2.$_1$
Tipi tanagrini (integri e corpi)
La produzione di "Tanagrine"[113], sviluppatasi ad Atene a partire dal terzo venticinquennio del IV secolo a.C., presenta originali caratteristiche tecniche[114]. La sua grande diffusione è attribuibile soprattutto all'aumento del numero delle matrici che consentì agli artigiani di realizzare statuette delle tipologie più diversificate[115]. Oltre alla Grecia e all'Asia Minore questo stile ben presto si diffuse in tutto il mondo greco, dal Mar Nero all'Africa settentrionale e all'Italia meridionale[116]. Gli schemi provengono per lo più dalla statuaria con figure femminili panneggiate ritratte in pose diverse ed arricchite da acconciature di vari tipi[117]. A Monticchio, molti esemplari appartengono ad una produzione raffinata, caratterizzata dalle grandi dimensioni e dalla presenza di un piedistallo, altri, invece, presentano una fattura più superficiale con evidenti sproporzioni.

---

[109] L'esemplare n. 20 trova un confronto puntuale in: Lo Porto 1991, p. 122, tav. LIV, n. 119 (Inv. 5822); si veda anche tav. LIII, n. 113 (Inv. 5526) e tav. LIV, n. 119 (Inv. 5822). Cfr. anche Rizzello 1980, n. 277 (c.1) dal deposito votivo di Sant'Amasio-Loc. Sant'Amasio, Arpino. Si veda, inoltre, Palumbo 1986, tav. III, n. 308 (Inv. 101777) da Monte Sannace (Tomba 1); Higgins 1969, tav. 186, n. 1340 (da Egnazia); Herdejürgen 1971, tav. 17, n. 49. Cfr. per la necropoli di Botromagno-Gravina: Cfr. Cotton, Ward-Perkins, Vander Poel 1969, *plate* XXI, n. 5 (Inv. 67.121).
[110] Cfr. Lo Porto 1991, tav. LII, n. 110 (Inv. 5341).
[111] Per il soggetto: Caporusso 1975, pp. 1-95; Battiloro 2001, p. 47.
[112] Cfr. per Satriano Battiloro 2005a, p. 159 (Tipo A.21 III); per Rossano di Vaglio Adamesteanu, Dilthey 1992, tavv. XI-XII.
[113] Il tipo prende il nome dalla città di Tanagra, dove nel XIX secolo si rinvenne un numero ingente di esemplari. Sono figure a tutto tondo realizzate con due matrici. La testa, invece, veniva plasmata a parte. Sull'origine e la diffusione delle Tanagrine si veda: Burr Thompson 1966, pp. 51-63; Higgins 1986, pp. 118-161; Mollard Besques 1963, p. 73; Uhlenbrock 1990, p. 49; Abruzzese Calabrese 1996, p. 194. Da ultimo si veda Jeammet 2003, pp. 120-152.
[114] Graepler 1994, p. 282.
[115] Lippolis 2003, p. 272.
[116] Lippolis 1994, pp. 272-275; Graepler 1994, p. 277-280.
[117] I motivi ispiratori furono le Muse di Mantinea, le Ercolanensi e il Sofocle del Laterano.

A.2.₁ I
Tipo "Piccola Ercolanese"

Il tipo denominato "Piccola Ercolanese"[118] è caratterizzato da figure femminili riprese in varie pose: con la mano destra a reggere il mantello e la sinistra completamente avvolta nel panneggio, oppure con un braccio sul collo e l'altro disteso sul fianco e con un lembo dell'*himation* avvolto intorno al polso. Nella stipe di Monticchio il tipo, presente in un unico esemplare[119], indossa chitone ed *himation* trasversale. La gamba destra è portante, mentre la sinistra è flessa in avanti. Il braccio destro regge un lembo del mantello, mentre il sinistro è piegato e poggiato sul seno.

24. Figura femminile stante acefala a tutto tondo, su base ovale, interno cavo. Modellata solo nella parte anteriore, mentre in quella posteriore è presente il foro di cottura. Stato di conservazione: lacunosa. Dimensioni: h. 15,9 cm; largh. 5,5 cm; spess. 0,06 cm. Inv. 50042.

A.2.₁ II
Statuetta con mano sinistra reggente l'himation

Il tipo, attestato in un unico esemplare[120], presenta la figura femminile con diadema ritratta nell'atto di reggere con il braccio sinistro un lembo dell'*himation* mentre il braccio destro scende lungo il corpo. La gamba destra è flessa e spostata lateralmente, la sinistra, invece, è portante.

25. Figura stante a tutto tondo, interno cavo, modellata solo nella parte anteriore. Stato di conservazione: combusta e scheggiata sia alla base sia sul capo. Dimensioni: h. 13,5 cm; largh. 6 cm; spess. 0,05 cm. Inv. 50045.

A.2.₁ III
Statuetta con panneggio avvolto intorno al braccio sinistro

Il tipo, attestato in un unico esemplare, presenta una figura femminile completamente nuda, tranne nella parte inferiore, avvolta nell'*himation*. Con il braccio destro regge un lembo del mantello, mentre il sinistro scende lungo il corpo. La gamba sinistra è leggermente flessa e quella destra è portante. Il capo è ornato da una *stephane* di foglie di edera. Indossa orecchini a disco.

26. Figura stante su base, a tutto tondo, interno cavo modellata solo nella parte anteriore, mentre in quella posteriore è presente il foro di cottura. Stato di conservazione: ricomposta e combusta. Dimensioni: h. 13,5 cm; largh. 3,9 cm; spess. 0,05 cm. Inv. 50047.

A.2.₁ IV
Statuetta panneggiata con copricapo conico

Il tipo, attestato in due esemplari, presenta la figura femminile con gamba destra portante e sinistra spostata lateralmente. Il braccio sinistro regge un lembo dell'*himation* mentre il destro è piegato. È adornata da un copricapo conico con orlo arrotolato.

27. Figura stante a tutto tondo, interno cavo, modellata solo nella parte anteriore, mentre in quella posteriore è presente il foro di cottura. Indossa orecchini a disco. Stato di conservazione: integra, ma con volto abraso, e combusta. Dimensioni: h. 15,4 cm; largh. 4,2 cm; spess. 0,05 cm. Inv. 50050.

28. Figura stante. Stato di conservazione: integra. Dimensioni: h. 15,4 cm; largh. 5 cm. Inv. 50048 (vecchio numero 1093).

A.2.₁ V
Statuetta panneggiata con mano sinistra al seno

Il tipo, attestato in un unico esemplare, presenta una figura femminile abbigliata con chitone, da cui fuoriesce il piede sinistro, ed *himation* che le copre anche il capo, abbellito da un cercine decorato con elementi globulari[121]. Il braccio sinistro è piegato a sollevare la veste mentre il destro scende lungo il corpo. La gamba sinistra è portante, quella destra, invece, è piegata.

29. Figura stante, interno cavo, modellata solo nella parte anteriore, mentre in quella posteriore è presente il foro di cottura. Stato di conservazione: integra, ma con lineamenti corrosi, e molto combusta. Dimensioni: h. 13,5 cm; largh. 6 cm. Inv. 50051.

A.2.₁ VI
Statuetta panneggiata con mano sinistra a reggere l'himation

Il tipo, attestato in un solo esemplare, si presenta completamente avvolto nell'*himation*, con la mano sinistra a reggerne un lembo. Il capo è adornato da una corona fitomorfa.

30. Parte superiore di una statuetta stante con capo chinato. Stato di conservazione: si conserva solo la parte superiore. Dimensioni: h. 9,5 cm; spessore 0,7 cm. Inv. 50315.

A.2.₁ VII
Statuetta panneggiata con mano destra reggente l'himation

Il tipo, attestato in un unico esemplare, presenta la gamba destra portante e la sinistra piegata in avanti. Indossa il chitone e l'*himation* trasversale che avvolge completamente il corpo, bloccandosi intorno al braccio sinistro. Il destro, invece, regge un lembo della veste.

31. Figura stante, acefala, a tutto tondo, interno cavo, modellata solo nella parte anteriore, mentre in quella posteriore è presente il foro di cottura. Stato di conservazione lacunosa. Dimensioni: h. 16,3 cm; largh. 6,6 cm; spess. 0,04 cm. Inv. 50052.

---

[118] Il tipo prende il nome da due copie di età imperiale di originali attici, rappresentanti *Kore*, rinvenute nel 1706 nel teatro di Ercolano. Le statue dovevano ritrarre una donna della famiglia imperiale, con ogni probabilità Giulia, moglie di Domiziano. Cfr. Kleiner 1942, pp. 105, tav. 14b.
[119] Cfr. Pensabene, Rizzo, Ronghi, Talamo 1980, tav. 19, n. 63 (Inv. 14796).
[120] Cfr. Pensabene, Rizzo, Ronghi, Talamo 1980, tav. 22, n. 74.
[121] Cfr. D'Anisi 2005, p. 172, n. 7.

Tabella 2. Statuette femminili stanti

Categoria	Sottogruppo della categoria	Gruppo tipologico	Tipo	Esemplari
A Terrecotte figurate	A.2. Statuette femminili stanti	A.2.$_1$ Tipi tanagrini	A.2.$_1$ I: Tipo "Piccola Ercolanese"	n. 24
			A.2.$_1$ II: Statuetta con mano sinistra reggente l'*himation*	n. 25
			A.2.$_1$ III: Statuetta con panneggio avvolto intorno al braccio sinistro	n. 26
			A.2.$_1$ IV: Statuetta panneggiata con copricapo conico	nn. 27-28
			A.2.$_1$ V: Statuetta panneggiata con mano sinistra al seno	n. 29
			A.2.$_1$ VI: Statuetta panneggiata con mano sinistra a reggere l'*himation*	n. 30
			A.2.$_1$ VII: Statuetta panneggiata con mano destra reggente l'*himation*	n. 31
			A.2.$_1$ VIII: Statuetta panneggiata con capo velato	nn. 32-33
			A.2.$_1$ IX: Statuetta panneggiata reggente con la mano destra l'*himation*	n. 34
			A.2.$_1$ X: Statuetta panneggiata reggente con la mano destra l'*himation*	n. 35
			A.2.$_1$ XI: Statuetta panneggiata reggente con la mano destra la veste	n. 36
			A.2.$_1$ XII: Statuetta ammantata con braccio sinistro dietro la schiena	nn. 37-38
			A.2.$_1$ XIII: Statuette ammantate	nn. 39-40
			A.2.$_1$ XIV: Statuetta panneggiata con braccio destro disteso e sinistro flesso	nn. 41-46
			A.2.$_1$ XV: Statuetta panneggiata con braccio destro a reggere un lembo della veste	n. 47
			A.2.$_1$ XVI: Statuetta panneggiata con braccio sinistro dietro la schiena	n. 48
			A.2.$_1$ XVII: Statuetta panneggiata con braccio destro lungo il fianco	n. 49
			A.2.$_1$ XVIII: Statuetta panneggiata con braccio destro piegato dietro la schiena	n. 50
			A.2.$_1$ XIX: Statuetta panneggiata con braccio destro piegato dietro la schiena	n. 51
			A.2.$_1$ XX: Statuetta panneggiata con braccio destro piegato dietro la schiena	n. 52
			A.2.$_1$ XXI: Statuetta panneggiata con braccio destro lungo il corpo	n. 53
			A.2.$_1$ XXII: Statuetta panneggiata con braccio sinistro completamente avvolto nell'*himation*	n. 54

Categoria	Sottogruppo della categoria	Gruppo tipologico	Tipo	Esemplari
			A.2.$_1$**XXIII**: statuetta panneggiata con braccio sinistro ricadente lungo il fianco	n. 55
			A.2.$_1$**XXIV**: Statuetta con braccio destro piegato a reggere l'*himation*	n. 56
			A.2.$_1$**XXV**: Statuetta con braccio destro disteso lungo il corpo a trattenere l'*himation*	n. 57
			A.2.$_1$**XXVI**: Statuetta con braccio levato	n. 58
			A.2.$_1$**XXVII**: Statuetta panneggiata con braccio destro sul petto e sinistro flesso	n. 59
			A.2.$_1$**XXVIII**: Statuetta panneggiata con la mano destra piegata sul petto a reggere l'*himation*	nn. 60-63
			A.2.$_1$**XXIX**: Statuetta con braccio sinistro al petto	n. 64
			A.2.$_1$**XXX**: Statuetta ammantata	n. 65
			A.2.$_1$**XXXI**: Statuetta con entrambe le mani sul ventre	n. 66
		A.2.$_2$ Rappresentazioni di divinità	**A.2.**$_2$**I**: Figure femminili stante con colonnina	nn. 114-116
			A.2.$_2$**II**: Figura femminile semi panneggiata	nn. 117-118
		A.2.$_3$ Statuette di tipi vari	**A. 2.**$_3$**I**: Statuette con mano sul ventre	nn. 119-121
			A. 2.$_3$**II**: Statuetta con *oinochoe* e frutto	n. 122
			A. 2.$_3$**III**: Statuette reggenti l'*himation*	nn. 123-124
			A. 2.$_3$**III**: Offerente con patera	n. 125

A.2.$_1$ VIII
Statuetta panneggiata con capo velato
Il tipo, attestato in due esemplari[122], presenta la figura femminile con chitone svasato ed *himation* trasversale. La gamba sinistra è portante mentre la destra è piegata. Il braccio destro è appoggiato sul petto, mentre il sinistro regge un lembo del mantello[123].

32. Figura stante. A tutto tondo, interno cavo, modellata solo nella parte anteriore. Capo coperto dal velo, volto inclinato verso sinistra. Indossa orecchini a disco. Stato di conservazione: integra. Dimensioni: h. 17 cm; largh. 6,3 cm; spess. 0,09 cm. Inv. 50056.

33. Statuetta fittile stante acefala. Stato di conservazione: abrasa. Dimensioni: h. 13,8 cm, largh. max 5,4 cm. Inv. 1116.

A.2.$_1$ IX
Statuetta panneggiata reggente con la mano destra l'himation
Il tipo, attestato in un unico esemplare, presenta il braccio destro piegato a reggere un lembo dell'*himation* e il sinistro posto lungo il corpo. Mentre la gamba destra è portante, la sinistra è piegata.

34. Statuetta stante, acefala. Stato di conservazione: lacunosa nella parte inferiore e combusta. Dimensioni: h. 12,5 cm; largh. 4 cm; spessore 0,4 cm. Inv. 50041 (vecchio numero 1176).

A.2.$_1$ X
Statuetta panneggiata reggente con la mano destra l'himation
Il tipo, attestato in un unico esemplare, regge con la mano destra l'*himation*, mentre la sinistra scende lungo il corpo. Il capo è ornato da cercine e *chignon*.

35. Statuetta stante. Stato di conservazione: lacunosa con azioni di restauro nella parte inferiore. Dimensioni: h. 9,3 cm, largh. max 6 cm. Inv. 1269.

---
[122] Per il reperto n. 31 cfr. un esemplare acefalo proveniente dall'area sacra di Chiaromonte-San Pasquale in Loprete 1996b, p. 273, fig. 3.45.1 (Inv. 211093).
[123] Per il tipo si veda Gatti Lo Guzzo 1978 (tav. VI, E VI a, 1).

A.2.₁ XI
Statuetta panneggiata reggente con la mano destra la veste
Il tipo, attestato in un unico esemplare, presenta il braccio destro piegato e il sinistro poggiato sulla schiena. L'*himation* lascia scoperta sia la spalla sia un seno. È ornata da un copricapo circolare, dal quale si intravede l'acconciatura a masse con trecce che scendono sulle spalle. Indossa orecchini a disco.

36. Frammento pertinente alla testa, al busto e alla parte dei fianchi di una statuetta stante. Stato di conservazione: frammentaria. Dimensioni: h. 12 cm; largh. 4,5 cm. Inv. 50057 (vecchio numero 1173).

A.2.1 XII
Statuetta ammantata con braccio sinistro dietro la schiena
Il tipo, attestato in due esemplari, presenta la figura femminile stante con gamba sinistra flessa e posta in avanti, braccio sinistro piegato sul fianco e braccio destro completamente avvolto nell'*himation*.

37. Statuetta fittile stante ammantata. Presenta un'acconciatura a *melonenfrisur* con *chignon* alto sulla testa. Stato di conservazione: frammentaria nella parte posteriore e sul lato destro. Dimensioni: h. 13 cm; largh. max 6 cm. Inv. 1225.

38. Parte superiore di una statuetta ammantata. Nella parte posteriore presenta il foro di sfiato. È ornata da un'acconciatura con banda alta e da orecchini a disco. Stato di conservazione: si conserva solo la parte superiore. Dimensioni: h. 5,6. Inv. 1285.

A.2.₁ XIII
Statuette ammantate
Il tipo, attestato in due esemplari, presenta la figura femminile con gamba sinistra portante e destra posta in avanti. Indossa un lungo chitone ed un *himation* che copre sia il braccio sinistro sia il destro che scende lungo il corpo.

39. Statuetta fittile stante, adornata con cercine e *chignon* sull'occipite. Nella parte posteriore è presente il foro di sfiato. Stato di conservazione: abrasa. Dimensioni: h. 19 cm., largh. max 7 cm. Inv. 1081[124].

40. Statuetta fittile stante. Nella parte posteriore è presente il foro di sfiato. Stato di conservazione: frammentaria con azioni di restauro nella parte centrale. Dimensioni: h. 19 cm., largh. max 7 cm Inv. 1089.

A.2.₁ XIV
Statuette panneggiate con braccio destro disteso e sinistro flesso
I reperti raccolti in questo gruppo, riferibili al tipo della Sofoclea[125], presentano statuette femminili abbigliate con chitone a scollo triangolare. La caratteristica principale di questo tipo è la posizione di contrappunto delle gambe e delle braccia. Il tipo è attestato in sei esemplari[126].

41. Statuetta stante. I capelli, coperti da una cuffia, sono divisi da una scriminatura centrale e raccolti in un alto *chignon*. Indossa orecchini a disco. Stato di conservazione: integra. Dimensioni: h. 16 cm, largh. max. 6,8 cm. Inv. 1197.

42. Statuetta stante ammantata e acefala. Stato di conservazione: corrosa con restauri nella parte inferiore. Dimensioni: h. 15 cm, largh. max 6,2 cm. Inv. 1092.

43. Statuetta stante ammantata e acefala. La figura è abbigliata con chitone dallo scollo triangolare, e con *chlaina* poggiata sulle spalle. Nella parte posteriore è presente il foro di sfiato. Stato di conservazione: corrosa. Dimensioni: h. 14,5 cm, largh. max. 7 cm. Inv. 1106.

44. Statuetta stante ammantata, acefala. Nella parte posteriore è presente il foro di sfiato rettangolare. Stato di conservazione: abrasa. Dimensioni: h. 14 cm, largh. max 6,8 cm. Inv. 1123.

45. Statuetta stante acefala. Nella parte posteriore è presente il foro di sfiato. Stato di conservazione: abrasa. Dimensioni: h. 14 cm, largh. max 6,8. Inv. 1309.

46. Statuetta stante acefala. Nella parte posteriore è presente il foro di sfiato. Stato di conservazione: abrasa. Dimensioni: h. 15,9 cm; largh. 5,5. Inv. 50042 (vecchio numero 1104).

A.2.₁ XV
Statuetta panneggiata con braccio destro a reggere un lembo della veste
Il tipo, attestato in un unico esemplare, presenta la gamba sinistra portante e la destra piegata. Il braccio destro scende lungo il corpo, a reggere un lembo della veste, mentre il sinistro è piegato dietro la schiena.

---

[124] Per l'esemplare n. 39: cfr. Lo Porto 1991, p. 134, tav. LXII, n. 151 (Inv. 6161); Olivieri 1998, p. 250, n. VI. 44 (Inv. 6335); Von Felix Eckstein, Legner 1969, p. 52 (Inv. 495); con la variante del braccio destro piegato: Cfr. Panvini 1998, p. 250, VI.44 (Inv. 6335). Si veda, inoltre, Rantucci 2012, p. 75, fig. 1d.

[125] Questa tipologia si accosta al *Sofokles-typ* del Kleiner, databile al III secolo a.C. e diffuso in molti luoghi: Tanagra, Myrina, Taranto, nel Sannio e in Campania (cfr. Kleiner 1984, p. 85, tav. 8; Giacobello 2004, p. 379). Questo tipo si ritrova anche in Basilicata, nell'area sacra di Timmari (cfr. Lo Porto 1991, tav. LX, n. 146, Inv. 5889; tav. LXI, n. 149, Inv. 5860).

[126] Per il reperto n. 42: cfr. l'esemplare da Venosa, collezione Briscese in Salvatore 1991, p. 95, n. a.1 (Inv. 389012). Questo prototipo presenta un'acconciatura con piccole ciocche divise e raccolte dietro la nuca. Cfr. anche Pensabene, Rizzo, Roghi-Talamo 1980, tav. 26, n. 89 (Inv. 14786). Per il n. 43 cfr. Van der Wielen 1994, p. 380, n. 734 (Inv. 6); Winter 1903, p. 73; cfr. Rizzello 1980, n. 632 (c.1) dal deposito votivo di *Fregellae*, Ceprano-Colle di Opri; Comella 1986, tav. X, n. 49 CI 19. Sempre per l'esemplare 43 cfr. Cotton, Ward-Perkins, Vander Poel 1969, plate XXII, n. 3 (Inv. 67.122) e Pensabene, Rizzo, Ronghi, Talamo 1980, tav. 20, fig. 65 (Inv. 14776).

47. Statuetta stante. Stato di conservazione: combusta. Dimensioni: h. 16 cm; largh. 5,5 cm. Inv. 50055 (vecchio numero 1159).

A.2.₁ XVI
Statuetta panneggiata con braccio sinistro dietro la schiena

Il tipo, attestato in un unico esemplare, presenta il braccio sinistro piegato dietro la schiena e il destro disteso lungo il corpo. La gamba destra è flessa, mentre la sinistra è portante.

48. Statuetta stante. Presenta sul capo una *stephane* di foglie. Stato di conservazione: corrosa. Dimensioni: h. 12 cm, largh. max 6,4. Inv. 1349.

A.2.₁ XVII
Statuetta panneggiata con braccio destro lungo il fianco

Il tipo, attestato in un unico esemplare, presenta il braccio sinistro piegato in avanti e il destro disteso lungo il fianco.

49. Parte superiore di una statuetta stante, acefala. Stato di conservazione: corrosa, si conserva solo nella parte superiore. Dimensioni: h. 4 cm, largh. max 5,7 cm. Inv. 1261.

A.2.₁ XVIII
Statuetta panneggiata con braccio destro piegato dietro la schiena

Il tipo, attestato in un unico esemplare[127], presenta il braccio destro poggiato sul fianco e il sinistro che scende lungo il corpo. La mano e il piede sinistro fuoriescono dall'*himation*.

50. Statuetta fittile stante acefala. Stato di conservazione: corrosa, soprattutto nella parte sinistra. È presente una linea di frattura a metà del corpo. Dimensioni: h. 15 cm, largh. max. 6,5 cm. Inv. 1065.

A. 2.₁ XIX
Statuetta panneggiata con braccio destro piegato dietro la schiena

Il tipo, attestato in un unico esemplare[128], presenta la figura femminile con il braccio sinistro disteso lungo il corpo e il destro piegato dietro la schiena.

51. Statuetta stante ammantata, acefala. Stato di conservazione: frammentaria. Dimensioni: h. 15 cm, largh. max. 7,5 cm. Inv. 1104.

A.2.₁ XX
Statuetta panneggiata con braccio destro piegato dietro la schiena

Il tipo, attestato in un unico esemplare, presenta il braccio destro piegato dietro la schiena e il sinistro che scende lungo il corpo.

52. Statuetta ammantata stante e acefala. Nella parte posteriore è presente il foro di sfiato. Stato di conservazione: azioni di restauro nella parte inferiore destra. Dimensioni: h. 14,4 cm, largh. max. 10,5 cm. Inv. 1119.

A.2.₁ XXI
Statuetta panneggiata con braccio destro lungo il corpo

Il tipo, attestato in un unico esemplare, presenta la figura femminile con chitone dal doppio scollo rotondo e l'*himation* caratterizzato da numerose pieghe verticali. La gamba destra è portata in avanti così come il braccio sinistro, mentre la gamba sinistra è stante e il braccio destro scende lungo il corpo.

53. Statuetta stante, acefala. Stato di conservazione: abrasa con una frattura nella parte destra. Dimensioni: h. 13,8 cm; largh. max. 5,4 cm. Inv. 1124.

A.2.₁ XXII
Statuetta panneggiata con braccio sinistro completamente avvolto nell'himation

Il tipo, attestato in un unico esemplare[129], presenta la figura abbigliata con un chitone a larghe pieghe. La gamba sinistra è piegata di lato, mentre la destra è portante. Il braccio destro è posto dietro la schiena mentre il sinistro è completamente avvolto nell'*himation*.

54. Statuetta fittile stante ammantata acefala. Nella parte posteriore è presente il foro di sfiato circolare. Stato di conservazione: corrosa. Dimensioni: h. 16 cm, largh. max 7 cm. Inv. 1120.

A.2.₁ XXIII
Statuetta panneggiata con braccio sinistro ricadente lungo il fianco

Il tipo, attestato in un unico esemplare, presenta la figura femminile abbigliata con chitone svasato ed *himation* trasversale. La gamba destra è portante mentre la sinistra è piegata in avanti. Il braccio destro è posto sulla schiena e quello sinistro scende lungo il corpo.

55. Statuetta stante acefala. Stato di conservazione: integra e combusta. Dimensioni: h. 17,3 cm; largh. 6 cm; spessore 0,08 cm. Inv. 50044 (vecchio numero 1189).

A.2.₁ XXIV
Statuetta con braccio destro piegato a reggere l'himation

Il tipo, attestato in un unico esemplare, presenta la figura femminile abbigliata con chitone altocinto ed *himation* che lascia scoperto il seno sinistro. La gamba destra è piegata mentre la sinistra è portante. Il braccio destro regge un lembo dell'*himation*, mentre il sinistro è lacunoso.

56. Statuetta stante acefala. Nella parte posteriore è presente il foro di sfiato. Stato di conservazione: azioni di

---

[127] Cfr. Mingazzini 1938, tav. XXV, n. 8 (Inv. 1461).
[128] Cfr. l'esemplare da Capodifiume in Tocco Sciarelli 1996, pp. 239-240 n. 176.9. Inoltre, la statuetta in questione è assimilabile ad un tipo diffuso a Fratte; cfr. Greco G. 1990, p. 115, fig. 211 (Inv. 10957). Cfr. anche la Collezione Lagioia nel Museo Archeologico di Milano in Giacobello 2004, p. 392, n. 355 (Inv. A997.01.342).

[129] Cfr. Comella 1978, tav. IX, 41 – CI 12; cfr. Palumbo 1986, tav. VIII, n. 322 da Palagiano (Inv. 118765 e 118766).

restauro nella parte sinistra. Dimensioni: h. 18 cm; largh. max 7 cm. Inv. 1162.

A.2.₁ XXV
Statuetta con braccio destro disteso lungo il corpo a trattenere l'himation
Il tipo, attestato in un unico esemplare, presenta la figura femminile abbigliata con chitone dallo scollo triangolare. Il braccio sinistro è piegato mentre il destro è disteso lungo il corpo a trattenere un lembo del mantello.

57. Statuetta stante acefala. Nella parte posteriore è presente il foro di sfiato circolare. Stato di conservazione: si conserva fino all'altezza delle ginocchia. Dimensioni: h. 10 cm, largh. max. 6,8 cm. Inv. 1128.

A.2.₁ XXVI
Statuetta con braccio levato
Il tipo, attestato in un unico esemplare, presenta la figura femminile abbigliata con chitone ed *himation* trasversale. La gamba destra è portante mentre la sinistra è flessa in avanti. Il braccio destro è sollevato a reggere un oggetto non identificabile mentre il sollevato sinistro è piegato dietro la schiena.

58. Figura stante a tutto tondo, acefala, interno cavo, modellata solo nella parte anteriore mentre in quella posteriore è presente il foro di cottura. Stato di conservazione: lacunosa. Dimensioni: h. 14,5 cm; largh. 5,5 cm; spess. 0,09 cm. Inv. 50053.

A.2.₁ XXVII
Statuetta panneggiata con braccio destro sul petto e sinistro flesso
Il tipo, attestato in un unico esemplare, presenta la figura femminile panneggiata con il braccio sinistro piegato all'altezza dei fianchi e il destro poggiato sul petto a reggere un lembo dell'*himation*.

59. Statuetta fittile panneggiata colta nell'atto di reggere un lembo dell'*himation*. Nella parte posteriore è presente il foro di sfiato. Stato di conservazione: frammentaria nella parte inferiore, corrosa e combusta. Dimensioni: h. 17 cm, largh. max. 6,8 cm. Inv. 1179.

A.2.₁ XXVIII
Statuetta panneggiata con la mano destra piegata sul petto a reggere l'himation
Il tipo, attestato in quattro esemplari[130], presenta la figura femminile abbigliata con chitone sottile. La gamba destra è portante mentre la sinistra è piegata in avanti. La mano destra regge sul petto un lembo dell'*himation*, mentre il braccio sinistro è piegato sul fianco.

60. Statuetta stante acefala. Stato di conservazione: frammentaria. Dimensioni: h. 14 cm, largh. max. 4,8 cm. Inv. 1111.

61. Parte superiore di una statuetta stante con cercine. Stato di conservazione: frammentaria con azioni di restauro nella parte inferiore. Dimensioni: h. 7 cm, largh. max. 5,8 cm. Inv. 1242.

62. Statuetta stante panneggiata. È ornata da una pettinatura a *melonenfrisur* con *chignon* alto e cercine. Nella parte posteriore è presente il foro di sfiato circolare. Stato di conservazione: frammentaria con azioni di restauro nella parte inferiore sinistra. Dimensioni: h. 15 cm, largh. max. 6,8 cm. Inv. 1113.

63. Parte superiore di una statuetta stante. Ha una pettinatura con alto *chignon* e cercine. Stato di conservazione: frammentaria con tracce di restauro sul braccio. Dimensioni: h. 9,3 cm, largh. max. 6,8 cm. Inv. 1276.

A.2.₁ XXIX
Statuetta con braccio sinistro al petto
Il tipo, attestato in un unico esemplare, presenta il braccio sinistro portato al petto.

64. Parte superiore di una statuetta fittile. Sul capo è un'acconciatura con alto *chignon* e cercine. Stato di conservazione: abrasa. Le braccia sono frammentarie. Dimensioni: h. 9,8 cm, largh. max. 7,8 cm. Inv. 1275.

A.2.₁ XXX
Statuetta ammantata
Il tipo, attestato in un solo esemplare, presenta è una figura femminile ammantata, con la mano sinistra reggente un lembo dell'*himation* e il braccio destro piegato lungo il fianco.

65. Parte superiore di una statuetta fittile ammantata, con la mano sinistra reggente un lembo dell'*himation* e il braccio destro piegato lungo il fianco. Acconciatura a *melonenfrisur*, alta crocchia ed orecchini a disco. Nella parte posteriore è presente il foro di sfiato. Stato di conservazione: si conserva solo la parte superiore. Dimensioni: h. 9 cm, largh. max 6 cm. Inv. 1186.

A.2.₁ XXXI
Statuetta con entrambe le mani sul ventre
Il tipo, attestato in un unico esemplare, presenta la figura femminile completamente avvolta nell'*himation*, con il braccio destro sul ventre e il braccio sinistro reggente un lembo del mantello. La gamba destra è piegata in avanti, mentre la sinistra è portante.

66. Figura stante, a tutto tondo, modellata solo nella parte anteriore mentre in quella posteriore è presente il foro di cottura, interno cavo. La statuetta è ornata da un cercine e da orecchini a disco. Stato di conservazione: integra e

---

[130] Per l'esemplare n. 58: cfr. Comella 1978, tav. XII, n. 54 CI 23a; per il 60: cfr. per la posizione delle braccia Rizzello 1980, n. 70 (c. 22). La statuetta in questione, rinvenuta nel deposito votivo dell'Antera-Casamari: Veroli, è acefala. Per l'esemplare n. 62: Cfr. Cotton, Ward-Perkins, Vander Poel 1969, plate XXII, n. 4.

combusta. Dimensioni: h. 15,5; largh. 6,4; spess. 0,08. Inv. 50049.

A.2.2₁
Tipi tanagrini (*testine*) (tavv. XVIII-XXIX, nn. 67-113)
Le testine della stipe votiva di Monticchio sono state inserite in un sottogruppo delle Tanagrine e sono state suddivise in tipi in base ai diversi copricapi e acconciature: testine con cercine e *chignon*, con cercine e *melonenfrisur*[131], con *stephane* di foglie, con cuffia, con benda, con diadema, con velo, con solo *melonenfrisur*, con grandi orecchini globulari, con capelli bipartiti sulla fronte. Soltanto un esemplare presenta due testine: una maschile ritratta nell'atto di baciare una femminile.

A.2.2₁ I
Testine con cercine e chignon
Appartengono a questo gruppo tipologico le testine con capelli a bande ondulate divise al centro della fronte. Tutti gli esemplari indossano il cercine[132] tubolare liscio, a forma di panno ripiegato, e sono abbelliti da uno *chignon* sulla sommità del capo[133]. Il tipo è attestato in tre esemplari[134].

67. Testina con cercine e capelli acconciati da una scriminatura centrale e da onde lisce sulle tempie, raccolte sulla sommità del capo in un grosso *chignon*. Indossa orecchini a disco. Stato di conservazione: abrasa. Dimensioni: h 5,5 cm, largh. max. 3,5. Inv. 1356.

68. Testina con cercine e capelli acconciati da una scriminatura centrale e da onde lisce sulle tempie. Volto piegato verso sinistra ed occhi rivolti verso il basso. Stato di conservazione: combusta. Dimensioni: h. 5 cm; largh. max. 3 cm. Inv. 1311.

69. Testina con volto piegato verso destra, capelli ondulati sulle tempie e cercine lavorato. Stato di conservazione: abrasa. Si conserva solo l'orecchino destro ma non rimane traccia dello *chignon*. Dimensioni: h. 4,5 cm; largh. max. 3 cm. Inv. 1393.

A.2.2₁ II
Testine con cercine tubolare liscio e chignon
Il tipo, attestato in due esemplari[135], presenta cercine tubolare liscio, *chignon* sulla nuca ed orecchini a disco.

70. Testina. Naso appuntito e bocca sottile. Stato di conservazione: integra e combusta. Dimensioni: h. 4 cm; largh. max. 3,5 cm. Inv. 1336.

71. Testina. Occhi grandi, naso schiacciato, bocca sottile. Acconciatura con scriminatura centrale e ciocche morbide. Non si conserva lo *chignon*. Stato di conservazione: abrasa. Dimensioni: h. 5 cm; largh. 4 cm. Inv. 1399.

A.2.2₁ III
Testina con cercine lavorato
Il tipo, attestato in un unico esemplare[136], presenta un cercine con bulla posta sulla parte centrale della fronte[137].

72. Testina. Il volto, con occhi incavati e naso sporgente, è piegato verso destra. Stato di conservazione: integra con cercine frammentario nella parte sinistra. Dimensioni: h. 5,5 cm, largh. max 6 cm. Inv. 1204.

A.2.2₁ IV
Testina con cercine e melonenfrisur
Il tipo, attestato in un unico esemplare, presenta cercine tubolare liscio, capigliatura a *melonenfrisur* e alto *chignon*.

73. Testina fittile. Occhi piccoli e molto ravvicinati, naso piccolo e bocca sottile. Stato di conservazione: molto corrosa e frammentaria. Si conserva solo il lato destro. Dimensioni: h. 5 cm; largh. max. 3. Inv. 1316.

A.2.2₁ V
Testina con cercine e melonenfrisur
Il tipo, attestato in un unico esemplare, presenta un cercine tubolare liscio e un'acconciatura a *melonenfrisur* con cinque ciocche terminante in uno *chignon* sulla nuca.

74. Testina piegata verso destra. Occhi piccoli, naso prominente, bocca sottile. Stato di conservazione: abrasa. Il cercine si conserva solo nella parte centrale. Dimensioni: h. 5, largh. max 3 cm. Inv. 1331.

A.2.2₁ VI
Testina con cercine e melonenfrisur
Il tipo, attestato in un unico esemplare, presenta cercine con una grande bulla e un'acconciatura a *melonenfrisur* con *chignon*[138].

75. Testina femminile. Occhi grandi, naso prominente e bocca grande. Stato di conservazione: frammentaria con l'occhio destro molto corroso. Dimensioni: h. 5 cm, largh. 3,5. Inv. 1214.

---

[131] Acconciatura caratterizzata da capelli distribuiti in coste striate e raccolti in uno *chignon*.
[132] Il cercine, lavorato a parte rispetto alla testina, veniva inserito dopo aver distaccato la matrice. Per quest'acconciatura di origine ellenistica si veda: Thompson 1963, p. 44.
[133] Cfr. Barra Bagnasco 2008, p. 194, fig. 19 (cat. n. 354).
[134] Per l'esemplare n. 67: Cfr. Fabbricotti 1979, p. 371 n. 217 (Inv. 59727); Gatti Lo Guzzo 1978, Tav. XLIII, M. v, 2. Per la n. 68: Cfr. Cera 2004, p. 138, fig. 100, n. 15 (Inv. 305356), proveniente da Alvignano, località San Ferdinando, sito 115, area sacra; cfr. anche Mingazzini 1938, tav. XXVI, n. 9 (Inv. 170). Per l'esemplare n. 68: Cfr. anche Pensabene, Rizzo, Ronghi, Talamo 1980, tav. 32, n. 117 (Inv. 14876), cfr. tav. 34, n. 124 (Inv. 14874). Per l'esemplare n. 69: Cfr. Fabbricotti 1979, p. 371 n. 221 (Inv. n. 59731); Bottini, Rainini, Isnenghi Colazza 1976, p. 462, fig. 33, n. 242 (Inv. 1120); Pensabene, Rizzo, Ronghi, Talamo 1980, tav. 35, n. 139 (Inv. 14875).
[135] Per l'esemplare n. 71 cfr. Rizzello 1980, n. 311 (c.3) dal deposito votivo di San Casto-Sora.

[136] Cfr. Fabbricotti 1979, p. 371, n. 216 (Inv. N. 59681); p. 401 (S 102) per Fontana Bona di Ruoti; *Il sacro e l'acqua*, pp. 42; 48, n. 12 per San Chirico Nuovo, contrada Pila.
[137] Loprete 1996b, p. 274, n. 3.45.12 (Inv. 211113) per Chiaromonte-San Pasquale. Cfr. Mingazzini 1938, tav. XXVI, figg. nn. 5 (Inv. 160) (con aggiunta di *stephane* di foglie), 11 (Inv. 3) e 23 (Inv. 162), cfr. Pensabene, Rizzo, Ronghi, Talamo 1980, tav. 30, fig. 101 (Inv. 15353), tav. 33, n. 118 (Inv. 14874/3).
[138] Il tipo si ritrova anche in Gatti Lo Guzzo 1978, Tav. XLVI, M XXI.

Tabella 3. Testine

Categoria	Sottogruppo della categoria	Gruppo tipologico	Tipo	Esemplari
A. Piccole terrecotte figurate	A. 2. Figure femminili stanti	A.2$_1$ Tanagrine (*esemplari integri e corpi*)		
		A.2.2$_1$ Tanagrine (*testine*)	A.2.2$_1$ I: testine con cercine e *cignon*	nn. 67-69
			A.2.2$_1$ II: testine con cercine tubolare liscio e *chignon*	nn. 70-71
			A.2.2$_1$ III: Testina con cercine lavorato	n. 72
			A.2.2$_1$ IV: Testina con cercine e *melonenfrisur*	n. 73
			A.2.2$_1$ V: Testina con cercine e *melonenfrisur*	n. 74
			A.2.2$_1$ VI: Testina con cercine e *melonenfrisur*	n. 75
			A.2.2$_1$ VII: Testina con cercine e *melonenfrisur*	n. 76
			A.2.2$_1$ VIII: Testina con cercine	n. 77
			A.2.2$_1$ IX: Testina con *stephane* di foglie	n. 78
			A.2.2$_1$ X: Testina con *stephane* di foglie	nn. 79-81
			A.2.2$_1$ XI: Testina con *stephane* di foglie	n. 82
			A.2.2$_1$ XII: Testina con *stephane* di foglie	n. 83
			A.2.2$_1$ XIII: Testina con *stephane* di foglie e *melonenfrisur*	n. 84
			A.2.2$_1$ XIV: Testina con *stephane* ed elementi decorativi floreali sulla fronte	n. 85
A. Piccole terrecotte figurate	A. 2. Figure femminili stanti	A.2$_1$ Tanagrine (*esemplari integri e corpi*)		
		A.2.2$_1$ Tanagrine (*testine*)	A.2.2$_1$ XV: Testina con *stephane* e globetti	n. 86
			A.2.2$_1$ XVI: Testina con copricapo e *stephane*	n. 87
			A.2.2$_1$ XVII: Testina con copricapo troncoconico	n. 88
			A.2.2$_1$ XVIII: testina con cuffia	n. 89
			A.2.2$_1$ XIX: Testina con pettinatura a matassa	n. 90
			A.2.2$_1$ XX: Testina con cercine ed elementi vegetali	n. 91
			A.2.2$_1$ XXI: Testina con doppio cercine tubolare	n. 92
			A.2.2$_1$ XXII: testina con cercine e *melonenfrisur*	n. 93
			A.2.2$_1$ XXIII: Testina con doppio cercine e crocchia	n. 94
			A.2.2$_1$ XXIV: Testina velata	n. 95
			A.2.2$_1$ XXV: Testina velata	n. 96
			A.2.2$_1$ XXVI: Testina con *melonenfrisur*	nn. 97-99
			A.2.2$_1$ XXVII: Testina con *melonenfrisur*	nn. 100-101
			A.2.2$_1$ XXVIII: Testina con *melonenfrisur*	nn. 102-103

Categoria	Sottogruppo della categoria	Gruppo tipologico	Tipo	Esemplari
A. Piccole terrecotte figurate	A. 2. Figure femminili stanti	A.2$_1$ Tanagrine (*esemplari integri e corpi*)		
		A.2.2$_1$ Tanagrine (*testine*)	A.2.2$_1$ XXIX: Testina con *melonenfrisur*	n. 104
			A.2.2$_1$ XXX: Testina con *melonenfrisur*	n. 105
			A.2.2$_1$ XXXI: Testina con grandi orecchini globulari	n. 106
			A.2.2$_1$ XXXII: Testine con capelli bipartiti sulla fronte	nn. 107-108
			A.2.2$_1$ XXXIII: Testina con capelli bipartiti sulla fronte	n. 109
			A.2.2$_1$ XXXIV: Testina con capelli bipartiti sulla fronte	n. 110
			A.2.2$_1$ XXXV: Testina con capelli bipartiti sulla fronte	n. 111
			A.2.2$_1$ XXXVI: Testina con riccioli a lumachella	n. 112
			A.2.2$_1$ XXXVI: Testina maschile e femminile	n. 113

A.2.2$_1$ VII
Testina con cercine e melonenfrisur
Il tipo, attestato in un unico esemplare[139], presenta il cercine e un'acconciatura a *melonenfrisur* con trecce laterali. Indossa orecchini a globetto.

76. Frammento pertinente a testina di statuetta stante, a tutto tondo. Stato di conservazione: combusta con naso scheggiato. Dimensioni: h. 6,5 cm, largh. max 7,8 cm. Inv. 50035.

A.2.2$_1$ VIII
Testina con cercine
Il tipo, attestato in un unico esemplare, è caratterizzato dal cercine e da un'acconciatura a calotta compatta.

77. Testina con cercine. Stato di conservazione: frammentaria nella parte sinistra del cercine e combusta. Dimensioni: h. 5,5 cm. Inv. 50316 (vecchio numero 1199).

A.2.2$_1$ IX
Testine con stephane *di foglie*
Gli esemplari di Monticchio, caratterizzati da capigliatura a fiamma arricchita da una *stephane*[140], ricordano una tipologia nata intorno al secondo quarto del IV secolo a.C.

in Attica e diffusasi nel III secolo a.C. anche a Corinto, Delo, Troia e più tardi nell'area campana[141], a Roma, Tivoli, Lavinio[142], Taranto e in area lucana (ad Eraclea e nei santuari di Chiaromonte e Torre di Satriano)[143].

78. Testina con capelli divisi da una scriminatura centrale e ornati da una *stephane* di sette foglie[144]. Indossa orecchini penduli. Viso con occhi grandi, naso appuntito, bocca sottile. Stato di conservazione: integra. Dimensioni: h. 5 cm, largh. max. 3,5. Inv. 1198.

A.2.2$_1$ X
Testine con stephane *di foglie*
Il tipo, attestato in tre esemplari, presenta una *stephane* di foglie e ha la scriminatura centrale (*melonenfrisur*)[145].

79. Testina con corona di foglie, della quale si conservano soltanto due petali. Occhi piccoli e ravvicinati, naso sottile,

---

[139] Cfr. per Fontana Bona di Ruoti: Fabbricotti 1979, p. 370, n. 212 (Inv. n. 59725); n. 213 (Inv. n. 59730); per Butera: Adamesteanu 1958, p. 663, fig. 289, nn. 85 e 86. Si veda, inoltre, Breitenstein 1941, n. 717, tav. 87, p. 75.

[140] La *stephane*, corona composta da pastiglie di argilla a forma di foglie d'edera, ricorda le corone di alloro dei vincitori, dei defunti eroizzati o dei personaggi femminili del *thiasos* dionisiaco (Graepler 1996, p. 233; Higgins 1986, p. 123). Per il tipo si veda anche Thompson 1963, pp. 49-50.

[141] Cfr. Bottini, Rainini, Isnenghi Colazza 1976, p. 432, fig. 23, nn. 143-149. Per Minturno: Mingazzini 1938, tav. XXVI, figg. 3 (Inv. 171) -5 (Inv. M 160) -6-7 (Inv. M 159), 9 (Inv. 170); per Paestum: Zancani Montuoro, Zanotti Bianco 1937, p. 335, fig. 89 e Zanotti Bianco, Von Matt 1961, tav. 45.

[142] Per Roma: cfr. Romanelli P. 1963, fig. 39, n. 9265; fig. 50 nn. 11013, 9264 fig. 51, n. 9205; per Tivoli: Antonielli 1927, p. 215, fig. 6, n. 2; per Lavinio: Thomasson 1961, tav. VII, nn. 51-52-53.

[143] Cfr. l'esemplare da Chiaromonte con acconciatura caratterizzata da una corona di foglie d'edera e capelli raccolti in uno *chignon* sulla parte alta del capo in Loprete 1996b, p. 274, fig. 3.45.14. Cfr. l'esemplare di Torre di Satriano con *stephane* semilunata (A.2.2$_2$IV) in Battiloro 2005a, p. 167.

[144] Per l'esemplare n. 78: cfr. De Min 1993, p. 84, tav. 9 (Inv. 1608).

[145] Per l'esemplare n. 79: cfr. Gatti Lo Guzzo 1978, tav. XLV, M XVI; per l'esemplare n. 80: cfr. Mingazzini 1938, tav. XXVI, n. 3 (Inv. 171) e 7 (Inv. 159), Pensabene, Rizzo, Ronghi, Talamo 1980, tav. 36, nn. 147 (Inv. 14874/23) e 152 (Inv. 114874/27). Per l'esemplare n. 81: cfr. Barra Bagnasco 2008, p. 195, fig. 21 (Cat. n. 366); n. 66.

bocca piccola. Stato di conservazione: frammentaria. Dimensioni: h. 4 cm, largh. max. 3 cm. Inv. 1371.

80. Testina con corona di foglie, della quale si conservano solo quattro petali. Pettinatura con scriminatura centrale e cercine. Occhi piccoli e ravvicinati, naso prominente, bocca frammentaria. Stato di conservazione: frammentaria. Dimensioni: h. 6 cm; largh. max 4. Inv. 1266.

81. Testina con corona di foglie, della quale si conserva solo una foglia nella parte sinistra. Acconciatura a *melonenfrisur* e alto *chignon*. Si conserva solo l'orecchino sinistro. Occhi grandi e distanziati, naso prominente, bocca che sembra sorridere. Stato di conservazione: combusta. Dimensioni h. max. 7 cm; largh. 3,5 cm. Inv. 1329.

A.2.2$_1$ XI
Testina con stephane *di foglie*
Il tipo, presente in un unico esemplare, è ornato da una *stephane* di foglie con capelli raccolti in uno *chignon*.

82. Testina con corona di foglie. Occhi grandi, naso pronunciato, bocca piccola. Si conserva soltanto l'orecchino sinistro. Stato di conservazione: frammentaria. Dimensioni: h. 5, largh. 3,5 cm. Inv. 1307.

A.2.2$_1$ XII
Testina femminile con stephane *di foglie*
Il tipo, presente in un unico esemplare[146], ha il capo ornato da una *stephane* di foglie con uno *chignon* sulla nuca.

83. Testina con *stephane* composta da cinque foglie d'edera. Stato di conservazione: molto abrasa (si vede solo il naso) e completamente combusta. Dimensioni: h. 7 cm; largh. max 4 cm. Inv. 1322.

A.2.2$_1$ XIII
Testina con stephane *di foglie e* melonenfrisur
Il tipo, presente in un unico esemplare, è ornato da una *stephane* di foglie e da un'acconciatura a *melonenfrisur*. Indossa orecchini globulari.

84. Testina con *stephane*, con solo quattro foglie. Volto ovale, inclinato a destra, occhi piccoli, naso affilato e bocca sottile. Stato di conservazione: frammentaria e combusta. Dimensioni: h. 8; largh. 5,5 cm. Inv. 50026.

A.2.2$_1$ XIV
Testina con stephane *ed elemento decorativo floreale sulla fronte*
Il tipo, attestato in un unico esemplare[147], è ornato da una *stephane* di foglie con al centro un elemento floreale, e da uno *chignon* sull'occipite.

85. Testina fittile con *stephane*, di cui si conservano quattro foglie d'edera. Stato di conservazione: frammentaria. Dimensioni: h. 0,06. Inv. 1217.

A.2.2$_1$ XV
Testina con stephane *e globetti*
Il tipo, presente in un unico esemplare[148], ha i capelli raccolti in uno *chignon* con una *stephane* di foglie d'edera e globetti. Indossa orecchini globulari.

86. Testina con volto allungato e rivolto verso l'alto, occhi piccoli, naso allungato, bocca sottile. Stato di conservazione: combusta con naso e guancia destra scheggiati. Dimensioni: h. 5,5, largh. 7,5 cm. Inv. 50036.

A.2.2$_1$ XVI
Testina con copricapo e stephane
Il tipo, attestato in un solo esemplare, presenta un'acconciatura a masse compatte bipartite sulla fronte con *stephane* di foglie[149].

87. Testina. Stato di conservazione: la parte destra è frammentaria. Dimensioni: h. 7,5 cm. Inv. 50032. Vecchio numero: 1189.

A.2.2$_1$ XVII
Testina con copricapo troncoconico
Il tipo, attestato in un unico esemplare, indossa un copricapo troncoconico con orlo rialzato sulla fronte da cui affiora un'acconciatura a masse compatte, e orecchini globulari.

88. Frammento pertinente a testina. Stato di conservazione: scheggiata sul capo e molto corrosa. Dimensioni: h. 6 cm. Inv. 50038 (vecchio numero 1524).

A.2.2$_1$ XVIII
Testina con cuffia
Il tipo, attestato in un unico esemplare, presenta il capo coperto da una cuffia.

89. Frammento di testina. Occhi grandi, naso e bocca abrasi. Stato di conservazione: corrosa. Dimensioni: h. 7,5 cm; largh. max. 4 cm. Inv. 1345.

A.2.2$_1$ XIX
Testina con pettinatura a matassa
Il tipo, attestato in un unico esemplare, presenta un'acconciatura a matassa suddivisa in bande verticali e raccolta in una cuffia con fiocco.

90. Testina e busto a tutto tondo, cavo all'interno. Volto inclinato lateralmente con occhi piccoli, naso sottile e bocca piccola. Il busto è avvolto da un *himation* con pieghe orizzontali. Stato di conservazione: frammentaria e combusta. Dimensioni: h. 9,5 cm; largh. max 4 cm. Inv. 50034.

---

[146] Cfr. Gatti Lo Guzzo 1978, tav. XLVII, M XIII a, 1.
[147] Cfr. Bottini, Rainini, Isnenghi Colazza 1976, p. 436, nn. 148-150; p. 437, fig. 24, n. 150; Cera 2004, p. 137, fig. 99, n. 5 (Inv. 305331), proveniente da Alvignano, località San Ferdinando, sito 115, area sacra.

[148] Cfr. l'esemplare da Chiaromonte-San Pasquale in Loprete 1996b, p. 274, fig. 3.45.15.
[149] Barra Bagnasco 2008, p. 194, fig. 18 (Cat. n. 381).

A.2.2₁ XX
Testine con cercine ed elementi vegetali
Il tipo, attestato in un unico esemplare[150], presenta capelli ricci, cercine ed elementi vegetali ai lati del viso ed indossa orecchini circolari a disco.

91. Testina. Occhi piccoli, naso lungo, bocca sottile. Stato di conservazione: frammentaria. Dimensioni: h. 6 cm; largh. max. 4.cm. Inv. 1211.

A.2.2₁ XXI
Testina con doppio cercine tubolare
Il tipo, attestato in un unico esemplare, presenta acconciatura con doppio cercine tubolare liscio.

92. Testina con volto ovale inclinato verso destra, occhi piccoli, naso piccolo e bocca sottile. Presenta il collo ad incastro. Stato di conservazione: combusta. Dimensioni: h. 6,3 cm. Inv. 50027.

A.2.2₁ XXII
Testina con cercine e melonenfrisur
Il tipo, attestato in un unico esemplare, è ornato da un'acconciatura a *melonenfrisur* con cercine decorato da due elementi globulari laterali. Indossa orecchini ovoidali.

93. Testina con volto ovale, occhi rivolti verso il basso, naso prominente, bocca sottile e mento pronunciato. Stato di conservazione: frammentaria e combusta. Dimensioni: h. 5 cm. Inv. 50031.

A.2.2₁ XXIII
Testina con doppio cercine e crocchia
Il tipo, attestato in un unico esemplare[151], presenta capigliatura a *melonenfrisur* con crocchia e doppio cercine.

94. Testina con volto allungato, naso schiacciato, bocca piccola e mento arrotondato. Stato di conservazione: frammentaria e combusta. Dimensioni: h. 6 cm. Inv. 50033.

A.2.2₁ XXIV
Testina velata
Il tipo, attestato in un unico esemplare[152], presenta il capo coperto dall'*himation* che nasconde l'intera acconciatura, probabilmente a *melonenfrisur*.

95. Testina con volto verso sinistra, occhi piccoli, naso sottile, bocca piccola e mento arrotondato. Stato di conservazione: integra. Dimensioni: h. 7,5 cm. Inv. 50025.

A.2.2₁ XXV
Testina velata
Il tipo, attestato in un unico esemplare, presenta un'acconciatura a masse compatte e morbide, bipartite sulla fronte, che fuoriesce dal velo.

96. Testina. Stato di conservazione: frammentaria. Dimensioni: h. 8 cm; largh. 6 cm. Inv. 50030 (vecchio numero 1233).

A.2.2₁ XXVI
Testine con melonenfrisur
Questa categoria raggruppa le testine femminili caratterizzate da un'acconciatura molto diffusa tra le Tanagrine, quella a *melonenfrisur*. I capelli presentano ciocche, ondulate sulla fronte[153], e uno *chignon* posto sulla sommità del capo[154] oppure nella parte bassa in prossimità dell'occipite[155]. Il tipo è molto diffuso dall'Ellenismo all'età romana[156]: numerosi esemplari sono attestati a Roma[157], nel tempio della *Magna Mater* sul Palatino[158], *Alba Fucens*[159], *Lavinium*[160], *Satricum*[161], S. Pietro dei Segni[162], Minturno[163], Mondragone, Teano, Fratte[164], *Paestum* e nel santuario della dea Marica alle foci del Garigliano[165]. Molto replicato anche nella Basilicata antica, si rinviene sia nelle colonie di Metaponto ed Eraclea sia nei santuari indigeni, come quello di Ruoti[166]. Gli esemplari di Monticchio con quest'acconciatura indossano anche orecchini a forma globulare. Il tipo è attestato in tre esemplari[167].

97. Testina con *melonenfrisur* composta da strisce parallele, capo inclinato verso destra, volto ovale, bocca piccola che sembra sorridere. Stato di conservazione: frammentaria. L'orecchino a disco è conservato solo nella parte sinistra. Dimensioni: h. 6 cm. Inv. 1205.

98. Testina con *melonenfrisur* diviso in sei ciocche e *chignon* sulla nuca. Occhi piccoli, naso appuntito, bocca quasi aperta. Stato di conservazione: combusta. Dimensioni. h. 5,5 cm, largh. max 2,5 cm. Inv. 1304.

---

[150] Cfr. Fabbricotti 1979, p. 368, n. 194 (Inv. 59752); 195 (Inv. 59755); 196 (Inv. 59764); 197 (Inv. 59633) e n. 205 statuetta con testa molto simile al n. 194 (Inv. 59723); Bottini, Rainini, Isnenghi Colazza 1976, p. 438 nn. 151-162. Cfr. anche Rizzello 1980, n. 354 (c. 13) per il deposito votivo di Pescarola-Casalvieri.
[151] Cfr. Rizzello 1980, n. 367 (c.20) dal deposito votivo di Pescarola-Casalvieri.
[152] Cfr. l'esemplare da Chiaromonte-San Pasquale: Loprete 1996b, p. 274, fig. 3.45.11; per Ruoti: Fabbricotti 1979, p. 401, n. S 110; p. 368, n. 193. Si veda anche Pensabene, Rizzo, Ronghi, Talamo 1980, tav. 32, n. 115 (Inv. 14887).
[153] Kleiner 1942, p. 15.
[154] Battiloro 2001, p. 48.
[155] Per questo tipo cfr. Bottini, Rainini, Isnenghi Colazza 1976, pp. 403-405, fig. 15; Baroni, Casolo 1990, tavv. 33, 5-6, 34, 7-9, 36, 4-5, 8-9; Graepler 1997, p. 116, fig. 69, p. 225-6, figg. 257; Letta 1971, p. 124, tav. 25, 1-2.
[156] Quest'acconciatura inizialmente era costituita da otto spicchi, sostituiti, nella seconda metà del III secolo a.C., da numerose bande (Thompson 1963, p. 37).
[157] Cfr. Pensabene, Rizzo, Ronghi, Talamo 1980, tav. 31, nn. 100 (Inv. 15351), 102 (Inv. 15352).
[158] Romanelli P. 1963, p. 201.
[159] De Visscher, Mertens 1957, p. 163, fig. 8; p. 168, nn. 2-3-4, 6,8.
[160] Thomasson 1961, p. 123.
[161] Moretti 1967, p. 247.
[162] *Ib.*, p. 232.
[163] Mingazzini 1938, tav. XXVI, figg. 1-2 (Inv. M 158), 16-17 (Inv. M 161).
[164] Sestieri 1952, fig. 53.
[165] Mingazzini 1938, tav. XXVI, nn. 1 (Inv. M 159), 16, 17 (Inv. M 161); Bottini, Rainini, Isnenghi Colazza 1976, p. 431.
[166] Barra Bagnasco 2008, p. 193, fig. 17, cat. nn. 369, 374); Fabbricotti 1979, p. 371, n. 213; p. 401, n. S 103-104-107; p. 368, n. 206; p. 403 S 115; p. 370, n. 212.
[167] Per l'esemplare n. 80 Cfr. Salvatore 1991, p. 96 n. a. 4 (Inv. 389015); Bellazzi 1998, p. 248, VI. 42 B (Inv. 6356); Adamesteanu 1958, coll. 663-665, fig. 289; Panvini 1996, p. 114, tav. 56.

99. Testina con *melonenfrisur* e *chignon*. Stato di conservazione: frammentaria con il viso completamente abraso e con l'acconciatura presente soltanto nella parte destra. Dimensioni: h. 5 cm; largh. max 3,5. Inv. 1215.

A.2.2$_1$ XXVII
Testine con melonenfrisur
Il tipo, attestato in due esemplari, presenta una pettinatura con *melonenfrisur* e *chignon* sull'occipite.

100. Testina con naso preminente e collo con punta per l'innesto nel corpo. Stato di conservazione: abrasa e combusta. Si conserva solo l'orecchino sinistro. Dimensioni: h. 7 cm, largh. max. 3. Inv. 1334.

101. Testina femminile. Stato di conservazione: frammentaria (si conserva solo il naso) e combusta. Dimensioni: h. 5,5 cm; largh. 3,5 cm. Inv. 1328.

A.2.2$_1$ XXVIII
Testine con melonenfrisur
Il tipo, attestato in due esemplari, presenta un'acconciatura a *melonenfrisur* e chignon sulla nuca.

102. Testina con occhi grandi, naso pronunciato e bocca grande. Stato di conservazione: abrasa. Si conserva solo l'orecchino destro. Dimensioni: h. 6 cm, largh. max 3 cm. Inv. 1330.

103. Testina fittile con occhi piccoli, naso prominente, bocca grande. Stato di conservazione: abrasa con *chignon* frammentario. Dimensioni: h. 6 cm, largh. max 4,5 cm. Inv. 1309.

A.2.2$_1$ XXIX
Testina con melonenfrisur
Il tipo, attestato in un unico esemplare[168], presenta una capigliatura a *melonenfrisur*, con *chignon* e diadema. Indossa orecchini globulari.

104. Testina con volto allungato, occhi rivolti verso il basso, naso prominente, bocca piccola e collo corto. Stato di conservazione: combusta. Dimensioni: h. 6,5 cm; largh. 6 cm. Inv. 50024.

A.2.2$_1$ XXX
Testina con melonenfrisur
Il tipo, attestato in un unico esemplare, presenta una capigliatura a *melonenfrisur*, con diadema sulla fronte.

105. Frammento di testina con collo ad incastro. Stato di conservazione: corrosa e combusta. Dimensioni: h. 4,5 cm. Inv. 50037 (vecchio numero 1320).

A.2.2$_1$ XXXI
Testina con grandi orecchini globulari
Il tipo, attestato in un unico esemplare, presenta capigliatura resa a masse compatte bipartite sulla fronte e grandi orecchini globulari.

106. Testina, con collo ad incastro, volto allungato, occhi piccoli, bocca sottile. Stato di conservazione: frammentaria. Dimensioni: h. 9,5 cm, largh. 7 cm. Inv. 50029.

A.2.2$_1$ XXXII
Testine con capelli bipartiti sulla fronte
Questo tipo, attestato in due esemplari, presenta un'acconciatura composta da morbide ciocche bipartite sulla fronte e *chignon* basso sull'occipite.

107. Testina fittile con occhi piccoli e ravvicinati, naso prominente e bocca piccola. Stato di conservazione: frammentaria. Si conserva solo l'orecchino a disco destro. Dimensioni: h. 4,6 cm; largh. max. 2 cm. Inv. 1310.

108. Testina fittile con occhi e naso piccoli. Stato di conservazione: corrosa e frammentaria. Dimensioni: h. 4 cm; largh. max. 2,5 cm. Inv. 1315.

A.2.2$_1$ XXXIII
Testina con capelli bipartiti sulla fronte
Il tipo, attestato in un unico esemplare, presenta capelli bipartiti sulla fronte.

109. Testina con occhi piccoli, naso prominente, bocca grande e collo con innesto. Stato di conservazione: abrasa. Dimensioni: h. 1,45 cm; largh. max. 2,5 cm. Inv. 1076.

A.2.2$_1$ XXXIV
Testina con capelli bipartiti sulla fronte
Il tipo, attestato in un unico esemplare, presenta capelli bipartiti sulla fronte.

110. Testina con capelli bipartiti sulla fronte e basso *chignon* sulla nuca. Naso prominente, bocca grande. Stato di conservazione: abrasa. Dimensioni: h. 4, 5 cm; largh. max. 2,5 cm. Inv. 1361.

A.2.2$_1$ XXXV
Testina con capelli bipartiti sulla fronte
Il tipo, attestato in un unico esemplare, presenta capelli bipartiti sulla fronte.

111. Testina con grandi orecchini ad anello. Stato di conservazione: scheggiata al mento. Dimensioni: h. 5 cm. Inv. 50028 (vecchio numero 743 MP).

A.2.2$_1$ XXXVI
Testina con riccioli a lumachella
Il tipo, attestato in un solo esemplare, presenta una capigliatura con una serie di riccioli a lumachella, bucati a stecca.

112. Testina. Stato di conservazione: molto corrosa. Dimensioni: h. 8,3 cm. Inv. 50313.

---
[168] Cfr. Loiacono 1985, p. 402, n. 495 (Inv. 52054).

A.2.2₁ XXXVII
Testina maschile e femminile
Il tipo, attestato in un solo esemplare, presenta due testine, una femminile e l'altra maschile. La testina maschile, con acconciatura a calotta compatta, è rappresentata, di profilo verso sinistra, nell'atto di baciare una figura femminile, acconciata con *melonenfrisur* ed alto *chignon*.

113. Testine fittili. Stato di conservazione: frammentarie. Dimensioni: h. 3 cm. Inv. 50314 (vecchio numero 1234).

A.2.₂
Rappresentazioni di divinità
A questo tipo iconografico, contemporaneo ai tipi tanagrini, appartengono le statuette rappresentate nell'atto di appoggiarsi ad un pilastrino[169] e le statuette semi panneggiate, entrambe riconosciute come rappresentazioni di Afrodite, per le quali vedasi i punti A.2₂ I: *Figura femminile stante con colonnina*; e A.2₂ II: *Figura femminile semi panneggiata*.

A.2.₂ I
Figure femminili stanti con colonnina
Il tipo stante, rappresentato nell'atto di appoggiarsi con la mano destra ad un sostegno[170], si sviluppò nella seconda metà del V secolo a.C. per poi diffondersi tra il IV ed il III secolo a.C.[171]. Da Taranto[172] raggiunse diversi contesti: l'area sacra della dea Marica alla foce del Garigliano[173], il santuario di Grotta Caruso a Locri[174], la Valle d'Ansanto[175], Capua[176] e il territorio lucano (Eraclea[177], Rossano di Vaglio[178], Timmari[179] e Torre di Satriano[180]). A Monticchio il tipo, attestato da tre esemplari[181], presenta figure femminili con il braccio destro poggiato sul pilastrino e il sinistro piegato sul fianco. La gamba sinistra è portante mentre quella destra è piegata.

114. Statuetta stante. È posta su una base rettangolare alta circa 2 cm. La testa, pertinente al corpo, è leggermente reclinata verso sinistra. I capelli, raccolti in uno *chignon*, presentano una scriminatura centrale con onde lisce sulle tempie e sono ornati da un cercine. Stato di conservazione: scheggiata e ricomposta. Dimensioni h. 22 cm., largh. max. 8,2 cm. Inv. 1059.

115. Statuetta stante ammantata. È associata alla testa n.1401 (non pertinente), con acconciatura a *melonenefrisur* e orecchini a disco. Volto ovale, occhi piccoli e ravvicinati, naso grande e bocca sottile. Nella parte posteriore è presente il foro di sfiato circolare. Stato di conservazione: frammentaria e ricomposta. Dimensioni statuetta: h.18 cm, largh. max 9 cm. Dimensioni testina: h. 4,3, largh. max. 4,3 cm. Inv. 1062.

116. Statuetta fittile stante. È posta su una base alta 3,8 cm. ed è associata alla testa n. 1207, con acconciatura a *melonenfrisur* e cercine. Volto ovale, occhi piccoli, naso prominente, bocca sottile che sembra sorridere. Nella parte posteriore è presente il foro di sfiato. Stato di conservazione: scheggiata con azioni di restauro nella parte inferiore. Dimensioni: h. 23 cm, largh. max 9,5 cm. Inv. 1061.

A.2.₂ II
Figura femminile semi panneggiata
Il secondo tipo, presente in due esemplari, appartiene al modello della figura femminile semi panneggiata, ritratta nell'atto di scoprirsi l'ombelico e i seni. Gli esemplari di Monticchio[182] presentano il braccio destro poggiato sul fianco e il braccio sinistro che scende lungo il corpo. La gamba sinistra è piegata in avanti, mentre la destra è stante.

117. Statuetta posta su un piedistallo circolare. Volto ovale, occhi piccoli e ravvicinati, naso piccolo e bocca abrasa. I capelli, raccolti in uno *chignon*, sono ornati da un cercine. Indossa orecchini a globetti. Nella parte posteriore è presente il foro di sfiato. Stato di conservazione: integra. Dimensioni: h. 16 cm; largh. max 6,8 cm. Inv. 1063.

---

[169] Cfr. Mollard Besques 1986, tav. 03, D3342 b; tav. 2 D3340 f; Winter 1903, p. 102, 3 g.
[170] Il sostegno poteva essere di diverso tipo: a forma di pilastrino, colonna, erma o tronco d'albero (Barra Bagnasco 2008, p. 196). Alcuni prototipi, invece, si presentano appoggiati ad una roccia: cfr. Pensabene, Rizzo, Ronghi, Talamo 1980, tav. 18, nn. 58 (Inv. 14799) e 59 (Inv. 14800), tav. 25, n. 84 (Inv. 14828), n. 85 (Inv. 14797), n. 86 (Inv. 14844). Un esemplare degno di nota, proveniente da Timmari, è appoggiato con la mano sinistra ad un *louterion* mentre con la destra solleva un lembo del mantello nell'atto di asciugarsi (Lo Porto 1991, tav. LXIX, n. 180, Inv. 5943).
[171] Il tipo è stato associato ad un'opera di *Alkamenes*, l'Afrodite *en Kepois* (Paus., I 19, 2). Cfr. Bottini, Rainini, Isnenghi Colazza 1976, p. 441, fig. 26, n. 164 (Inv. 1494). Per le statuette votive dal Tevere: cfr. Pensabene, Rizzo, Ronghi, Talamo 1980, tav. 17, figg. 53 (Inv. 14818) e 54 (Inv. 14821), tav. 23, fig. 78 (Inv. 14762). Si veda anche Greco G. 1990, p. 116.
[172] Il tipo si ritrova nei materiali tarantini: cfr. Graepler 1997, p. 113, T. 212; pp. 133-136, T. 49.12. Per la variante con chitone si veda un esemplare messo in luce in una tomba di Egnazia in Lippolis 1984, pp. 429-430, n. 7. Si confronti, inoltre, Graepler 1996, p. 244, n. 188. Si veda anche il materiale della collezione Lagioia, conservata al Museo Archeologico Nazionale di Milano: Cfr. Giacobello 2004, p. 388, n. 346 (Inv. A997.01.338). Cfr. Rossi 1989, tav. 384, fig. 1 (Inv. Tomba 8). Produzioni paragonabili a quelle di Taranto si ritrovano anche in Sicilia (Bonacasa, Joly 1985, p. 314 e pp. 331-332) e in Puglia, in particolare a Bari, da dove proviene un esemplare raffigurante Afrodite appoggiata ad un pilastrino con acconciatura a melone ornata di foglie (Rossi 1983, tav. 63, fig. 2). Si veda anche Gatti Lo Guzzo 1978 (tav. XI, E XXIX a; tav. XII, E XXXVIII) per il deposito votivo dell'Esquilino, e Comella 1978, tav. VII, n. 35 – CI 4 per Gravisca. Dalla necropoli meridionale di Eraclea proviene una statuetta di questo tipo (Pianu 1990, p. 159, n.3). Per Timmari si veda: Lo Porto 1991, pp. 140-141, tav. LXVI, n. 167 (Inv. 5947); per Ruoti: Barra Bagnasco 2008, p. 196, fig. 23 (cat. n. 332).
[173] Cfr. Mingazzini 1938, tav. XXV, n. 5 (1133).
[174] Cfr. Costabile 1991, pp. 139, figg. 225-239.
[175] Cfr. Bottini, Rainini, Isnenghi Colazza 1976, pp. 441-442; p. 164, fig. 26.
[176] Della Torre, Ciaghi 1980, tav. VI, 3, B V a 1.
[177] Cfr. Pianu 1990, tav. XVII, n. 1; p. 156, n. 2, tav. LXV, 3 (tomba 16, lotto 184).
[178] Cfr. Adamesteanu, Dilthey 1992, p. 51, tav. X; tav. XII a.
[179] Rantucci 2012, p. 75, fig. 1e.
[180] Cfr. Battiloro 2005a, p. 168, nn. 39-41.
[181] Per l'esemplare n. 93 cfr. Fabbricotti 1979, n. 217 (inv. n. 59727); p. 401 S 113 (inv. n. 59434); Bottini, Rainini, Isnenghi Colazza 1976, p. 438; per il n. 94 cfr. Rossi 1983, tav. 63, fig. 2 (Inv. 6788).
[182] Cfr. Mollard Besques 1954, p. 100 C 101, tav. 72; Adamesteanu, Dilthey 1992, p. 51, tav. X; Loiacono 1985, p. 378, n. 463 (Inv. 117721). Si veda, inoltre, Palumbo 1986, tav. XVII, n. 518 (Inv. 108988) per Manduria (Tomba 293, contrada Cappuccini). La statuetta è nuda nella parte superiore mentre in quella inferiore è coperta dall'*himation*, la mano sinistra è sul fianco, la destra è poggiata ad un pilastrino.

118. Statuetta stante con tenia ed acconciatura a *melonenfrisur* ed alta crocchia. Volto piccolo, orecchini a disco. Stato di conservazione: scheggiata nella parte inferiore. Dimensioni: h. 14,6 cm; largh. 4,5; spessore 0,05 cm. Inv. 50046 (vecchio numero 111 MP).

A.2.₃
Statuette femminili stanti di tipi vari
Appartengono a questo gruppo statuette riferibili a quattro tipi differenti: il primo tipo con figure femminili con la mano sul ventre, il secondo recanti *oinochoe* e frutto, il terzo reggenti un lembo dell'*himation* ed il quarto con patere.

A.2.₃ I
Statuette con mano sul ventre
Il tipo, attestato in tre esemplari[183], è raffigurato con la mano sinistra a trattenere un lembo dell'*himation* e la mano destra poggiata sul ventre[184]. La gamba sinistra è stante, mentre quella destra è piegata[185].

119. Statuetta stante acefala. È presente il foro di sfiato nella parte posteriore. Stato di conservazione: corrosa. Dimensioni: h. 14 cm, largh. max. 6,8 cm. Inv. 1121.

120. Statuetta stante acefala. Stato di conservazione: frammentaria. Dimensioni: h. 11 cm, largh. max. 3 cm. Inv. 1127.

121. Statuetta stante acefala[186]. Stato di conservazione: frammentaria e combusta. Dimensioni: h. 11 cm, largh. max. 3 cm. Inv. 1181.

A.2.₃ II
Statuetta con oinochoe *e frutto*
Questo tipo, attestato in un solo esemplare, è caratterizzato da una figura femminile recante nella mano destra una *oinochoe*[187] e nella sinistra un frutto. Indossa il chitone con scollo triangolare e l'*himation* che lascia scoperta la parte destra. La gamba sinistra è portante mentre quella destra è piegata. Il tipo è molto diffuso a Capua[188], Teano[189], Oria-Monte Papalucio[190], nella Valle d'Ansanto[191] e in ambito lucano ad Eraclea e nei santuari indigeni di Rivello[192] e Timmari[193].

122. Statuetta stante acefala. Stato di conservazione: ricomposta nella parte sinistra. Dimensioni: h. 15 cm, larg. max 8,2 cm. Inv. 1308.

A.2.₃ III
Statuetta reggenti l'himation
Questo tipo, attestato in due esemplari[194], presenta figure femminili abbigliate con chitone a scollo circolare. La gamba sinistra è piegata lateralmente, mentre quella destra è portante. Entrambe le braccia trattengono l'*himation*[195].

123. Statuetta stante acefala. Nella parte posteriore è presente il foro di sfiato triangolare. Stato di conservazione: frammentaria. Dimensioni: h. 12,2 cm, largh. max. 6,5 cm. Inv. 1110.

124. Statuetta stante acefala, con foro di sfiato triangolare nella parte posteriore. Stato di conservazione: frammentaria. Dimensioni: h. 11 cm, largh. max. 7 cm. Inv. 1117.

A.2.₃ IV
Offerente con patera
Questo tipo è attestato in un solo esemplare e regge con la mano destra una patera ombelicata mentre la mano sinistra è posta lungo il corpo.

125. Parte superiore di una statuetta fittile stante acefala. Stato di conservazione: frammentaria e combusta. Dimensioni: h. 12,40 cm, largh. max. 7 cm. Inv. 1184.

A.3. Eroti (tav. XXXIII, n. 126)

Il tipo di *Eros*, rappresentato molto spesso con corpo nudo ed ali aperte[196], è da sempre associato ad Afrodite[197] e perciò connesso alla sfera nuziale[198]. Statuette di eroti sono stati messi in luce a: Monte Sannace (tomba 2)[199], Oria (tomba 1 in via Latiano)[200] e Torre dell'Ovo (Tomba 4 a Monacizzo)[201]. Inoltre, a Taranto[202], nel corredo di una tomba scoperta negli anni '60 in Via Polibio, è stato

---

[183] Per l'esemplare n. 97 cfr. Adamesteanu, Dilthey 1992, tavv. XI-XII; Battiloro 2005a, p. 160 (A. 2.₁ III), tav. VI, n. 23.
[184] La mano poggiata sul ventre ricorda la donna in gravidanza (Cfr. Battiloro, Di Lieto 2005, p. 145, fig. 7). Il tipo si ritrova anche in Gatti Lo Guzzo 1978, tav. VI (E II b).
[185] Cfr. Battiloro, Di Lieto 2005, p. 145, fig. 7. Per l'esemplare 121 cfr. Mingazzini 1938, tav. XXIV, fig. 3 (Inv. 1357).
[186] Cfr. Mingazzini 1938, tav. XXIV, fig. 3 (Inv. 1357).
[187] L'attributo dell'*oinochoe*, richiamando le libagioni e il banchetto sacro, potrebbe caratterizzare la figura femminile come un'offerente.
[188] Bonghi Jovino 1971, p. 32.
[189] Johannowsky 1963, p. 131.
[190] Palumbo 1986, tav. L, n. 40; nella mano destra ha un'*oinochoe*. Si presenta acefala e mutila nella parte sinistra.
[191] Cfr. Bottini, Rainini, Isnenghi Colazza 1976, p. 419, fig. 19, nn. 83-84-86.
[192] Cfr. Greco G. 1982, p. 90, Tav. XX, n. 6, inv. 70678: l'esemplare reca all'altezza della spalla sinistra il *kalathos*.
[193] Lattanzi 1976b, p. 126.

[194] Per l'esemplare n. 123 cfr. Pensabene, Rizzo, Ronghi, Talamo 1980, tav. 26, n. 90 (Inv. 14788).
[195] Per il tipo si veda Gatti Lo Guzzo 1978 (Tav. VII, E VIII c).
[196] Cfr. Pensabene 2001, p. 159, n. 56 (Inv. 70127); Mollard Besques 1963, p. 46, tav. 54.
[197] Il sostantivo astratto '*éros*' indica l'Amore personificato. Particolare è un *oscillum*, rinvenuto nella stipe votiva di Lucignano, rappresentante Afrodite con un piccolo erote poggiato sulla spalla, datato alla prima metà del IV secolo a.C. (Capurso 1985, p. 59; Lo Porto 1973, tav. LXVIII, 2).
[198] Come si evince dalle scene nuziali rappresentate sui reperti vascolari attici, apuli e sicelioti, databili alla fine del V secolo a.C.
[199] La figura femminile seduta regge con la mano destra un cigno, accanto è un erote con patera nella mano destra (Palumbo 1986, tav. IV, n. 310, Inv. 100546).
[200] La figura femminile seduta regge nella mano destra un timpano, sulla sua spalla sinistra è un erote (Palumbo 1986, tav. XIV n. 499, Inv. 124804).
[201] La figura femminile è stante con un piccolo erote nudo posto alla sua sinistra (Palumbo 1986, tav. XXIV, n. 538, Inv. 100638). Dalla tomba 3 della medesima località proviene, inoltre, un erote stante appoggiato ad una colonnina (*Ib.*, tav. XXV, n. 539, Inv. 100628). Infine, dalla tomba 1 proviene un erote stante seminudo su alta base (*Ib.*, tav. XXVI, n. 540, Inv. 100607).
[202] Loiacono 1985, p. 375, n. 458: statuetta di *Eros* alato che suona la lira (Inv. 117359).

individuato un esemplare rappresentato come suonatore di lira, e a Canosa, nell'atto di reggere un piccolo tamburello[203]. Un tipo simile a quest'ultimo, databile al III secolo a.C., è stato messo in luce nella stipe votiva di Timmari, nella quale erano presenti, anche, altri sei eroti, di cui quattro con corazza e corto gonnellino[204]. Dall'area laziale[205] proviene un erote nudo con mantello sdraiato su un ariete, un toro o un porcellino[206]. Nella Valle d'Ansanto, invece, Eros è caratterizzato da ali più ridotte[207], così come a Fratte dove è nudo ma con clamide[208], e a Cuma, infine, è rappresentato nell'atto di appoggiare il braccio sinistro su un pilastrino[209]. Nel contesto lucano il tipo, oltre ai già citati esemplari di Timmari[210], si ritrova a Fontana Bona di Ruoti[211], a Rossano di Vaglio[212], a Torre di Satriano[213], a Fontana dei Monaci di Banzi[214], nella villa di San Pietro di Tolve[215], in località Piana San Giovanni di Salandra[216] e nella Collezione Briscese del Museo Archeologico Nazionale di Venosa[217]. Nella stipe votiva di Monticchio, infine, è presente un solo esemplare molto frammentario e completamente combusto dal fuoco.

126. Erote con volto rivolto verso destra, capelli mossi sulle tempie, naso prominente. Stato di conservazione: si conserva soltanto la parte superiore. Completamente combusto. Dimensioni h. 7,8 cm, largh. 5 cm, apertura ali 3 cm. Inv. 1375.

A.4. Frammenti di tipi non identificabili
(tav. XXXIV, nn. 127-130)

La particolare frammentarietà di questi esemplari non permette di identificarli con precisione e dunque di inserirli in una tipologia specifica.

127. Parte inferiore di una statuetta femminile stante. Si conserva soltanto la parte finale con il piede destro che fuoriesce dalle vesti. La statuetta è poggiata su un alto basamento rettangolare. Stato di conservazione: frammentaria. Dimensioni: h. 16 cm, largh. max 6,8 cm. Inv.1087.

128. Basamento rettangolare dal quale si intravede parte del chitone e del piede destro. Stato di conservazione: frammentario. Dimensioni: h. 2,8 cm. Inv. 1057.

129. Parte del collo e busto di statuetta femminile stante. Indossa chitone ed *himation*. Stato di conservazione: frammentario. Dimensioni: h. 7,2 cm; largh. 7,8 cm. Inv. 50054.

130. Parte inferiore di una statuetta femminile stante, con gamba sinistra portante e destra piegata. Stato di conservazione: frammentaria. Dimensioni: h. 8 cm; largh. 4,8 cm; spessore 0,8 cm. Inv. 50039 (vecchio numero 1174).

---

[203] Rossi 1983, tav. 65, n. 2 (Inv. 6028).
[204] Piccioloni 2012, p. 69, fig. 6.
[205] Cfr. l'esemplare dalla località Le Salzare, Fosso dell'Incastro (m 2007, tav. XXIII). Cfr. anche Mazzolani 1975, p. 323, n. 106.
[206] Pensabene, Rizzo, Ronghi, Talamo 1980, tav. 14, figg. 42-44 (Inv. 14919, 14908, 14909).
[207] Cfr. Bottini, Rainini, Isnenghi Colazza 1976, pp. 416, fig. 19, n. 80.
[208] Greco G. 1990, p. 120, fig. 232 (Inv. 10283).
[209] Scatozza Höricht 1987, tav. XVII, J Ia 1.
[210] Lo Porto 1991, tav. LXXI, nn. 184-186 (Inv. 6184, 6124, 6181).
[211] Cfr. Barra Bagnasco 2008, p. 197, fig. 24 (cat. n. 337); Fabbricotti 1979, p. 405 n. S 137 (Inv. n. 59464).
[212] Cfr. Adamesteanu, Dilthey 1992, p. 64.
[213] Cfr. Battiloro 2005a, p. 171, A. 3 I$_1$ (Inv. 407735). A Torre di Satriano *Eros*, rinvenuto in un solo esemplare, è rappresentato nell'atto di sormontare un volatile.
[214] Cfr. Masseria 1991, p. 84. A Banzi il tipo di *Eros*, attestato in un solo esemplare, è rappresentato nell'atto di recare un'offerta.
[215] Cfr. *Testimonianze archeologiche nel territorio di Tolve*, p. 104 (Inv. 67540): l'erote è miniaturistico ed è posto su una base a plinto.
[216] All'interno di un deposito votivo con statuette tanagrine sono stati rinvenuti due eroti stanti (Tagliente 2005b, pp. 741-742, tav. XII, fig. 2).
[217] Salvatore 1991, p. 95, n. a. 3 (Inv. 389014).

La stipe votiva di Monticchio Bagni (Rionero in Vulture, Italia)

Tav. I

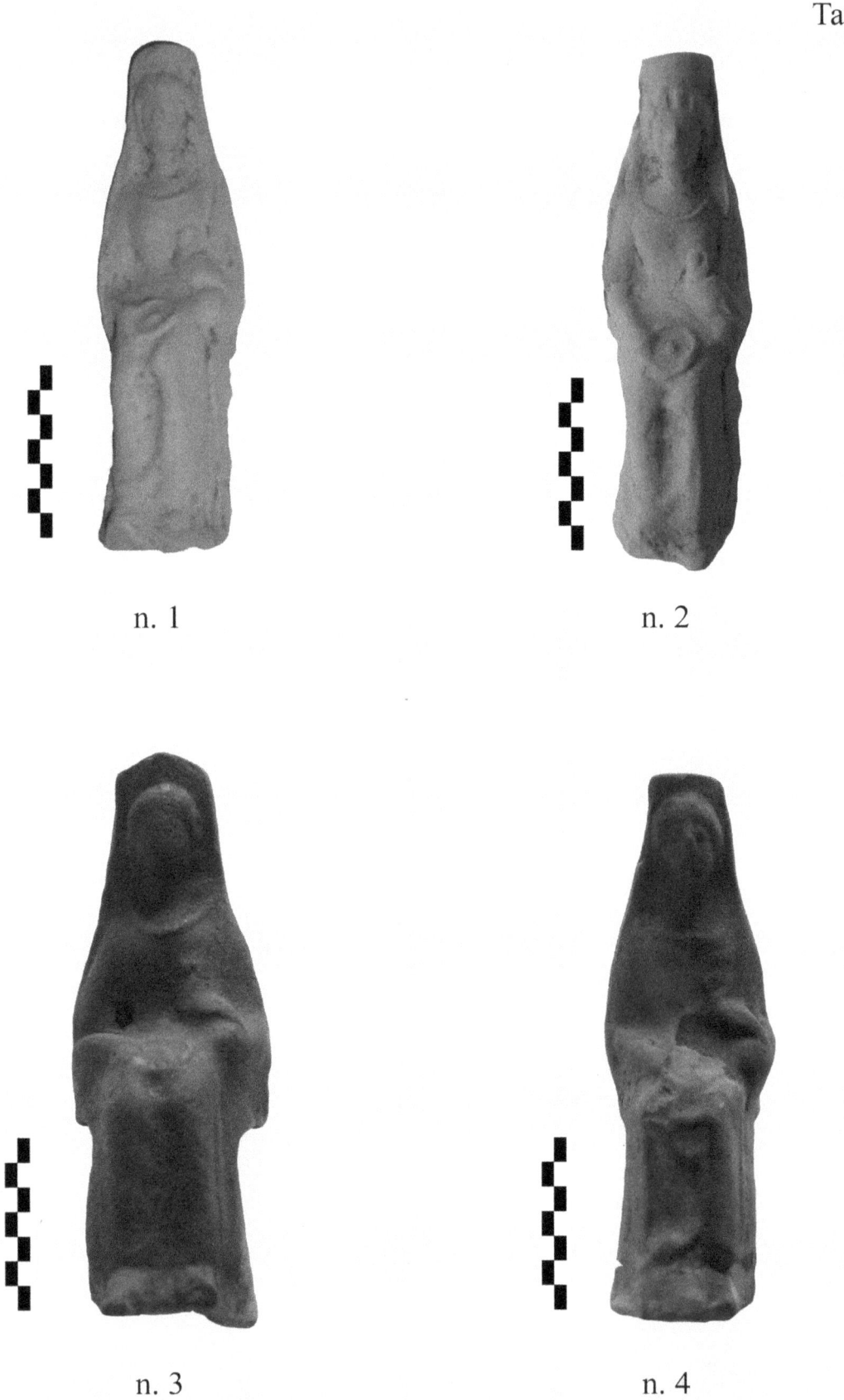

n. 1 n. 2

n. 3 n. 4

Foto dell'autrice su concessione del Museo Archeologico Provinciale "M. Lacava" di Potenza.

La Stipe Votiva Di Monticchio Bagni, Località Varco Della Creta

Tav. II

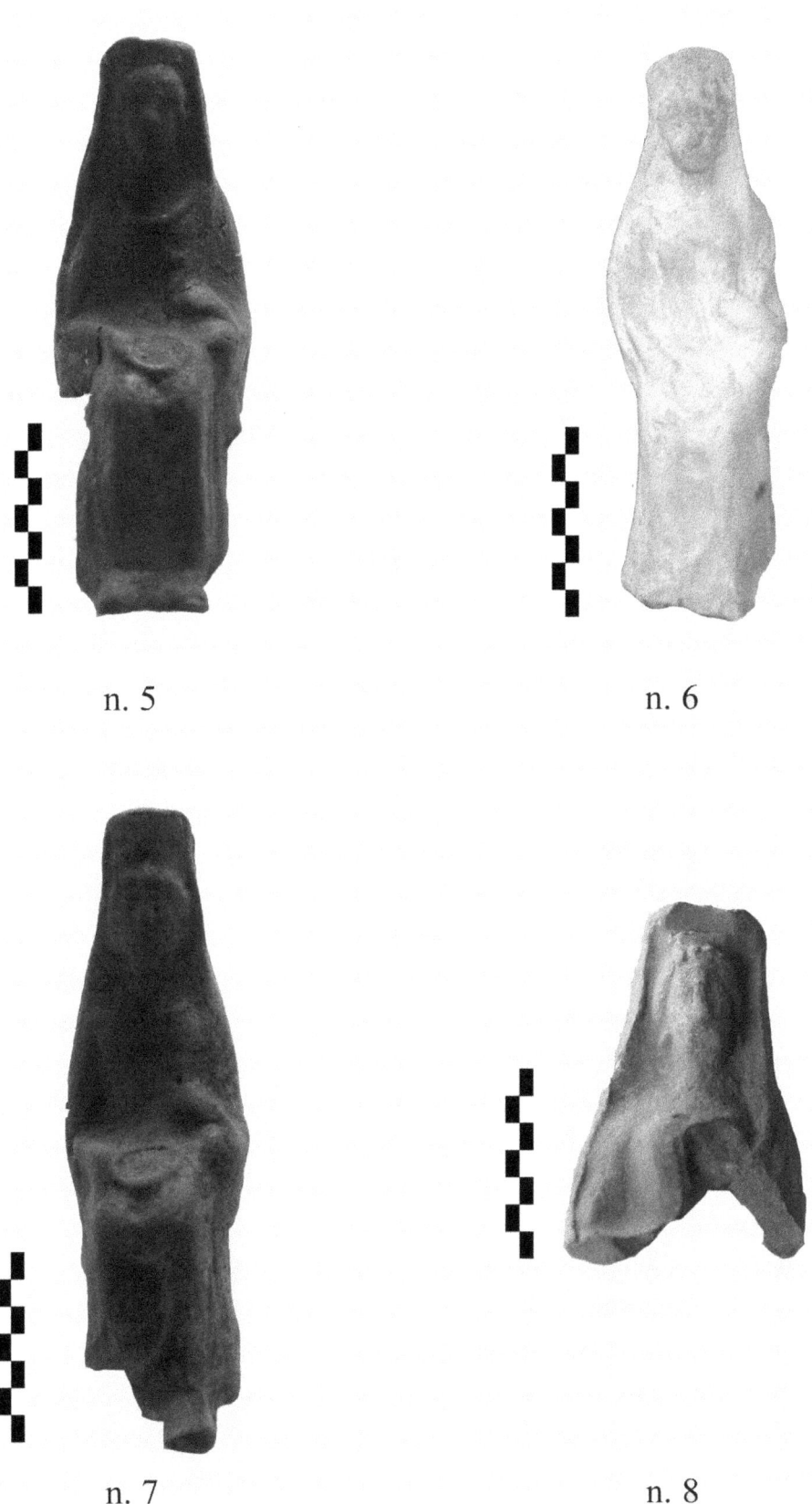

n. 5　　　　　　　　　　　n. 6

n. 7　　　　　　　　　　　n. 8

Foto dell'autrice su concessione del Museo Archeologico Provinciale "M. Lacava" di Potenza.

La stipe votiva di Monticchio Bagni (Rionero in Vulture, Italia)

Tav. III

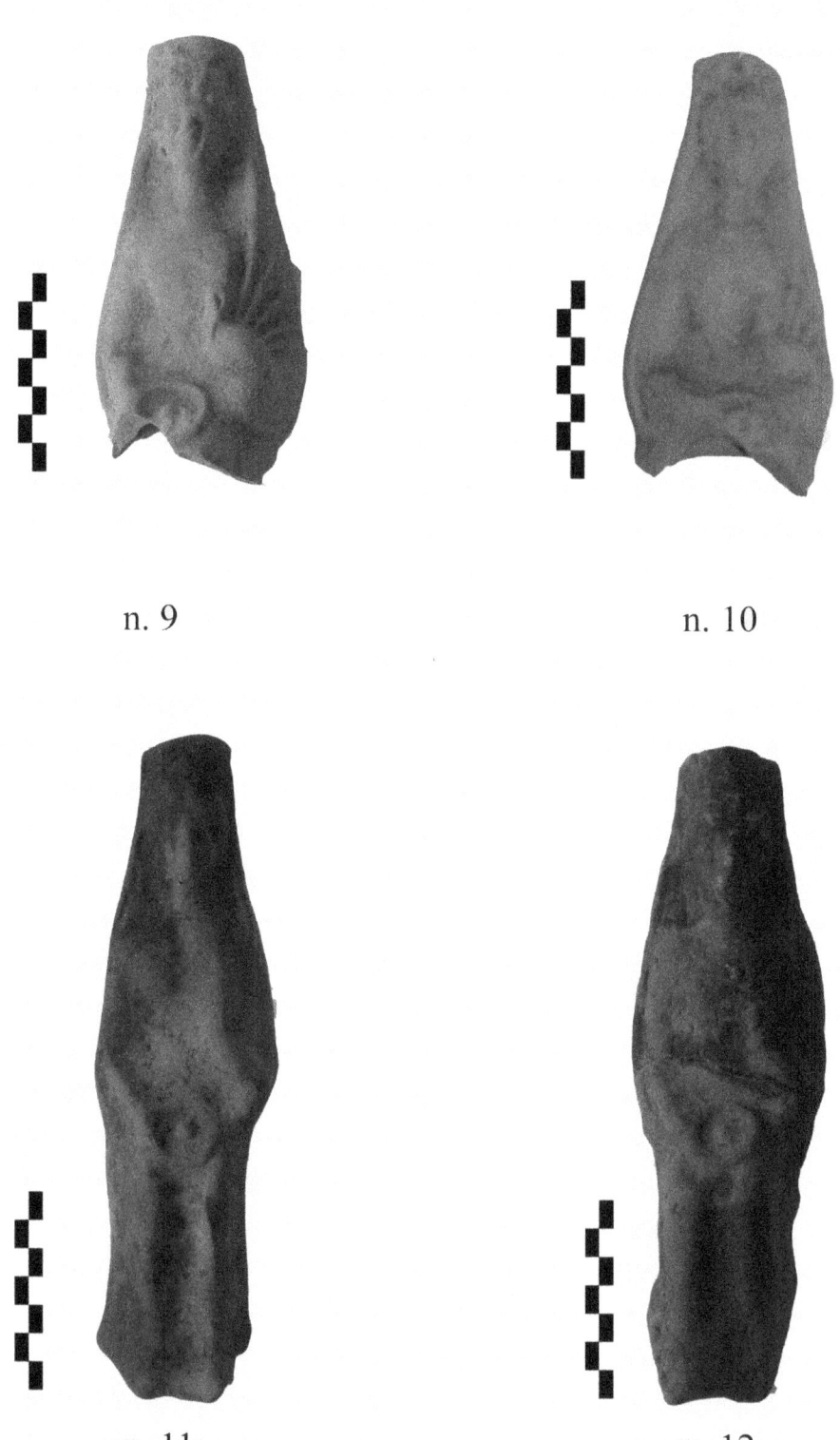

n. 9 n. 10

n. 11 n. 12

Foto dell'autrice su concessione del Museo Archeologico Provinciale "M. Lacava" di Potenza.

La Stipe Votiva Di Monticchio Bagni, Località Varco Della Creta

Tav. IV

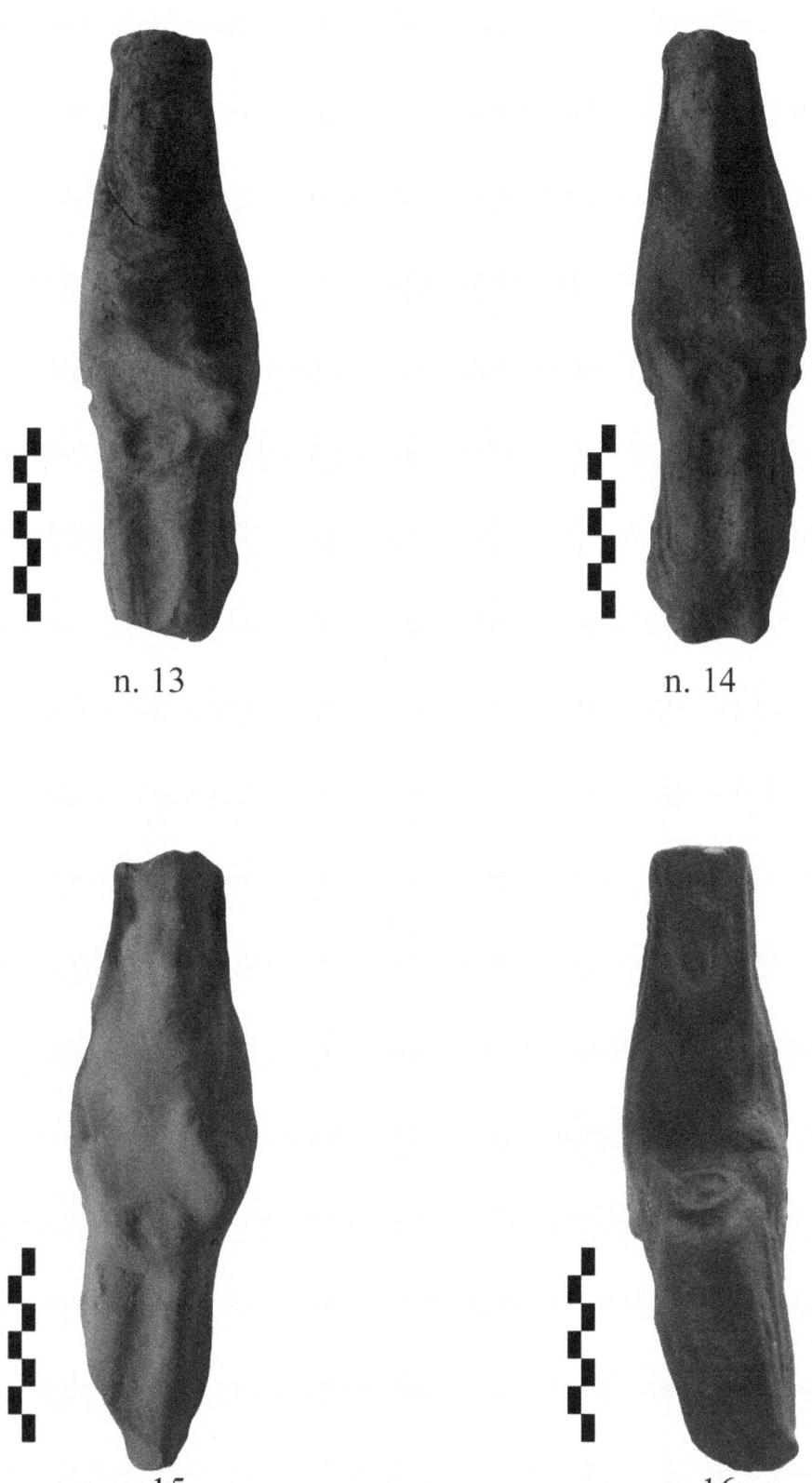

n. 13 n. 14

n. 15 n. 16

Foto dell'autrice su concessione del Museo Archeologico Provinciale "M. Lacava" di Potenza.

La stipe votiva di Monticchio Bagni (Rionero in Vulture, Italia)

Tav. V

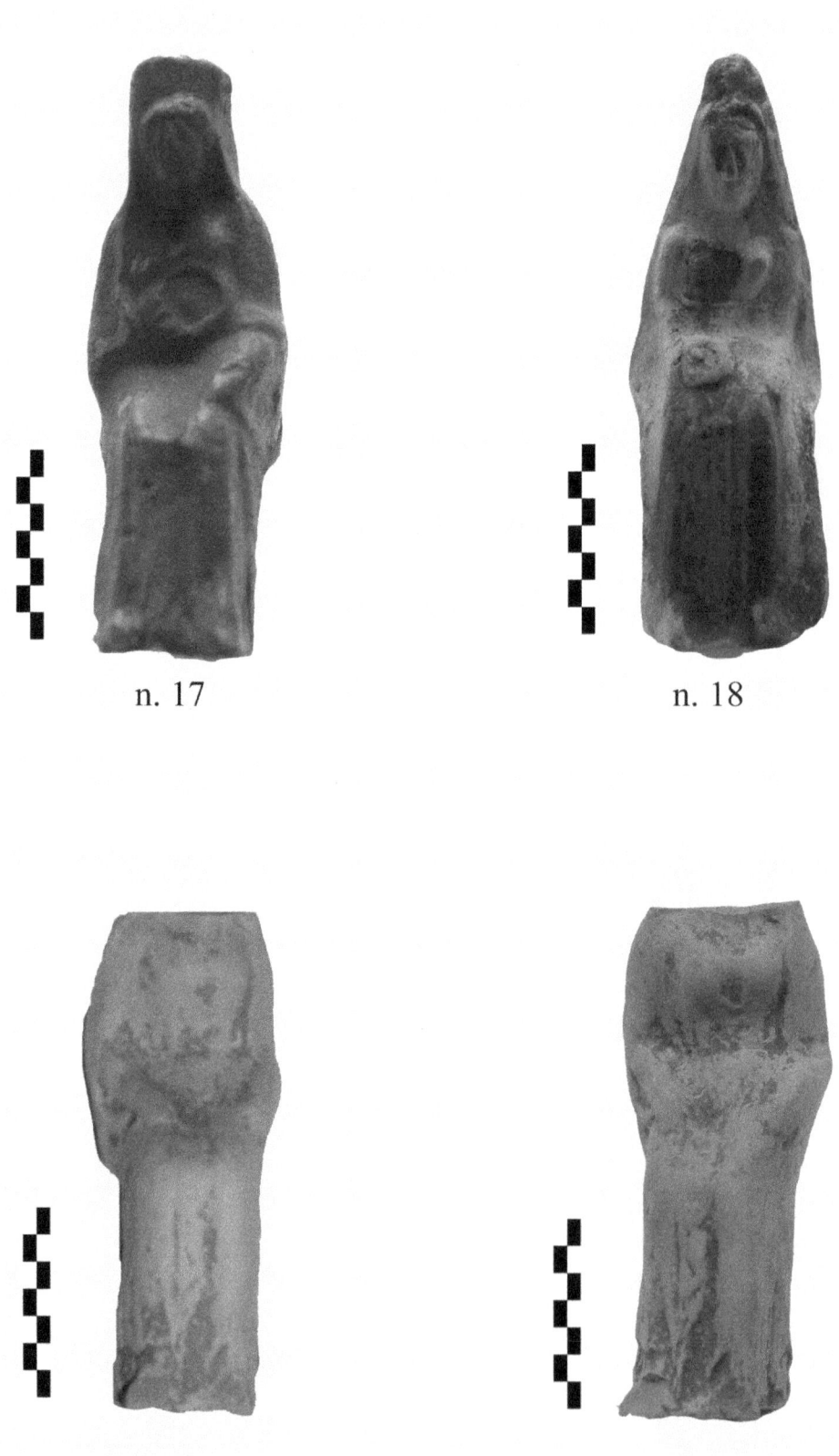

n. 17

n. 18

n. 19

n. 20

Foto dell'autrice su concessione del Museo Archeologico Provinciale "M. Lacava" di Potenza.

La Stipe Votiva Di Monticchio Bagni, Località Varco Della Creta

Tav. VI

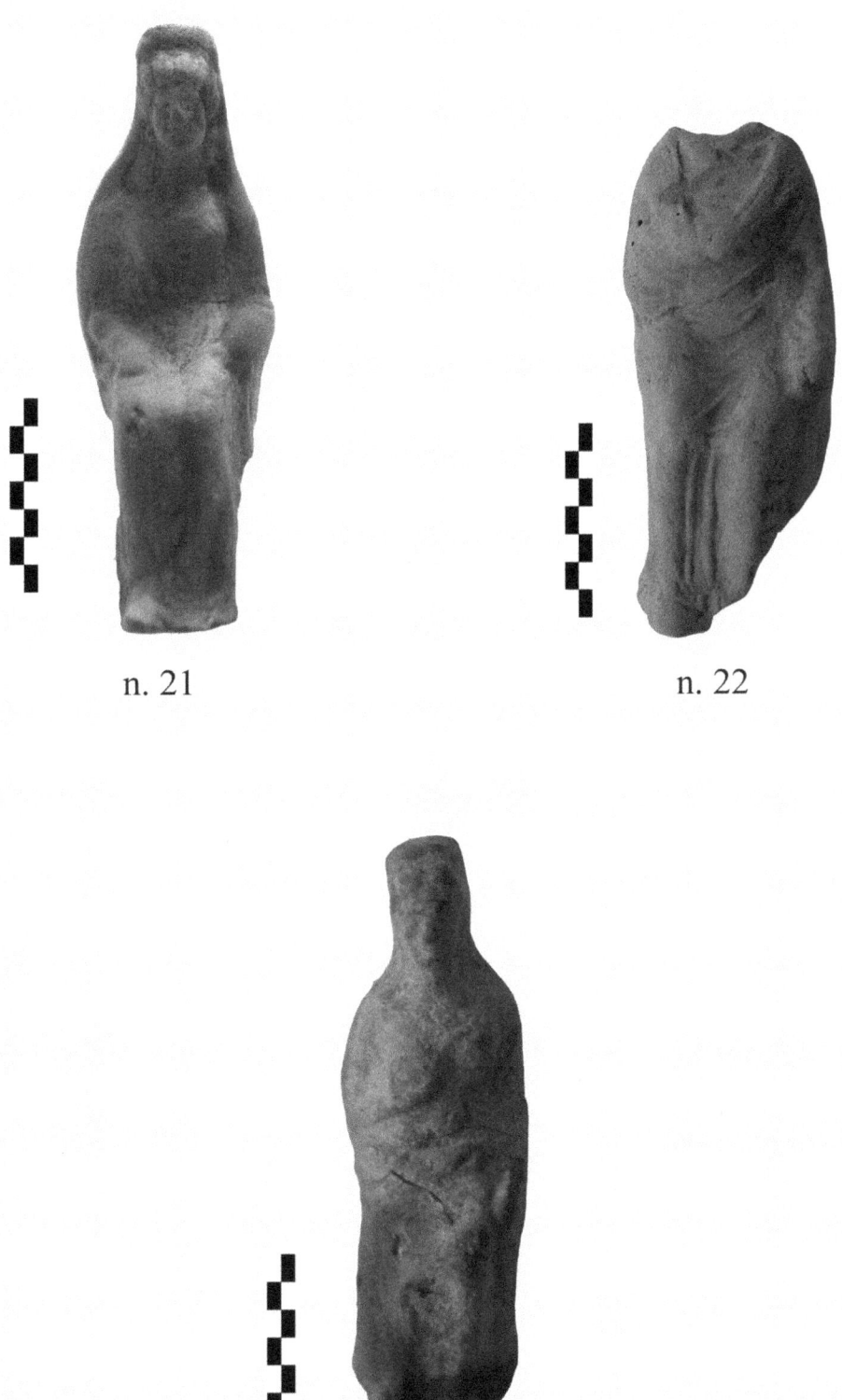

n. 21 n. 22

n. 23

Foto dell'autrice su concessione del Museo Archeologico Provinciale "M. Lacava" di Potenza.

La stipe votiva di Monticchio Bagni (Rionero in Vulture, Italia)

Tav. VII

n. 24   n. 25

n. 26   n. 27   n. 28

Foto dell'autrice su concessione del Museo Archeologico Provinciale "M. Lacava" di Potenza.

La Stipe Votiva Di Monticchio Bagni, Località Varco Della Creta

Tav. VIII

n. 29   n. 30

n. 31   n. 32

Foto dell'autrice su concessione del Museo Archeologico Provinciale "M. Lacava" di Potenza.

La stipe votiva di Monticchio Bagni (Rionero in Vulture, Italia)

Tav. IX

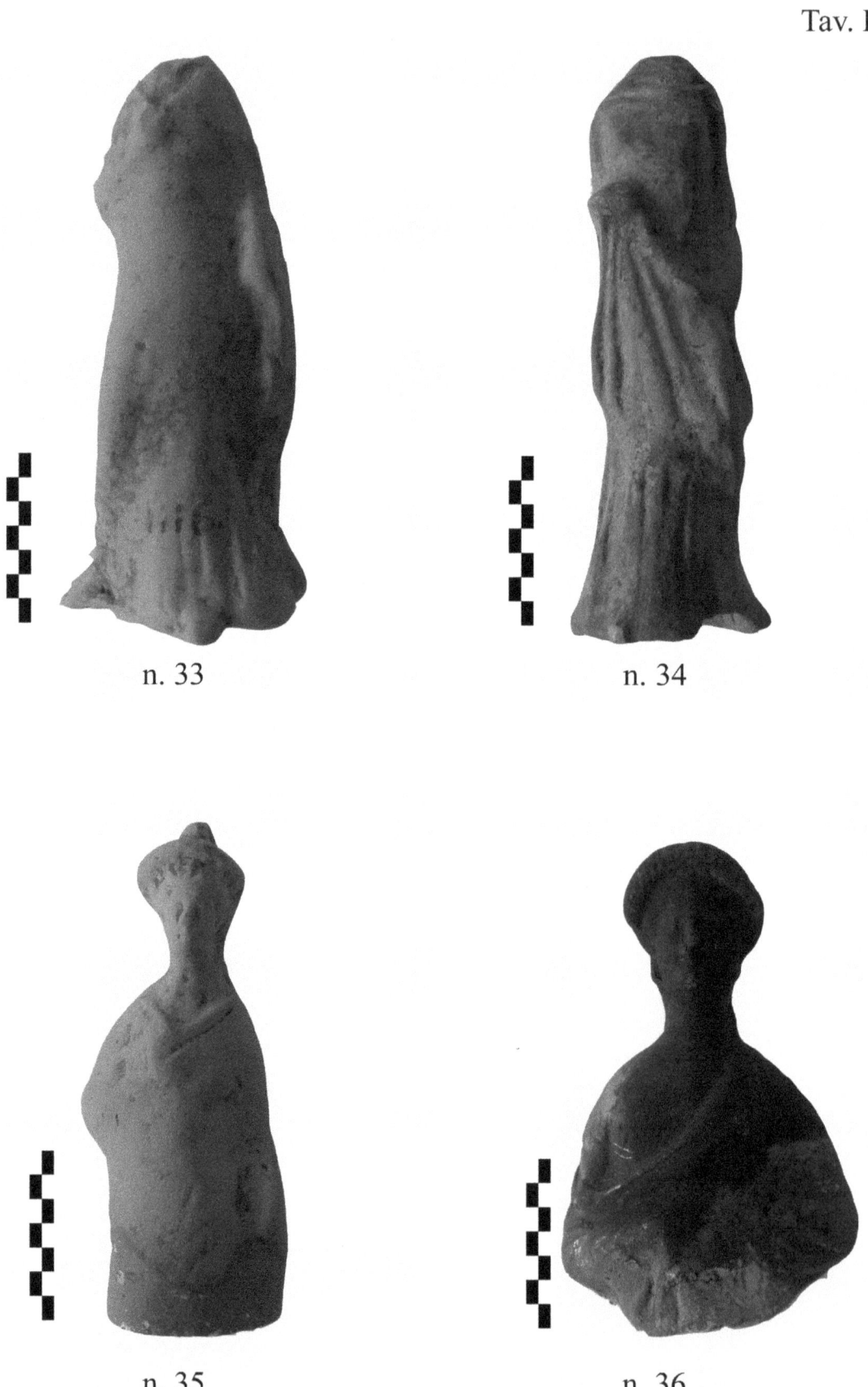

n. 33

n. 34

n. 35

n. 36

Foto dell'autrice su concessione del Museo Archeologico Provinciale "M. Lacava" di Potenza.

Tav. X

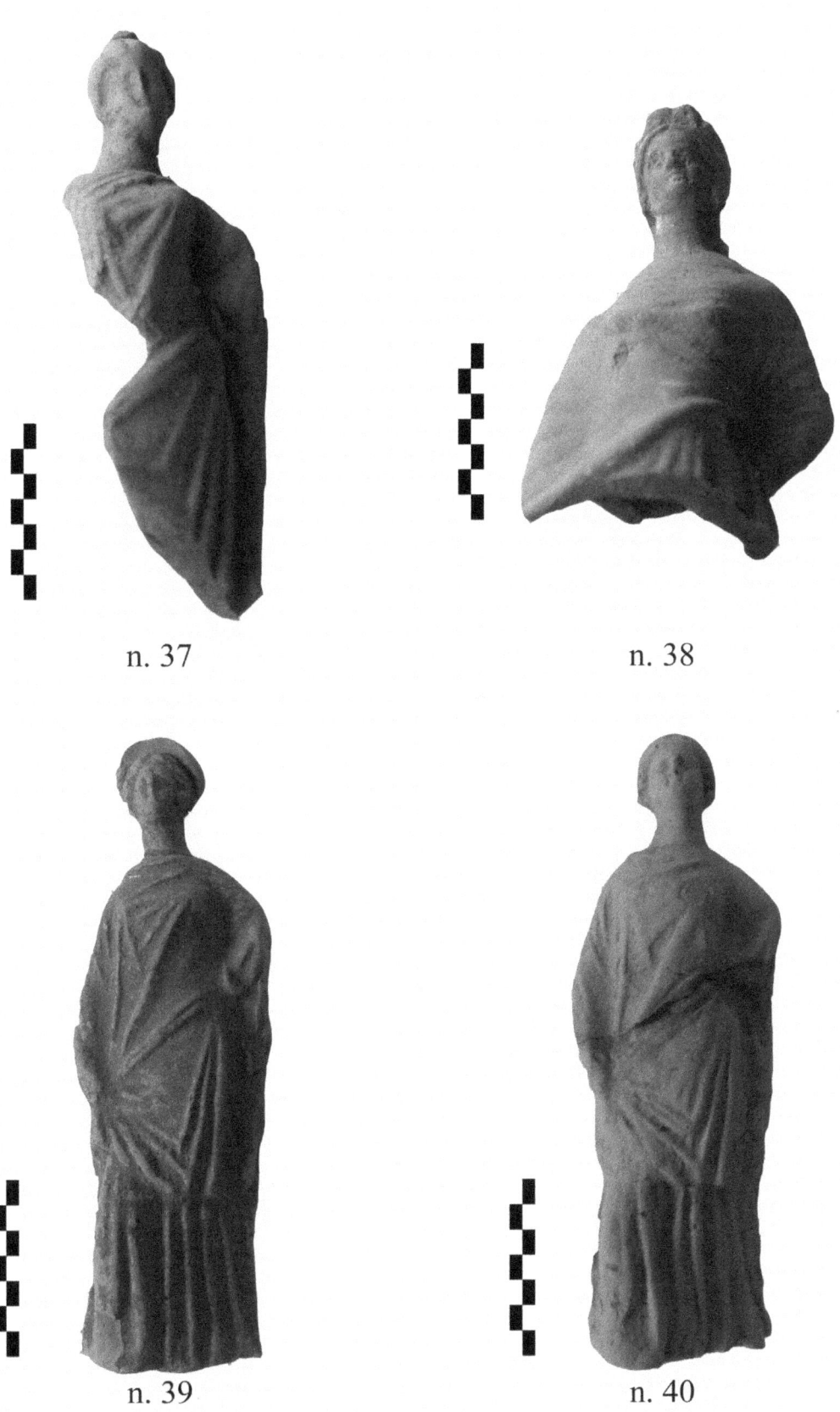

n. 37   n. 38

n. 39   n. 40

Foto dell'autrice su concessione del Museo Archeologico Provinciale "M. Lacava" di Potenza.

La stipe votiva di Monticchio Bagni (Rionero in Vulture, Italia)

Tav. XI

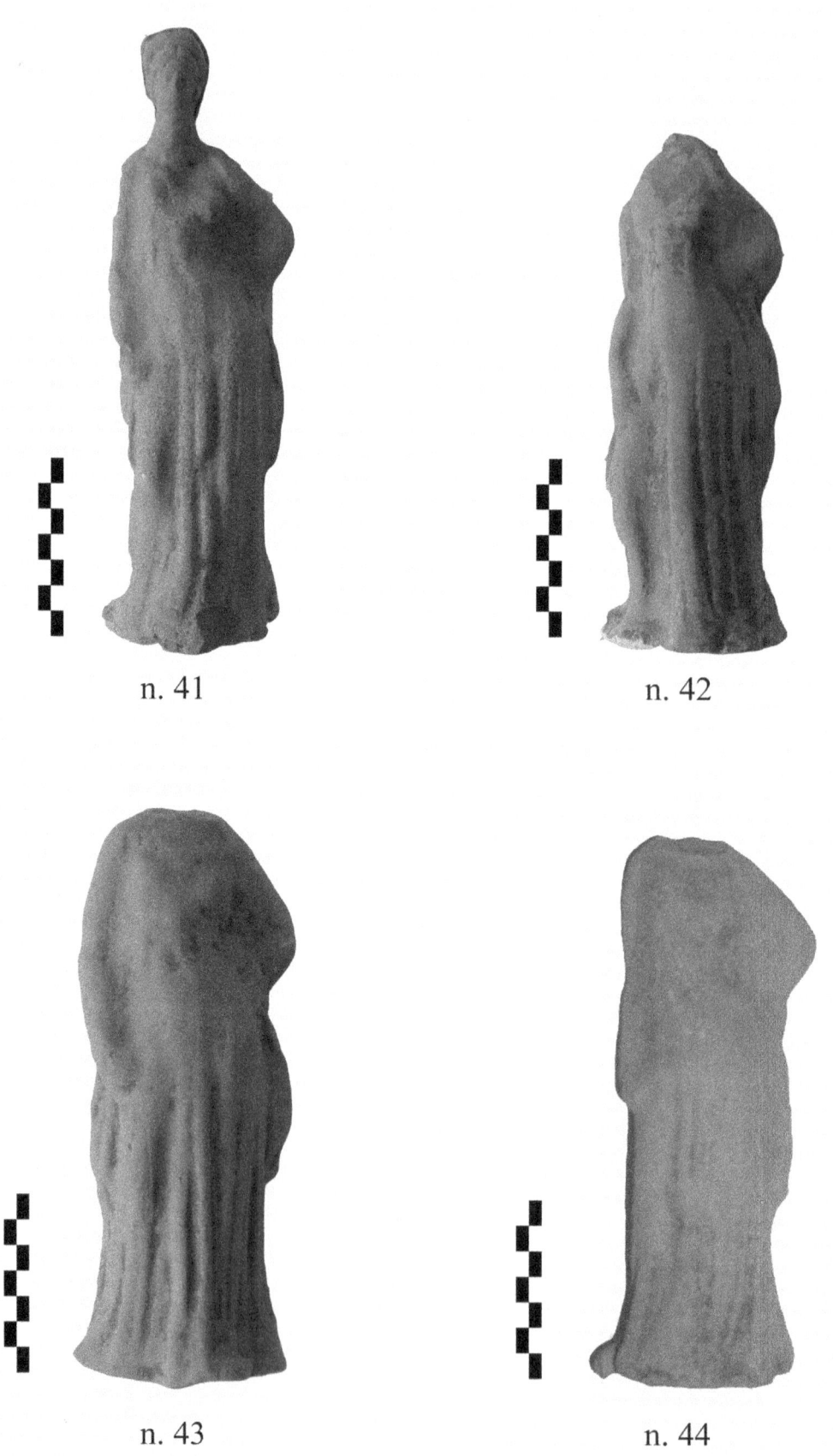

n. 41   n. 42

n. 43   n. 44

Foto dell'autrice su concessione del Museo Archeologico Provinciale "M. Lacava" di Potenza.

La Stipe Votiva Di Monticchio Bagni, Località Varco Della Creta

Tav. XII

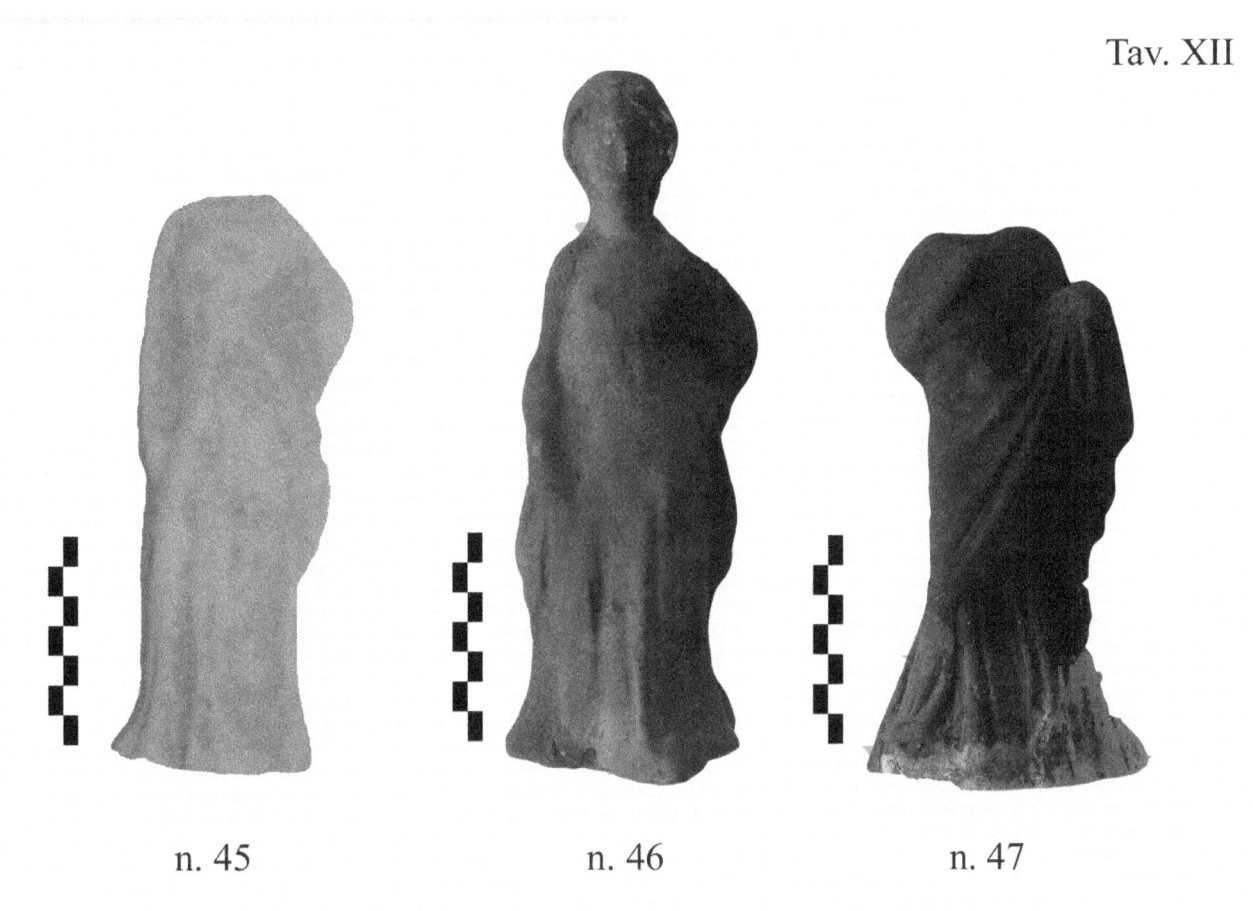

n. 45   n. 46   n. 47

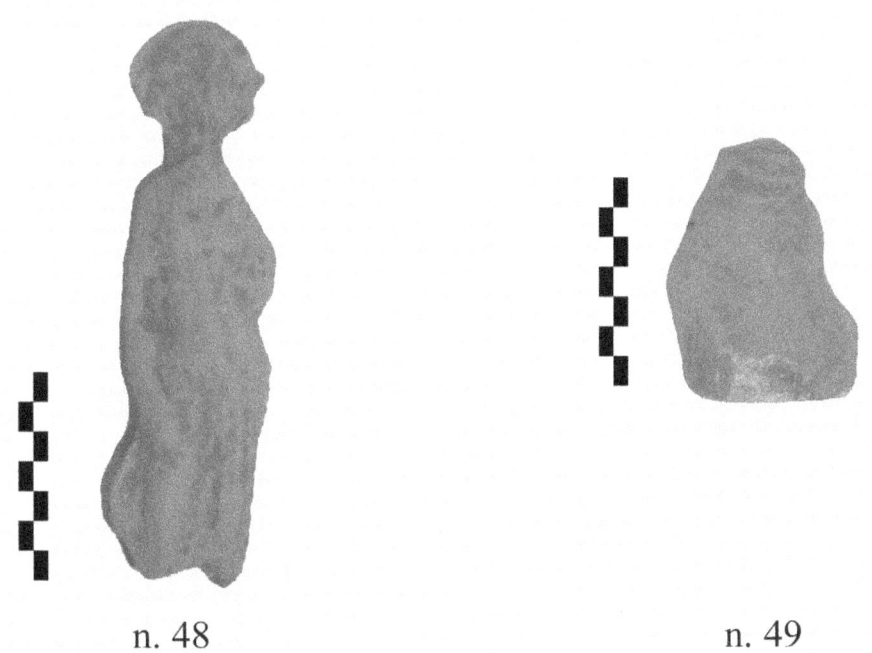

n. 48   n. 49

Foto dell'autrice su concessione del Museo Archeologico Provinciale "M. Lacava" di Potenza.

La stipe votiva di Monticchio Bagni (Rionero in Vulture, Italia)

Tav. XIII

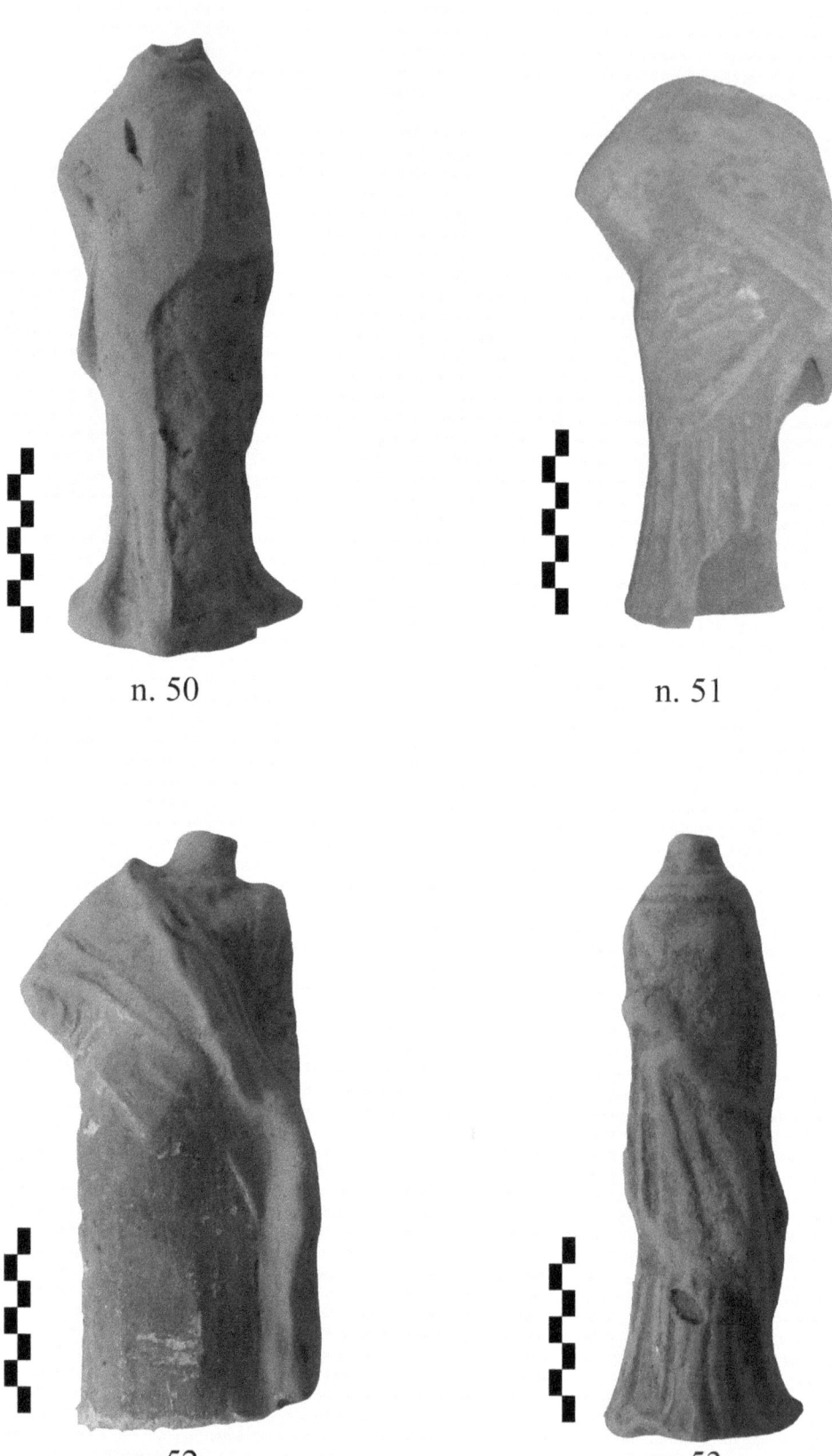

n. 50

n. 51

n. 52

n. 53

Foto dell'autrice su concessione del Museo Archeologico Provinciale "M. Lacava" di Potenza.

n. 54   n. 55

n. 56   n. 57

Foto dell'autrice su concessione del Museo Archeologico Provinciale "M. Lacava" di Potenza.

La stipe votiva di Monticchio Bagni (Rionero in Vulture, Italia)

Tav. XV

n. 58

n. 59

n. 60

Foto dell'autrice su concessione del Museo Archeologico Provinciale "M. Lacava" di Potenza.

La Stipe Votiva Di Monticchio Bagni, Località Varco Della Creta

Tav. XVI

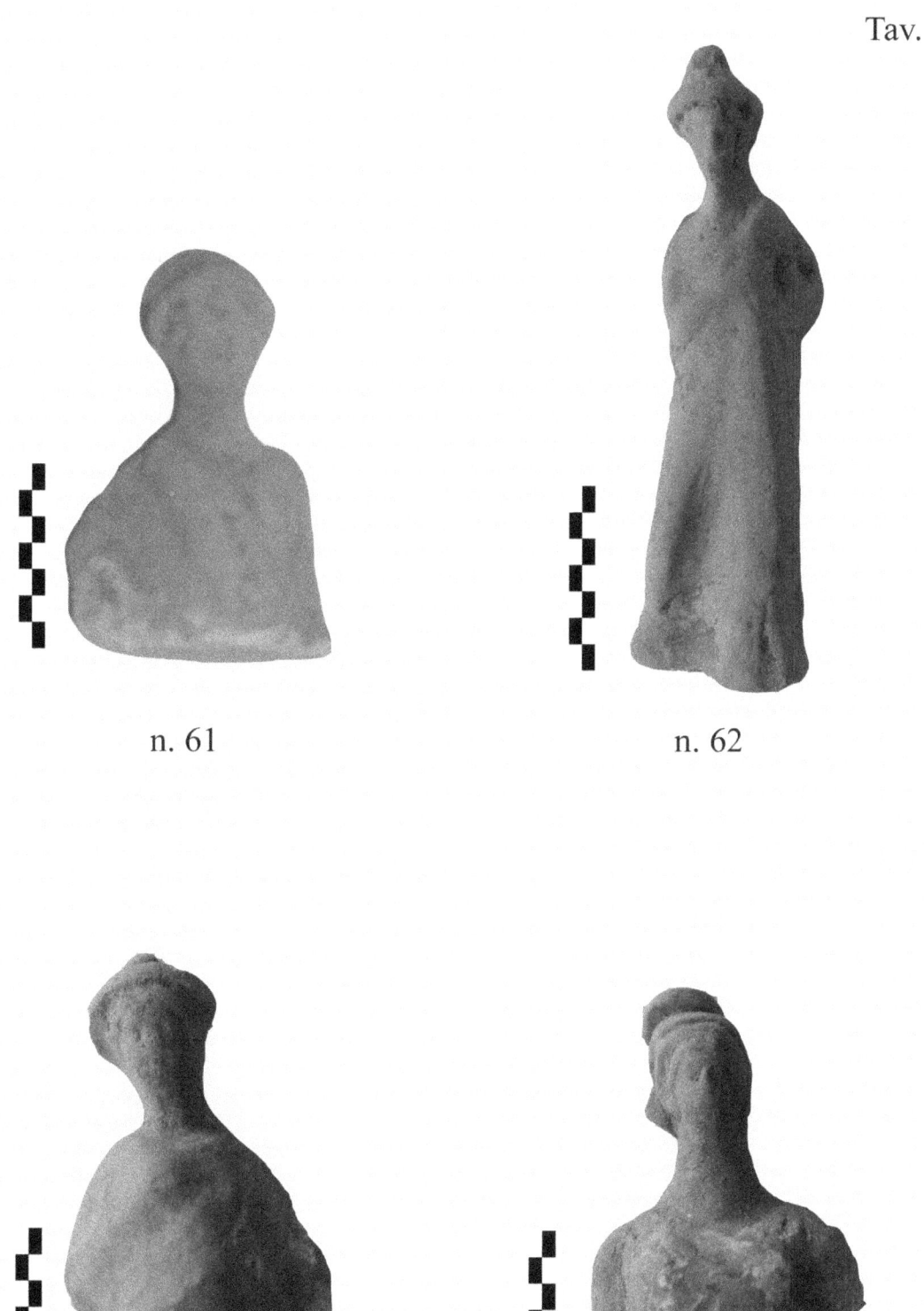

n. 61 n. 62

n. 63 n. 64

Foto dell'autrice su concessione del Museo Archeologico Provinciale "M. Lacava" di Potenza.

La stipe votiva di Monticchio Bagni (Rionero in Vulture, Italia)

Tav. XVII

n. 65

n. 66

Foto dell'autrice su concessione del Museo Archeologico Provinciale "M. Lacava" di Potenza.

Tav. XVIII

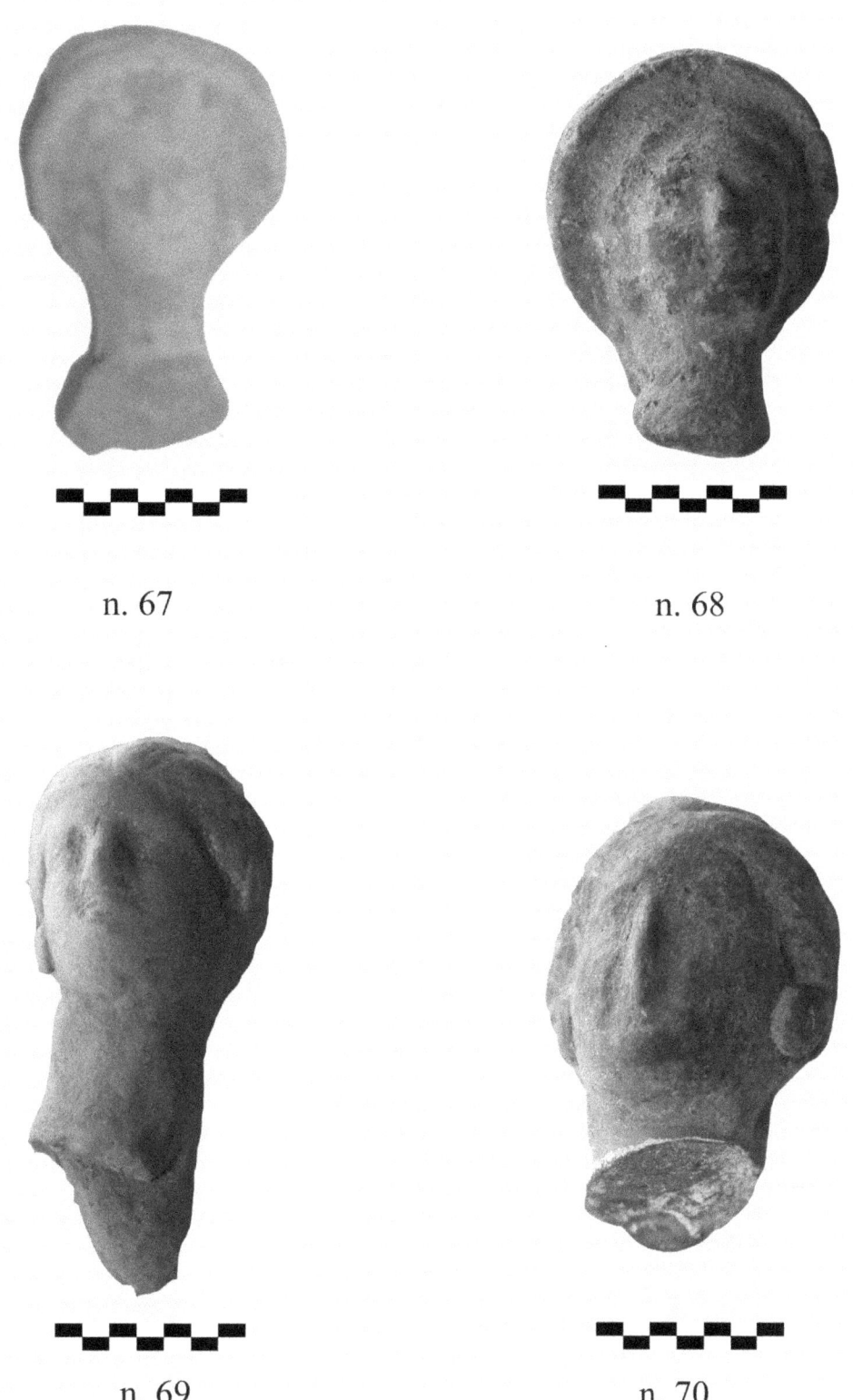

n. 67

n. 68

n. 69

n. 70

Foto dell'autrice su concessione del Museo Archeologico Provinciale "M. Lacava" di Potenza.

La stipe votiva di Monticchio Bagni (Rionero in Vulture, Italia)

Tav. XIX

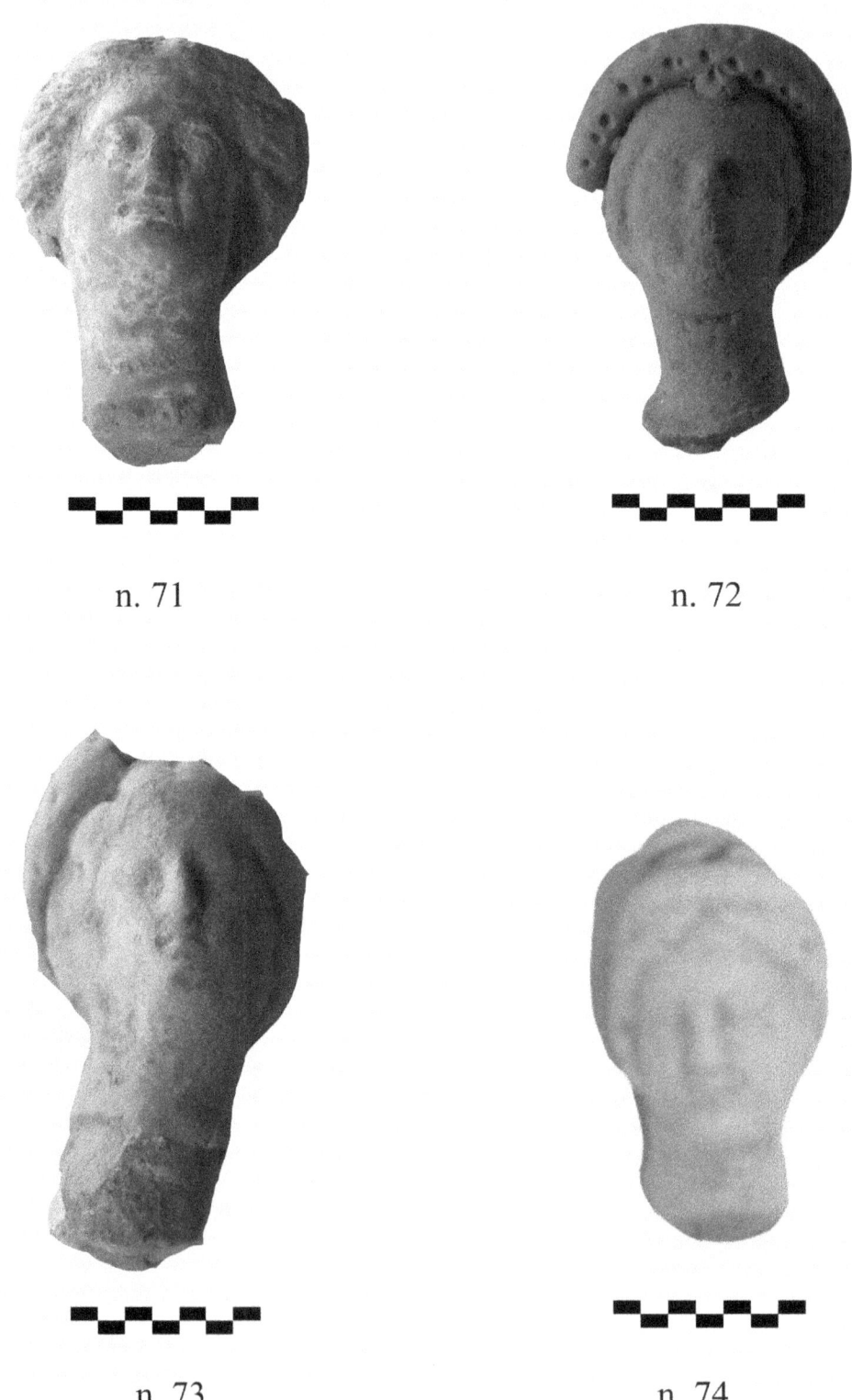

n. 71

n. 72

n. 73

n. 74

Foto dell'autrice su concessione del Museo Archeologico Provinciale "M. Lacava" di Potenza.

La Stipe Votiva Di Monticchio Bagni, Località Varco Della Creta

Tav. XX

n. 75

n. 76

n. 77

n. 78

Foto dell'autrice su concessione del Museo Archeologico Provinciale "M. Lacava" di Potenza.

La stipe votiva di Monticchio Bagni (Rionero in Vulture, Italia)

Tav. XXI

n. 79

n. 80

n. 81

n. 82

Foto dell'autrice su concessione del Museo Archeologico Provinciale "M. Lacava" di Potenza.

La Stipe Votiva Di Monticchio Bagni, Località Varco Della Creta

Tav. XXII

n. 83   n. 84

n. 85   n. 86

Foto dell'autrice su concessione del Museo Archeologico Provinciale "M. Lacava" di Potenza.

La stipe votiva di Monticchio Bagni (Rionero in Vulture, Italia)

Tav. XXIII

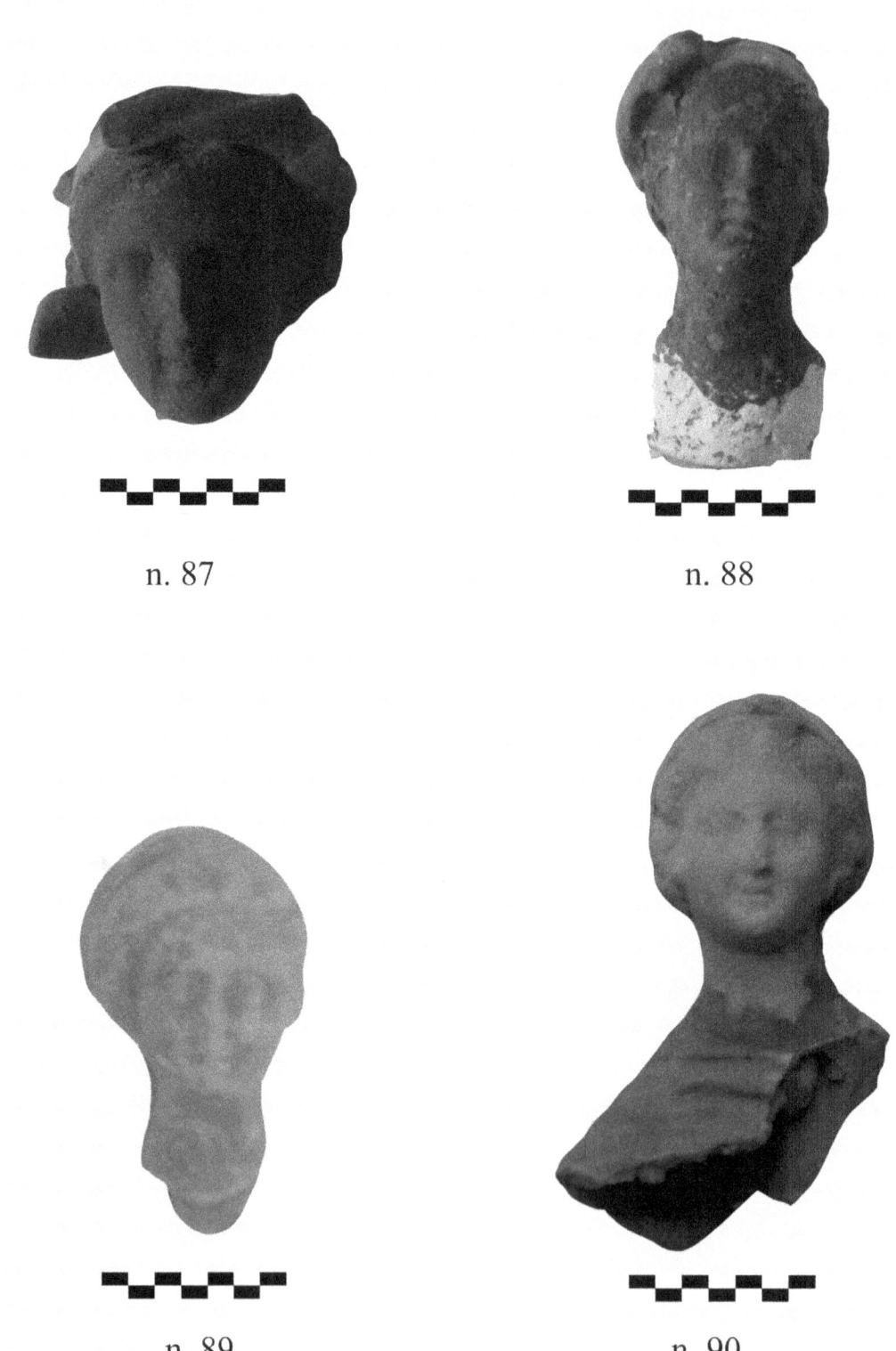

n. 87

n. 88

n. 89

n. 90

Foto dell'autrice su concessione del Museo Archeologico Provinciale "M. Lacava" di Potenza.

La Stipe Votiva Di Monticchio Bagni, Località Varco Della Creta

Tav. XXIV

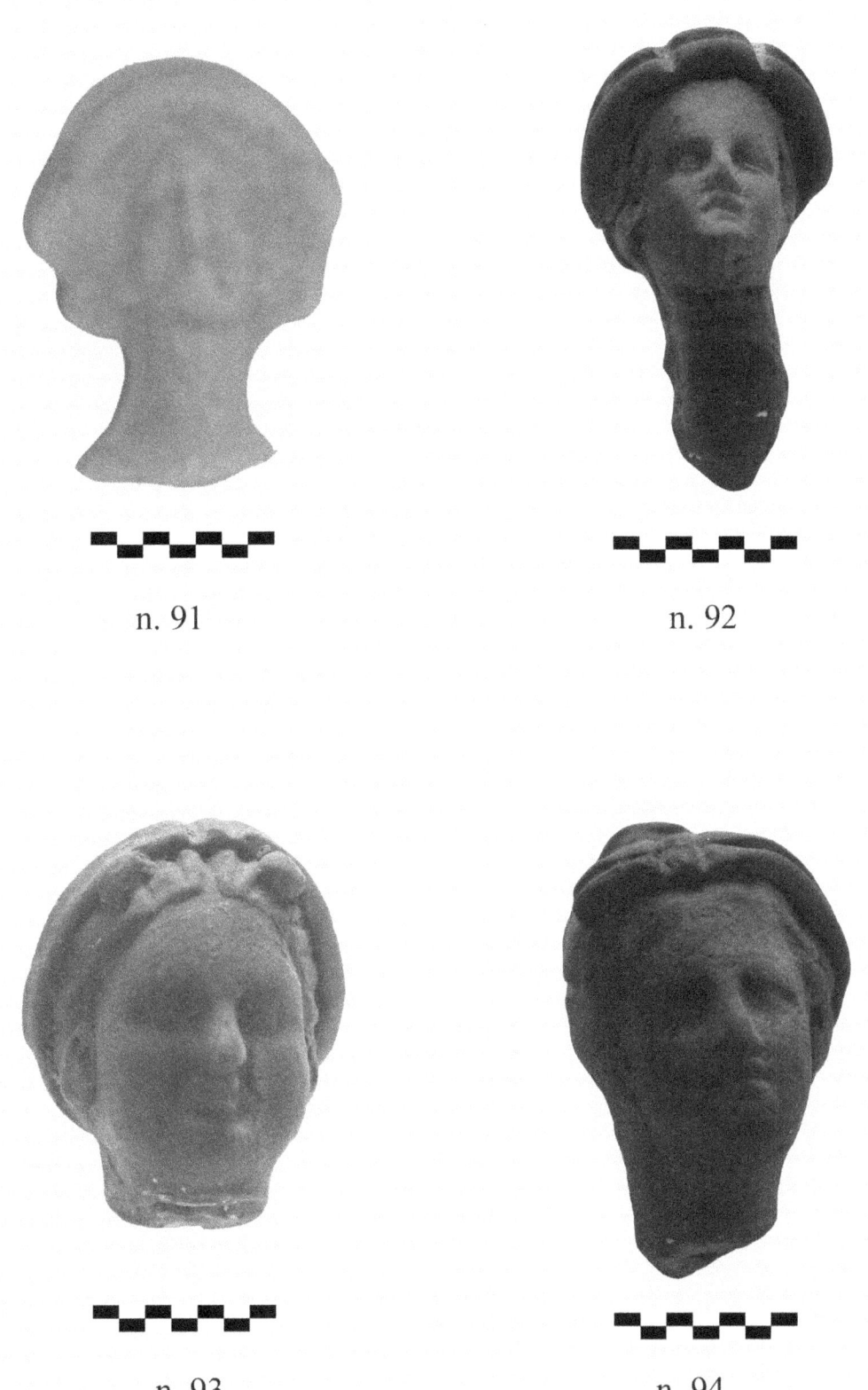

n. 91

n. 92

n. 93

n. 94

Foto dell'autrice su concessione del Museo Archeologico Provinciale "M. Lacava" di Potenza.

La stipe votiva di Monticchio Bagni (Rionero in Vulture, Italia)

Tav. XXV

n. 95   n. 96

n. 97   n. 98

Foto dell'autrice su concessione del Museo Archeologico Provinciale "M. Lacava" di Potenza.

La Stipe Votiva Di Monticchio Bagni, Località Varco Della Creta

Tav. XXVI

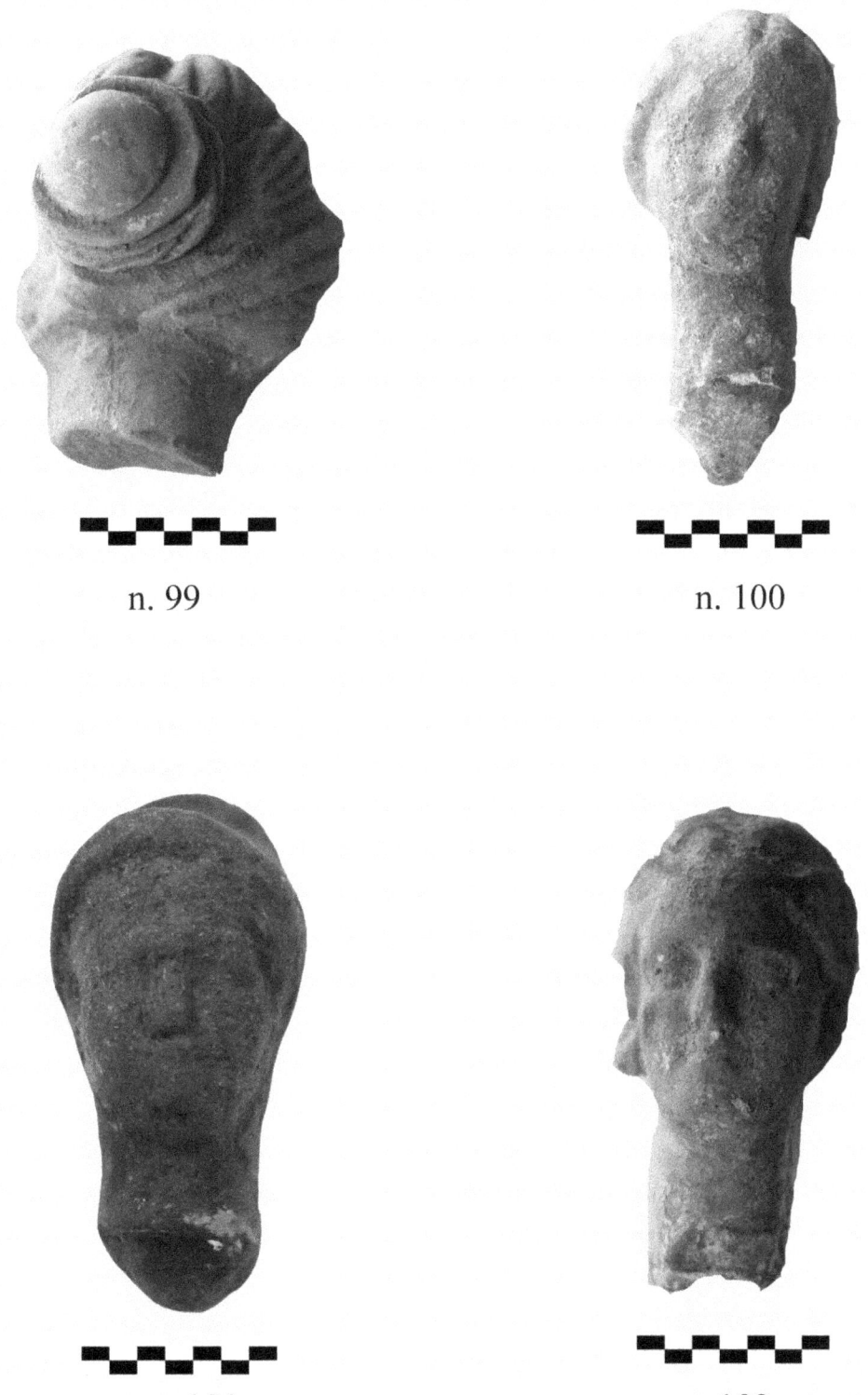

n. 99

n. 100

n. 101

n. 102

Foto dell'autrice su concessione del Museo Archeologico Provinciale "M. Lacava" di Potenza.

La stipe votiva di Monticchio Bagni (Rionero in Vulture, Italia)

Tav. XXVII

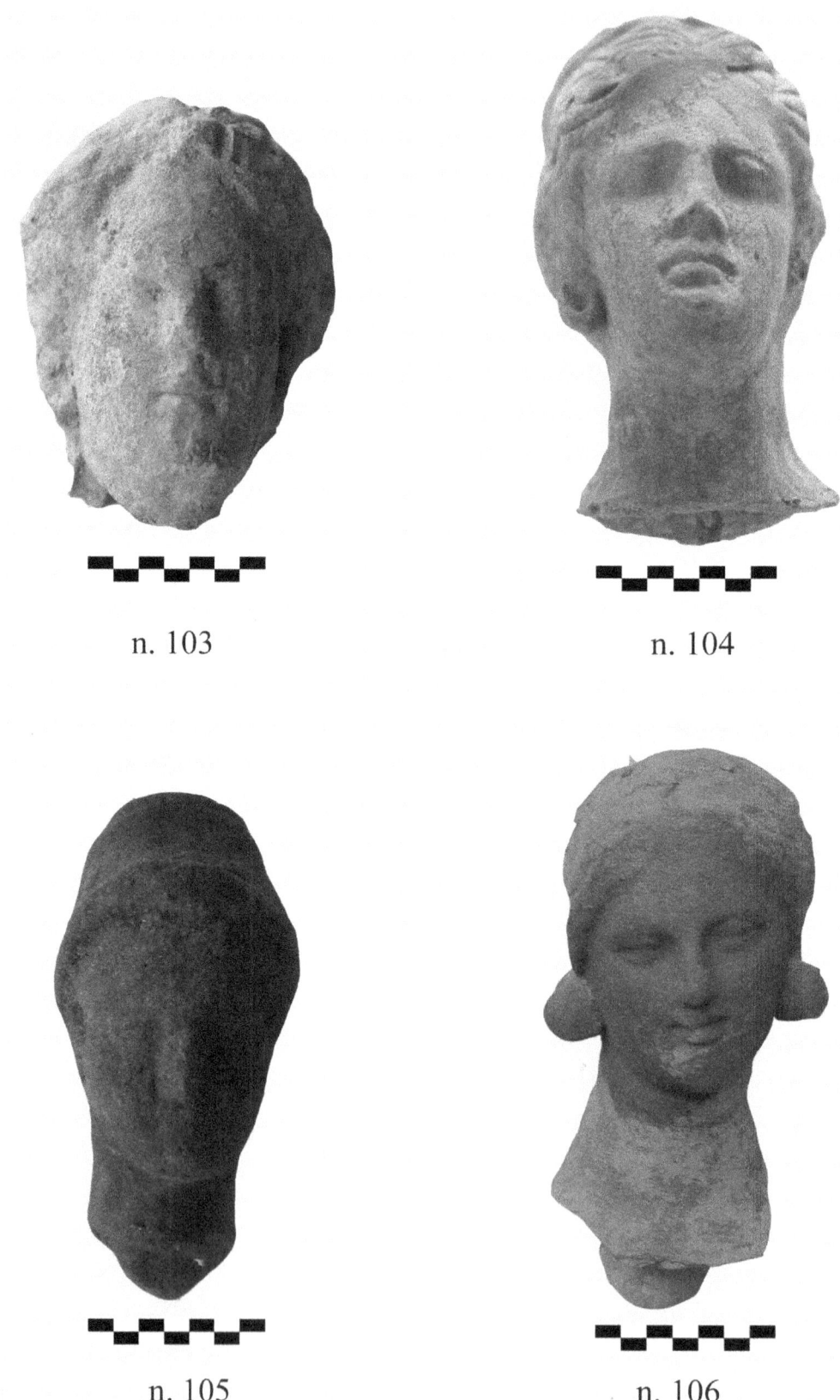

n. 103

n. 104

n. 105

n. 106

Foto dell'autrice su concessione del Museo Archeologico Provinciale "M. Lacava" di Potenza.

La Stipe Votiva Di Monticchio Bagni, Località Varco Della Creta

Tav. XXVIII

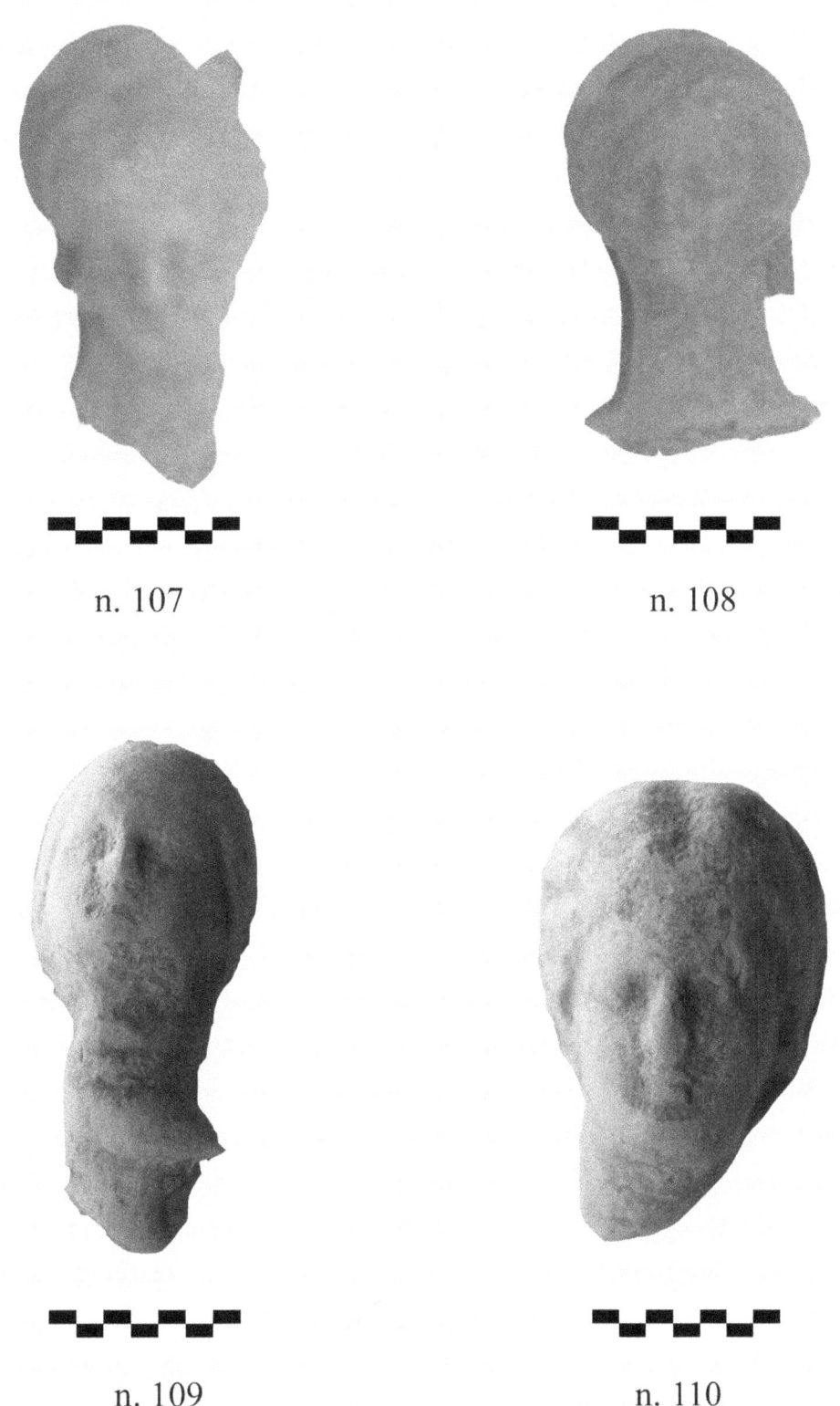

n. 107

n. 108

n. 109

n. 110

Foto dell'autrice su concessione del Museo Archeologico Provinciale "M. Lacava" di Potenza.

La stipe votiva di Monticchio Bagni (Rionero in Vulture, Italia)

Tav. XXIX

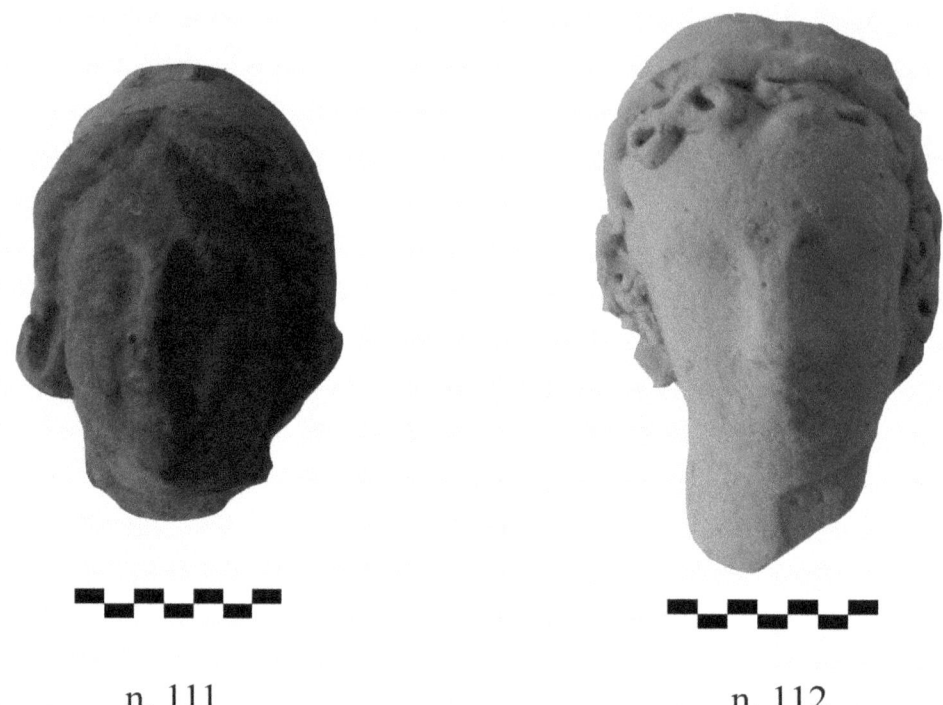

n. 111   n. 112

n. 113

Foto dell'autrice su concessione del Museo Archeologico Provinciale "M. Lacava" di Potenza.

La Stipe Votiva Di Monticchio Bagni, Località Varco Della Creta

Tav. XXX

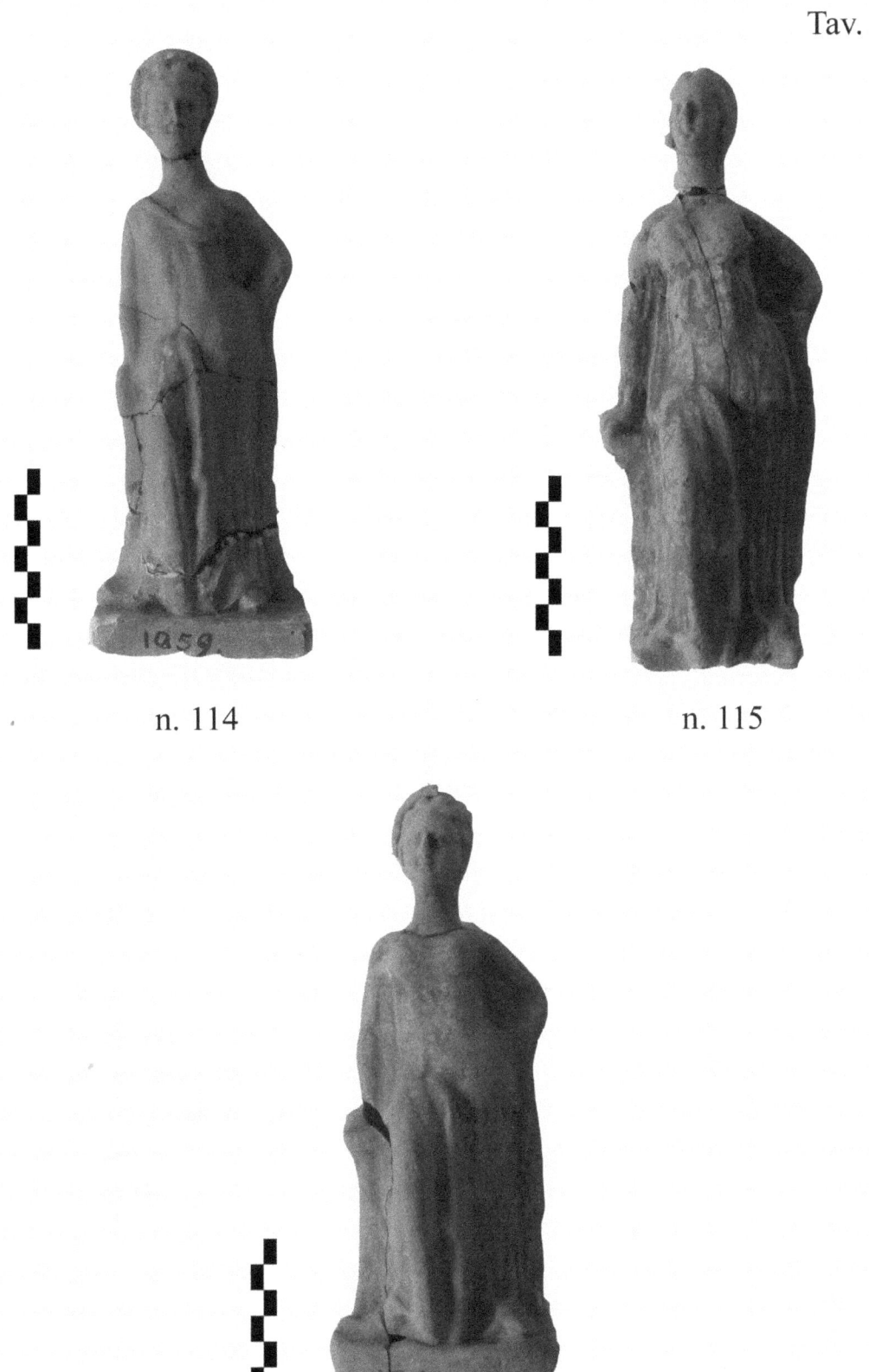

n. 114

n. 115

n. 116

Foto dell'autrice su concessione del Museo Archeologico Provinciale "M. Lacava" di Potenza.

La stipe votiva di Monticchio Bagni (Rionero in Vulture, Italia)

Tav. XXXI

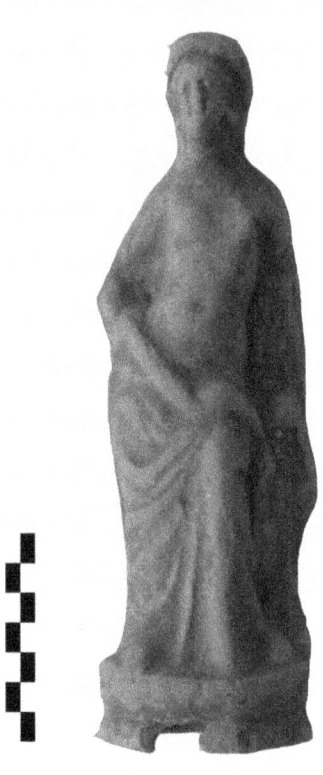

n. 117

n. 118

Foto dell'autrice su concessione del Museo Archeologico Provinciale "M. Lacava" di Potenza.

La Stipe Votiva Di Monticchio Bagni, Località Varco Della Creta

Tav. XXXII

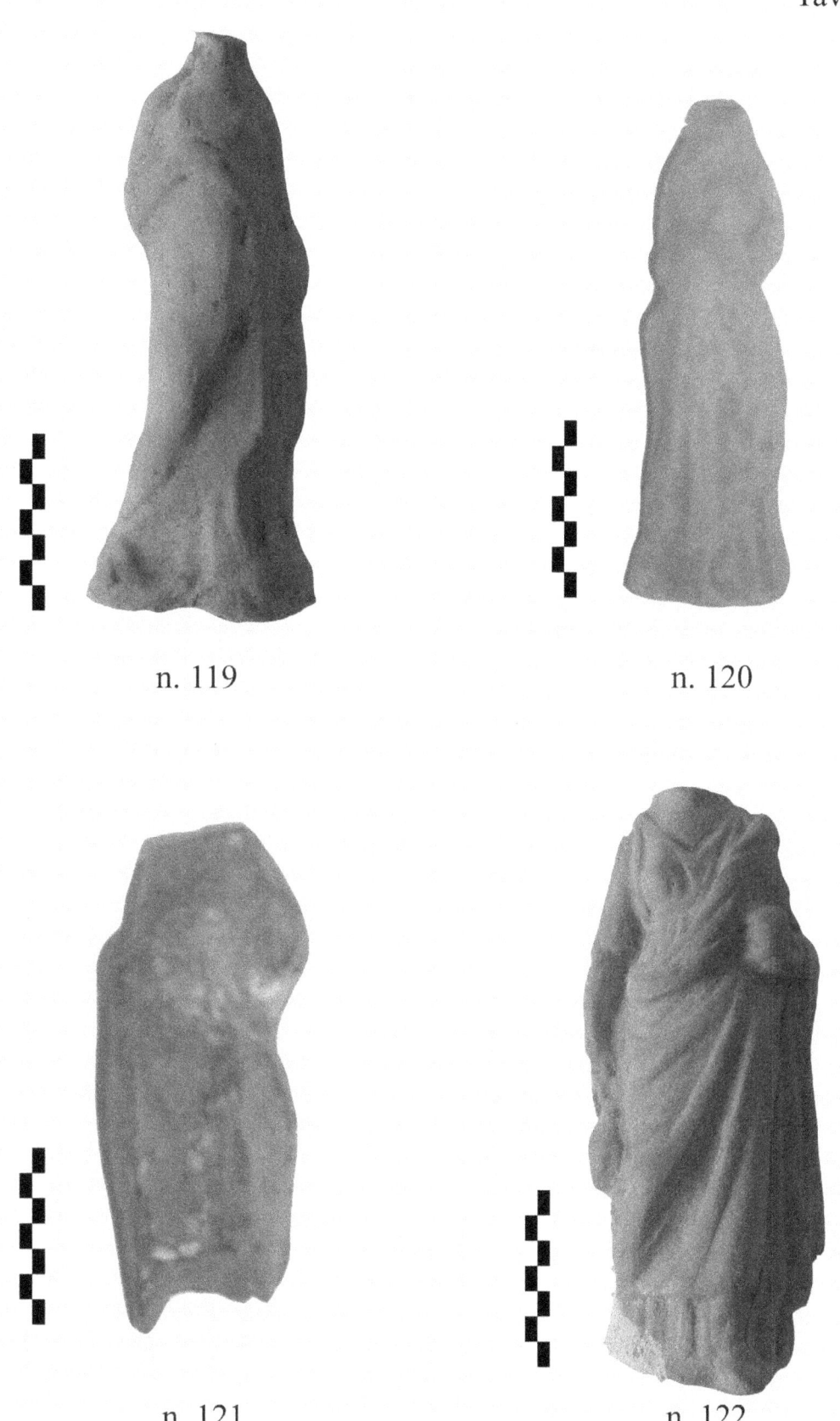

n. 119

n. 120

n. 121

n. 122

Foto dell'autrice su concessione del Museo Archeologico Provinciale "M. Lacava" di Potenza.

La stipe votiva di Monticchio Bagni (Rionero in Vulture, Italia)

Tav. XXXIII

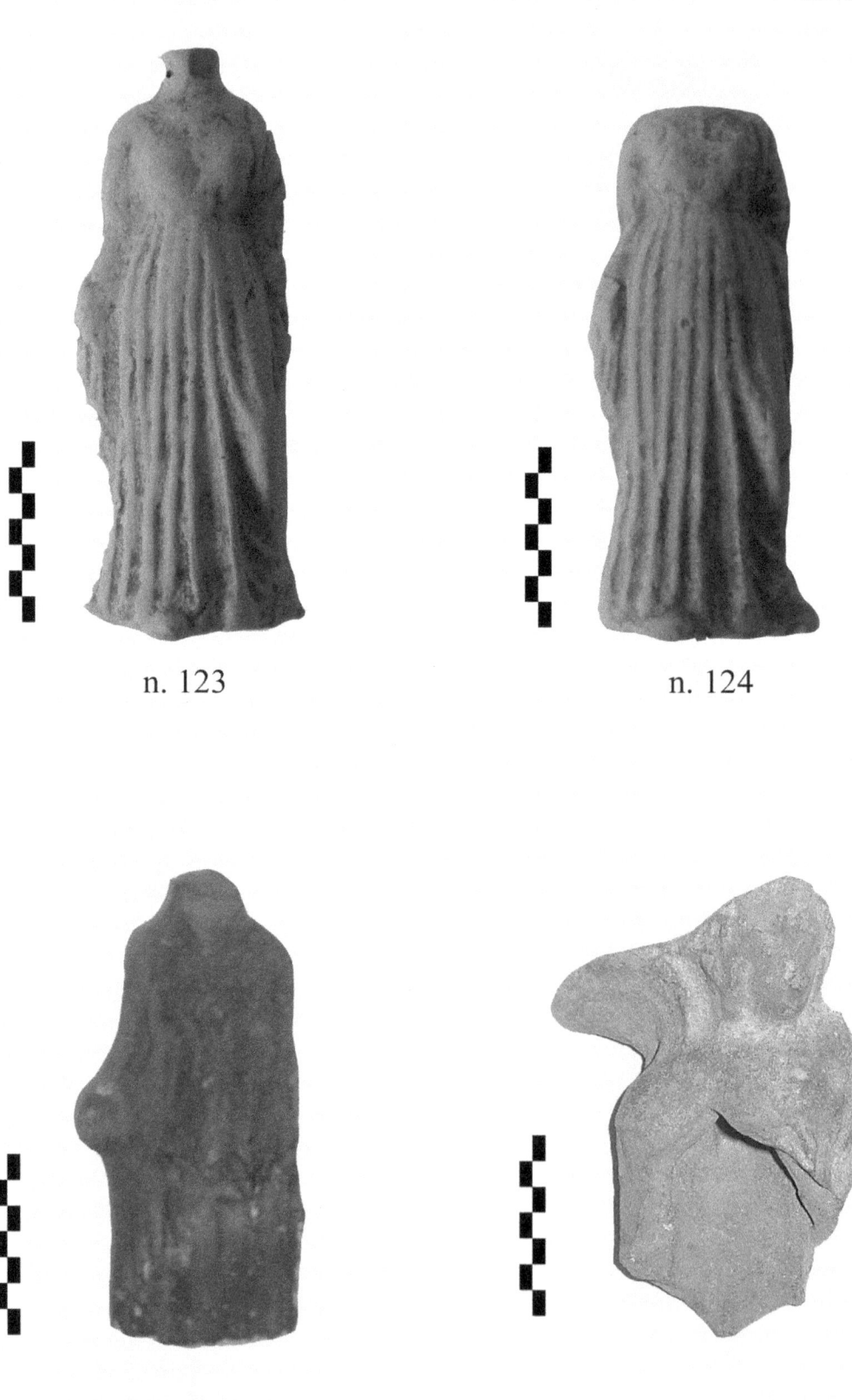

n. 123

n. 124

n. 125

n. 126

Foto dell'autrice su concessione del Museo Archeologico Provinciale "M. Lacava" di Potenza.

La Stipe Votiva Di Monticchio Bagni, Località Varco Della Creta

Tav. XXXIV

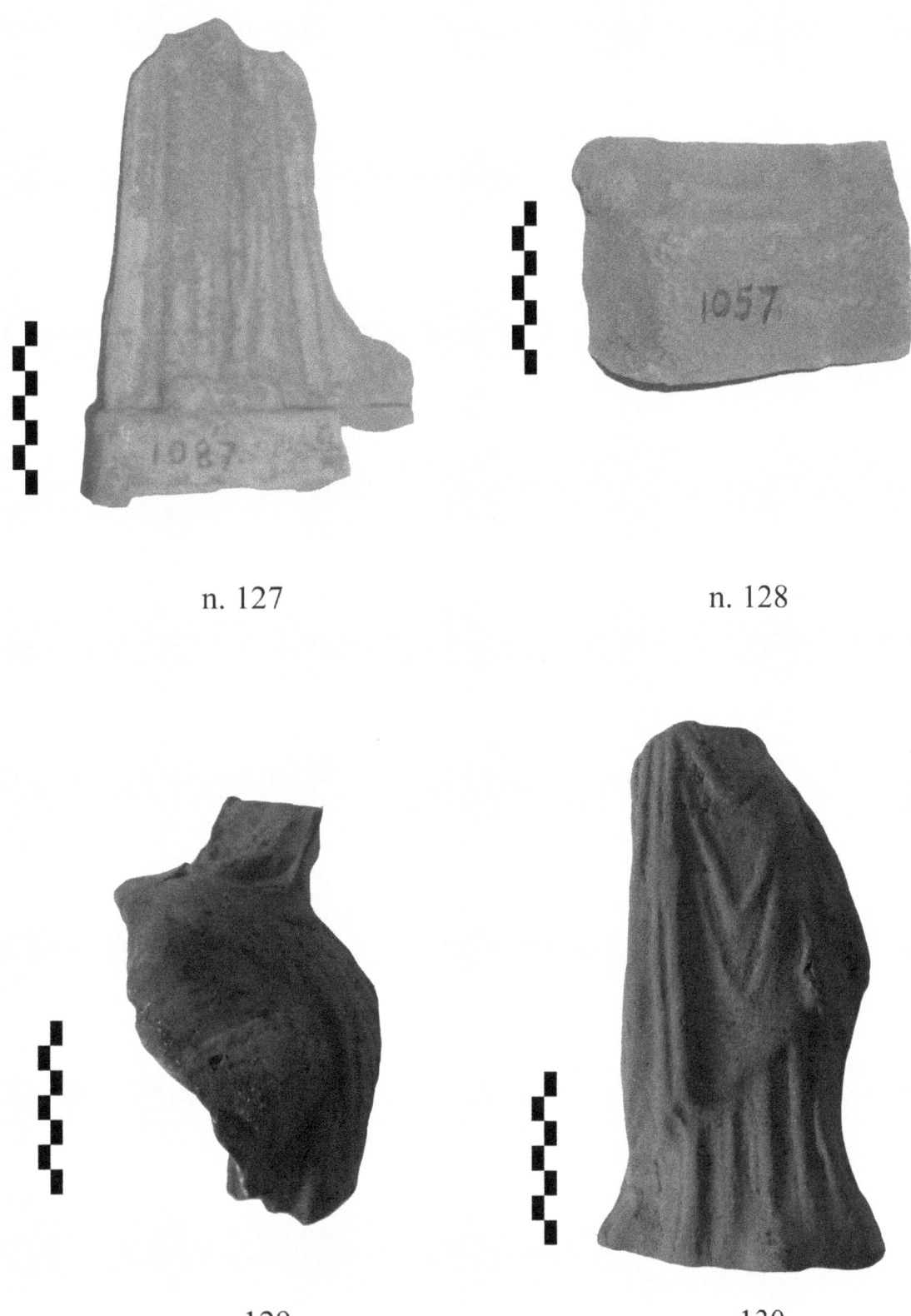

n. 127

n. 128

n. 129

n. 130

Foto dell'autrice su concessione del Museo Archeologico Provinciale "M. Lacava" di Potenza.

2

La Stipe Di Monticchio Nel Quadro Della Religiosità Lucana

In the 4th century BC the Osco-Samnite ethnic group of Lukanians, coming from Irpinia, built and developed many sanctuaries in Basilicata.

Different ways of organizing space were established by the fortified towns on the tops of mountains, villages, farms located downstream, and sacred areas located in spaces outside the settlements. They became political and socio-economic hot spots in the territory, developing their own symbolism and identity.

Their sites have very specific landscape and environmental peculiarities, like isolated valleys, cliffs, hills, caves, hot or cold springs for carrying out the salvific, purifying, therapeutic rites, rites of passage and wedding rites, particularly dense woods or roads, in border areas for the control of transhumance and commercial exchanges.

The Monticchio votive deposit is part of a land organization such as can be seen in many other Lukanian examples of sanctuaries. It is located at a crossroad on the northwestern slope of Mount Vulture, with a favorable geographical position where it can perform an autonomous function as a commercial and cultural link to the rural communities.

The votive material discovered there (small terracotta figures, seated and standing; heads with various headdresses and elaborate hairstyles) follows models found in other Lucanian sanctuaries in the 4th century BC. The divinity seems similar to Aphrodite and Mefitis, bringing about the earth's fertility, female reproductivity, and transitions of social status.

Keywords: Votive assemblage, coroplasty, cult of healthy waters

2.1. Santuari e sviluppo del territorio

Nella Basilicata di IV secolo a.C. si assiste allo sviluppo di numerosi luoghi di culto, dovuto all'arrivo in regione dei Lucani, genti di origine osco-sannita, provenienti dall'Irpinia[1]. In questa fase l'organizzazione spaziale viene completamente modificata con l'impianto di centri fortificati distribuiti sui rilievi collinari[2], villaggi e fattorie posti a valle[3] e aree sacre collocate all'esterno degli abitati (fig. 2.1)[4].

I santuari diventano poli centralizzati di controllo politico-amministrativo finalizzati anche alla gestione economica dell'intero territorio su cui gravitano[5]. Infatti, in questi spazi si concentrano le risorse provenienti dalle diverse attività produttive, in un momento di trasformazione in cui i Lucani, con il loro arrivo, potenziano e sviluppano la cultura agricola delle popolazioni inglobate. Per la maggior parte dei casi si tratta di aree di culto costituite da un sacello a pianta quadrangolare con altare, oppure composte da piccoli *oikoi*[6], accompagnati da ambienti per il consumo dei pasti comuni[7].

Talvolta, si tratta, invece, di spazi più complessi e articolati, sviluppati a terrazze con scalinate, portici e colonnati. Quest'ultimo modello si rintraccia, ad esempio, nel santuario di Rossano di Vaglio. L'area sacra, caratterizzata da un ampio spazio lastricato centrale, è arricchita su tre lati da portici monumentali e da una serie di ambienti funzionali alle celebrazioni con al centro un doppio altare (figg. 2.2-3).

Per l'istallazione dei luoghi di culto è necessario che nel sito si riscontrino peculiarità paesaggistiche e ambientali ben precise: la presenza di vallette isolate ma ricche di vegetazione in un contesto altrimenti arido, di rupi, alture, grotte, boschi particolarmente fitti[8]. Inoltre, i santuari, sono collocati in diretta connessione con importanti assi viari e in prossimità di tratturi.

---

[1] Russo 1999, p. 104; Osanna 2004, p. 44; Battiloro, Osanna 2012, p. 16.
[2] De Gennaro 2005, p. 25.
[3] Osanna 2008, p. 24; Battiloro, Osanna 2012, p. 21.
[4] Particolare è il caso di Civita di Tricarico, dove il santuario è ubicato sulla collina dell'abitato (Battiloro, Osanna 2012, p. 24).
[5] Bottini 1988, p. 70.
[6] Barra Bagnasco 2008, p. 177.
[7] Bottini 1988, p. 74. La presenza di ambienti specifici, destinati a questa particolare attività, evidenzia la partecipazione della comunità ai cerimoniali. «Il culto definito "popolare" è legato a quei ceti "intermedi" indigeni che si sviluppano alla metà del IV secolo a.C. quando si assiste ad un forte mutamento sociale ed economico» (Torelli 1992, p. XIV).
[8] Per le caratteristiche ambientali legate all'installazione dei luoghi di culto si rimanda al cap. 3 di questo volume.

71

La stipe votiva di Monticchio Bagni (Rionero in Vulture, Italia)

AREA DI CULTO	ELEMENTO NATURALE	DIVINITA' TITOLARE DEL CULTO
Lavello (Gravetta)	Sorgente	Una coppia divina (forse *Mefitis* ed una divinità della guerra)
Monticchio (Varco della Creta)	Sorgente, monte vulcanico, bosco, laghi	Una divinità femminile legata al mondo afrodisio, probabilmente *Mefitis*
Banzi (Fontana dei Monaci)	Sorgente	Una divinità femminile legata all'acqua e ai cambiamenti di *status*
Ruoti (Fontana Bona)	Nelle vicinanze di una fontana	Una divinità femminile legata ai valori del culto afrodisio
Vaglio di Basilicata (Rossano)	Sorgente ancora attiva	*Mefitis* (divinità principale) con Numulo, *Mamert*, *Iuppiter* e *Domina Giovia*
San Chirico Nuovo (Pila)	Sorgenti ancora attive	Artemide *Bendis* (divinità principale) con Demetra e Afrodite
Tito (Torre di Satriano)	Sorgente	Una divinità femminile legata ai valori del culto afrodisio, probabilmente *Mefitis*
Armento (Serra Lustrante)	In una zona ricca di acque sorgive	Eracle (divinità principale) con Dioniso, *Kore*-Persefone (?), Afrodite
Chiaromonte (San Pasquale)	Sorgente	Afrodite, Artemide, Asclepio
Rivello (Colla)	Sorgente	*Mefitis* (?), Demetra e *Kore*
Timmari (Lamia San Francesco)	Zona A: Sorgente	Zona A: Demetra e *Kore*, Artemide Zona B: Afrodite
Ferrandina (Caporre)	Sorgente	Una divinità femminile

Fig. 2.1. Santuari del IV secolo a.C. in Basilicata, dal culto alla tipologia (elab. cart. S. Del Lungo).

Fig. 2.2. Rossano di Vaglio (Vaglio di Basilicata, PZ): la spianata del santuario con le canalizzazioni per l'acqua a pavimento (foto: S. Del Lungo).

Fig. 2.3. Rossano di Vaglio (Vaglio di Basilicata, PZ): la spianata del santuario (foto: S. Del Lungo).

Uno degli elementi più importanti è senz'altro la connessione con l'acqua, utilizzata durante lo svolgimento "dei riti di guarigione, purificatori, terapeutici, di passaggio e nuziali"[9]. In Basilicata, i santuari di IV secolo a.C. sono tutti collegati all'acqua, localizzandosi in prossimità di sorgenti perenni o intermittenti, fontane, torrenti come si riscontra nelle aree sacre di: Banzi-Fontana dei Monaci, Chiaromonte-San Pasquale, Lavello-Gravetta, Rivello-Colla, Vaglio-Rossano, Ruoti-Fontana Bona, Tito-Torre di Satriano, S. Chirico Nuovo-Pila (*si veda Tabella allegata*).

Alcuni, tra l'altro, presentano complessi sistemi di canalizzazione: a Ruoti si realizzano opere di recinzione delle fonti per utilizzare l'acqua con proprietà taumaturgiche[10], a Torre di Satriano si impostano incanalamenti per il deflusso dell'acqua mediante fosse strette e lunghe[11], a Chiaromonte si strutturano percorsi lastricati e coperti che uniscono il sacello alla sorgente[12] e ad Armento il santuario è disposto scenograficamente su terrazze con un'area cerimoniale pavimentata che collega l'*oikos* ad una vasca[13].

Le divinità venerate sono per lo più femminili, in gran parte assimilabili al culto afrodisio o alla divinità osca *Mefitis*[14], o ancora ad *Artemis Bendis* e Demetra. Solo ad Armento la divinità tutelare è Eracle, chiaramente connesso ai riti dell'Appennino sannita, e a Lavello, invece, il culto è attribuibile, con ogni probabilità, ad una coppia divina (forse *Mefitis* insieme ad una divinità maschile della guerra) (*si veda Tabella allegata*).

Molte di queste caratteristiche ambientali e cultuali sono presenti anche nel caso di studio analizzato, evidenziando come l'area di Monticchio, esaminata nel paesaggio sacro del Vulture[15], ritrovi connessioni, nella relazione tra sacralità ed elementi naturali, con altri contesti archeologici simili del territorio e ricopra un ruolo decisivo nel panorama culturale e religioso della Basilicata antica.

La scelta insediativa, in posizione strategica, a valle dell'abitato fortificato, in prossimità di sorgenti ancora attive e a controllo delle principali vie di comunicazione, finalizzate al coordinamento sia commerciale che culturale dell'intero territorio, segue pienamente lo schema organizzativo di altri luoghi di culto coevi[16].

Il luogo sacro, individuato in località Varco della Creta, è collocato su un pianoro che si dispone ai piedi dell'altura, a SO del Vulture e in collegamento visivo con il rilievo montuoso. È posto, inoltre, ad Ovest dei laghi, nelle immediate vicinanze dei Bagni di Monticchio e all'interno di un bosco. Anche in questo caso risulta determinate la connessione diretta con l'acqua: una sorgente, infatti, sgorga a circa un centinaio di metri a Nord, e una fontana, denominata dell'Acqua Rossa, si trova nelle immediate vicinanze.

L'area santuariale, con ogni probabilità, era posta in connessione con l'antico abitato ubicato sul pianoro del Castello, a 700 m. s.l.m., in località San Vito di Monticchio Sgarroni[17], in prossimità del Varco della Creta, seguendo così il modello di molti santuari di età lucana che si disponevano su pianori a valle dell'insediamento fortificato.

Sul posto non sono state ritrovate tracce monumentali e materiali dell'area di culto, ma si ipotizza che il santuario potesse costituire il punto di raccordo tra un gruppo di fattorie sparse nel territorio, distribuite ad una distanza massima di circa 600 m. l'una dall'altra e gravitanti sull'area sacra, oppure che il santuario fosse di pertinenza di un'unica grande fattoria ma che rimanesse accessibile e fruibile da tutti i fedeli dell'areale.

Non è escluso, infine, che potrebbe trattarsi di un luogo sacro privo di strutture architettoniche e monumentali. È possibile, infatti, che non sia stato edificato un vero e proprio santuario, in quanto il monte vulcanico lo è di per sé, limitandosi a collocarvi una stipe votiva[18].

Oltre al posizionamento, anche il materiale scoperto a Monticchio segue appieno i modelli rinvenuti in altri santuari lucani di IV secolo a.C., evidenziando come la Basilicata, in questa fase, fosse caratterizzata da una forte omogeneità e coesione culturale. La coroplastica messa in luce è costituita da piccole terrecotte figurate assise e stanti e da testine con differenti copricapi ed elaborate acconciature.

In particolare, su un totale di 130 esemplari è stato possibile individuare 23 statuette assise in trono, di cui 16 si presentano con patera e colomba, e 54 statuette femminili stanti, di cui 42 sono tipi tanagrini. Inoltre, sono state individuate 47 testine tutte femminili ad eccezione dell'esemplare n. 113 che presenta una coppia fittile. Si

---

[9] Giammatteo 2005, p. 443
[10] Adamesteanu 1999, p. 10.
[11] Osanna 2005, p. 447.
[12] Bianco 1992, pp. pp. 103-105; Masseria 2000, p. 138.
[13] Russo Tagliente 1996, pp. 190-193; Russo Tagliente 2000, p. 39.
[14] A Rossano di Vaglio, in particolare, la presenza del culto di *Mefitis* è corroborata dalla fonte epigrafica. Sono state rinvenute, infatti, circa cinquanta iscrizioni in lingua osca ed alfabeto greco dedicate a questa divinità.
[15] Sulla sacralità del Vulture si veda il nel cap. 3 di questo volume.
[16] Masseria 2000, p. 237.

[17] Questo spazio, possibile nucleo centrale dell'insediamento arcaico e lucano, fu occupato successivamente da una struttura medievale. Oggi, infatti, si scorgono i ruderi di un castello normanno. L'abitato *Castrum Monticuli*, in vita dall'XI secolo, divenne feudo dell'Abbazia di S. Ippolito, e fu abbandonato dopo il terremoto del 1456 (Licinio 1994, p. 191). Il sito è oggi inserito all'interno della Riserva Naturale Regionale "Grotticelle", nota per la presenza della *Acanthobramea* del Vulture, una rara specie endemica di farfalla notturna, scoperta nel 1963 dal conte altoatesino Federico Hartig. Per custodire e trasmettere la storia del contesto naturale, antropologico ed archeologico di questo importante comparto territoriale nel 2008 l'Amministrazione Provinciale di Potenza ha inaugurato il Museo di Storia Naturale del Vulture, ubicato nell'Abbazia di San Michele Arcangelo a Monticchio Laghi. Nel 2019 il museo è stato arricchito con l'esposizione dei reperti messi in luce durante gli scavi archeologici eseguiti nell'abbazia di Sant'Ippolito, collocata sull'istmo tra i due laghi.
[18] Sulla sacralità dei vulcani si veda il cap. 3 di questo volume.

è riscontrato, infine, che a ciascun tipo corrispondono in media uno o due esemplari, tranne rare eccezioni.

Il prototipo presente in misura maggiore è quello della statuetta femminile seduta, con patera sulle ginocchia e volatile nella mano sinistra, modello proveniente da Taranto, molto diffuso nel IV secolo a.C. in tutto il mondo magno-greco e confrontabile con esemplari rinvenuti in diversi santuari lucani coevi[19].

Cospicue risultano essere le statuette stanti con tipi tanagrini, rinvenute in moltissimi santuari dell'Italia meridionale e della Basilicata in particolare[20], rappresentate con la gamba flessa e spostata di lato, nell'atto di reggere con la mano destra il mantello e con la sinistra completamente avvolta nel panneggio o raffigurate con il braccio sinistro poggiato dietro la schiena e il destro disteso lungo il corpo.

Sono presenti, inoltre, esemplari che derivano da tipi noti della statuaria greca[21], come quello di Afrodite stante in posizione di appoggio su colonnina o di figure femminili semi panneggiate ritratte con *himation* sui fianchi, recanti diversi attributi, con la mano poggiata sul ventre o in posizione di riposo.

È attestato anche un esemplare appartenente al tipo "Piccola Ercolanese", rappresentata con il braccio destro lungo il corpo a sorreggere un lembo del mantello e il sinistro piegato e poggiato sul seno.

È chiaro, dunque, che la tipologia delle statuette sottenda rapporti con i luoghi di pertinenza dei diversi stili, presentando modelli culturali di matrice ellenica ma anche forti connessioni con altre aree di culto distribuite nell'Italia centrale e meridionale e in particolare con i santuari della Basilicata di IV secolo a.C.

Per quanto riguarda le caratteristiche formali degli *ex voto* si notano la grande quantità di tipi, le ridotte dimensioni, la fattura piuttosto superficiale e imprecisa con la scarsa evidenza data ai particolari del volto o del panneggio, l'assenza di policromia; tutti elementi che indicano una produzione in serie e l'utilizzo di matrici stanche. Inoltre, la qualità e la composizione dell'argilla, nonché i difetti di cottura, presenti in molti esemplari, potrebbero indicare l'utilizzo di materiale locale.

Purtroppo l'assenza di matrici non permette di accertare se Monticchio fosse il luogo di produzione di questi manufatti o se, al contrario, si fosse stabilito un collegamento tra il luogo sacro e l'areale di fabbricazione. Per quanto attiene alla tipologia del culto, a causa della mancanza di documentazione di scavo e della parzialità della stipe votiva, non è possibile fornire dati certi per l'identificazione della divinità ma soltanto avanzare delle ipotesi[22].

Il culto di Monticchio sembra dedicato ad una divinità femminile a cui si riferisce il tipo, di cui abbiamo parlato in precedenza, della dea seduta in trono con *polos*, accompagnato dalla *phiale mesomphalos* e dalla colomba. La *phiale*, manufatto legato al rito libatorio, è un elemento del tutto generico che può appartenere a diverse divinità e assumere svariati significati in base al contesto di rinvenimento[23], mentre la colomba[24], metafora di amore, desiderio erotico e fertilità, è prerogativa assoluta di Afrodite[25].

Accanto a questo prototipo ne sono presenti altri con capo velato, mano sul ventre o poggiata sul seno: tutti elementi riferibili alla sfera materna e dunque riconducibili al mondo afrodisio[26]. Anche altre statuette ricordano questa divinità come quelle appoggiate ad un pilastrino o quelle semi panneggiate con *himation* sul ventre, che rimandano ad uno degli elementi specifici della sua rappresentazione figurata, la nudità.

Infine, la presenza nella stipe di un frammento di erote e di due testine, una maschile ritratta nell'atto di baciare una femminile, confermano ancora una volta l'aspetto amoroso di questo culto[27].

La divinità di Monticchio, dunque, sembra accogliere tutti i valori del culto afrodisio, legato ai concetti di fertilità, procreazione[28] e ai passaggi di *status* (da quello infantile a quello adulto[29] attraverso il matrimonio[30]). Si pensa che questa dea sia coinvolta anche nei rituali di guarigione (*sanatio*); alcuni studiosi, infatti, parlano di

---

[19] Ad esempio a Timmari, Rossano di Vaglio, Serra di Tricarico (Masseria 2000, p. 153; Fabbricotti 1979, p. 410).
[20] Per i confronti si veda il paragrafo sulle statuette stanti nel cap. 1 di questo volume.
[21] Burn Higgins 2001, p. 34, nn. 2006; Higgins 1986, pp. 114-148.

[22] L'*ex voto* in terracotta è «il simbolo del rapporto che il fedele intendeva istituire con il divino, il segno tangibile di un'avvenuta azione rituale» (Battiloro 2005b, p. 417). La coroplastica votiva «fornisce una documentazione archeologica e un repertorio iconografico di grande importanza nella ricerca sulle espressioni cultuali in quanto testimonianza diretta di azioni rituali e forme rappresentative nell'immaginario sacro» (Lippolis 2001, p. 226).
[23] Osanna, Giammatteo 2001, p. 114.
[24] Burkert 1984, pp. 224-225; Barra Bagnasco 1992, pp. 283-284.
[25] Delivorrias *et alii* 1984, pp. 2-151; Pirenne Delforge 1994; Alroth 1989, p. 11. Secondo il mito la colomba nasce dalla trasformazione di una ninfa di Afrodite che si inserì in una contesa tra la dea ed *Eros* (*Mythographi Vaticani*, I, 175; II, 2, 33). Sotto forma di colomba, Venere soleva manifestarsi nel suo santuario di Erice (Ateneo, IX, 395 a; Eliano Na, IV, 2; VH, I, 15) (in greco la colomba è indicata con il termine *peristerà*, ossia uccello sacro a *Isthar*, divinità assiro-babilonese) (Ciaceri 1910, p. 16). Apollodoro vede nella colomba il simbolo per eccellenza di dissipatezza a causa della sua prolificità (244 F 114 Jacoby) ed anche Virgilio la collega al culto di Afrodite (*Virgilio*, Eneide, VI, 190-197). Per Dante, infine, questo volatile continua a simboleggiare l'amore dissoluto (Divina Commedia, Inferno, V, 82-84).
[26] Lippolis 2001, p. 229.
[27] Tutti gli attributi e le diverse pose delle statuette riconducono al mondo afrodisio. È importante anche sottolineare che nella stipe si nota la completa assenza di votivi legati al culto demetriaco. Non ritroviamo, infatti, l'offerente con porcellino, le divinità con fiaccole a croce o fiori di loto come si riscontra nella stipe in località Cugno la Volta (Difesa San Biagio a Montescaglioso), nella stipe di Timmari (Masseria 2000, p. 209) e a Colla di Rivello (Bottini P. 1998, p. 123 n. 11, p. 124 nn. 13 e 14, p. 126 n. 19) dedicate proprio a Demetra.
[28] Brelich 1969, p. 288.
[29] Battiloro 2005b, p. 419.
[30] Battiloro, Di Lieto 2005, p. 150.

votivi anatomici rinvenuti nel luogo, purtroppo oggi non più rintracciabili nella stipe.

Per questi motivi, sembra avere caratteristiche comuni con la Mefite della Valle d'Ansanto[31], divinità osca che cura con l'acqua[32].

Partendo innanzitutto dalle caratteristiche ambientali, si denota che i due contesti territoriali presentano peculiarità fisiche e geomorfologiche simili. Nella Valle d'Ansanto, in una zona boscosa, fluisce un piccolo lago di origine vulcanica, così come si riscontra a Monticchio, luogo ricco di boschi con due laghi vulcanici. Inoltre, in entrambi i contesti sono presenti sorgenti e scaturigini sulfuree, determinanti per l'uso dell'acqua nei rituali con valore terapeutico e salvifico.

È d'uopo sottolineare che il culto di Mefite è spesso associato a quello di Afrodite/Venere, come si evince anche da un'iscrizione rinvenuta nel santuario di Rossano di Vaglio ed oggi esposta nelle sale del Museo Archeologico Provinciale di Potenza[33].

In ogni modo il forte legame con l'acqua rimarrà indissolubile a Monticchio, sopravvivendo nel Tempo dalla Protostoria fino ad epoche più recenti.

Come abbiamo visto, in località Santa Maria di Luco si rinvenne un deposito votivo, databile all'Età del Ferro, composto da una serie di vasetti miniaturistici ad impasto. Doveva trattarsi probabilmente di una deposizione rituale nei pressi della sorgente con l'utilizzo di manufatti per attingere acqua con valore curativo.

La tipologia del culto, rivolto alle acque salutari, viene corroborata dal rinvenimento di una seconda stipe in località Varco della Creta, con la presenza di numerose statuette femminili databili tra il IV ed il III secolo a.C.

L'acqua è custodita anche nella trasposizione cristiana dei culti ctonii tradizionali nella figura dell'Arcangelo Michele, con l'assunzione della grotta a sede per la pratica devozionale, accompagnata ad un uso iatrico dell'acqua protrattosi anche dopo l'inglobamento nell'abbazia di S. Michele Arcangelo ai Laghi di Monticchio[34], e al tempo stesso un collegamento diretto con i sottostanti laghi, ospitati all'interno dei crateri vulcanici creatisi con l'ultima attività del Vulture nel corso della penultima glaciazione (Riss).

La ricchezza del territorio ancora oggi è data dall'acqua, Monticchio, infatti, è uno dei più importante centri di estrazione, produzione ed esportazione dell'acqua minerale in Italia.

2.2. Santuari e manifestazioni naturali

Come abbiamo visto, nel mondo antico il santuario, simbolo dell'identità e della memoria di una comunità[35], può intendersi come una sorta di documento utile per identificare delle peculiarità ambientali o fenomeniche in un luogo, anche geologiche e idrogeologiche.

È ben inteso che queste proprietà fisiche evidenzino la venerabilità di uno spazio, e, molte volte, costituiscano esse stesse il luogo di culto, senza la necessità di aggiungere particolari strutture architettoniche o monumentali, tuttalpiù ben inserite nel contesto naturale di riferimento. Il santuario, infatti, per esistere ha bisogno di specifici requisiti ambientali perché si definisce come un complesso cultuale all'aperto, a contatto diretto con quella Natura che la stessa divinità ha prodotto. Tutti insieme questi elementi naturali diventano il cardine di un percorso cerimoniale simbolico e nascondono la sacralità, il ricordo o la percezione che il luogo fosse interessato già in origine da presenze sovrannaturali.

L'acqua, elemento vitale nel suo scorrere in moto continuo, la grotta con le numerose oscure aperture e i condotti sotterranei, l'altura nella sua immutabilità e ponderosità, il monte vulcanico con la sua pericolosità e precarietà, il lago con i rischiosi cambiamenti di livello, il bosco sacro invalicabile ai non iniziati, suggeriscono già al loro interno un'essenza divina e si ritrovano anche a Monticchio. Il santuario, infatti, è posto in un luogo ben preciso e sembra fortemente legato ai quattro elementi naturali. Essendo in prossimità di sorgenti e fontane, è legato all'*Acqua*, essenza della Vita, con la sua capacità di cambiare forma in base agli ostacoli che incontra. La presenza del vulcano lo collega al *Fuoco*, materia viva per eccellenza, simbolo di purificazione e catarsi, ma anche di paura per il verificarsi di fenomeni improvvisi e incerti come un terremoto. Il vento, spesso presente in aree di natura vulcanica, fa sì che il luogo sia fortemente connesso all'*Aria*, energia vitale ed elemento purificatore. Infine, essendo collocato nei boschi e in prossimità di grotte, simbolo della soluzione delle difficoltà della Vita attraverso il passaggio dall'oscurità alla luce, ma anche accesso al mondo dei morti, è correlato alla *Terra*, che racchiude in sé le caratteristiche del grembo materno.

Nell'intimità sacra della Natura, costituita da grotte, sorgenti, vulcani, i fedeli invocano la divinità tutelare e

---

[31] Per la Valle d'Ansanto si rimanda al Cap. 3 di questo volume.
[32] Si ipotizza che il termine *Mefitis* derivi dal verbo *medhu – io*, gr. *methuo*, lat. *mefio*, con il significato di 'vapore inebriante', riferibile alle sorgenti solforose presenti nella Valle d'Ansanto (Poccetti 1982, pp. 237-260). Prisciano, (*Inst*. III, 328, 5 H), invece, lo lega all'osco *mefiai*, corrispondente al latino *medius*, e al greco *mesos*, con il significato di "colei che sta nel mezzo", che funge da collegamento tra terra e cielo (Marinetti, Prosdocimi 1988, p. 41).
[33] Si tratta di un disco in calcare, databile al II secolo a.C. (Adamesteanu, Lejeune 1971, planche II), riportante la seguente dedica in lingua osca ed alfabeto greco: Fενζηι Μεϕ[..., Venzei Meϕ[..., probabilmente da tradurre "A Venere Mefitana" (RV 05). Il legame tra le due divinità potrebbe riferirsi anche alle sorgenti solforose perché al termine '*Venus*' è possibile collegare quello latino *aestus*, con il significato di bollore, esalazione. Per un approfondimento su questo culto si veda Lejeune 1986, pp. 202-213; Coarelli 1998, pp. 185-190; Falasca 2002, pp. 7-56.
[34] Si veda Fortunato 1904, pp. 28-30; Bubbico 1996, II, p. 22; Schettini 1966, pp. 93-167.

[35] Battiloro, Osanna 2012, p. 23.

ricercano sollievo dalle malattie, soccorso in momenti delicati e difficili (gestazione e parto), sostegno nei passaggi più importanti della vita (cambiamenti di *status*, riti prenuziali, matrimonio) e in momenti ardui e difficoltosi (conflitti e guerre).

Per tutti questi motivi viene scelto il luogo dove si verificavano fenomeni naturali, misteriosi perché inspiegabili, ma attribuibili alla presenza di una divinità fortemente legata non solo al ciclo delle stagioni ma a quello eterno della Vita che non si arresta mai anche dopo la Morte.

Sono proprio l'interazione e l'equilibrio tra i quattro elementi naturali, così come la scelta di altre particolari caratteristiche ambientali, a suggerire quale sia la divinità titolare del culto di Monticchio. Si tratta, con ogni probabilità, di una dea che assicura ai fedeli una guida certa e una protezione efficace attraverso particolari rituali di guarigione.

Il conforto viene dalla ricorrente relazione di fenomeni naturali e di caratteri ambientali con il tipo di culto: ad esempio le aree sacre legate agli approdi sono dedicate ad Afrodite, quelle nell'entroterra con acque salse a Nettuno, i santuari di confine a Minerva, i santuari in prossimità di sorgenti salutari ad Asclepio ma anche ad Eracle, i santuari all'interno di boschi sacri ad *Angitia* e quelli contrassegnati da fenomeni vulcanici e da particolari caratteristiche fisiche del sottosuolo a Mefite.

Si tratta di divinità con valenza talora ctonia, che utilizzano questi luoghi, da un lato, per manifestare la propria presenza, come monito e preavviso della loro infinita forza e illimitata potenza contro la precarietà della volontà umana; e, dall'altro, per custodire i fedeli, per ascoltare le loro intime invocazioni, curarli dalle infermità ed accompagnarli nei delicati passaggi esistenziali. È, anzi, in quel viaggio oscuro e misterioso verso il mondo soprannaturale, che si fa forte la presenza divina.

La stipe votiva di Monticchio, pur mancante di ulteriori dati archeologici nell'immediato contesto, richiama tutto questo e invita ad estendere lo sguardo ad altre realtà simili ma ben più conosciute nella penisola italica centro-meridionale, per cogliere quanto forse sia esistito e accaduto anche lì ma non è giunto sino a noi attraverso un dato materiale.

3

Il Santuario Come Unità Sacra e Documento Archeologico Su Luoghi e Manifestazioni Naturali

Landscapes have distinctive elements, considered in the selection of the sites for establishing sacred areas. Shrines are in a strategic position in relation to the ancient road network and the features of the landscape as visible points in the territory. They are located in an elevated position, close to woods or in isolated valleys rich in vegetation, to get closer to God and get away from the daily routine (to achieve sacred intimacy).

These peculiarities (e.g. perennial or intermittent water sources, rushing streams, cliffs, caves, particularly dense woods) evoke and make tangible the sacred, attracting places of worship such as simple chapels or sanctuary complexes, when they are combined with phenomena or even occasional manifestations (anomalies in wind circulation or cloud concentration in a certain place, in vegetation growth, in water levels, recurring collapses or falls of material, fissures, vibrations of surfaces, gas emissions, abundant dripping in cavities).

The presence of water is an important factor. The shrines are located in the vicinity of river valleys, streams, springs and fountains to employ the healing power of water, which is tied up with fertility, and to fulfill the ritual activities carried out with the use of the liquid element. They are also accessible places linked to the road network plan, such as transhumance sheep tracks or long-distance routes. While performing the religious functions linked to the *lustrationes*, ritual baths and regeneration, shrines ensure connections between cities and their hinterland as sacred belts, under the divine sphere.

Keywords: Sanctuary, landscape, natural phenomena

3.1. I santuari in rapporto allo spazio

La connessione tra santuario e peculiarità fisiche dei siti, se confrontata con la natura intrinseca dei luoghi alla luce delle singole peculiarità morfologiche, paesaggistiche e ambientali, può essere determinante per meglio stabilire le modalità di impianto di aree sacre nel mondo antico o, viceversa, per considerare attraverso di esse la manifestazione di particolari fenomeni.

Tali peculiarità (ad esempio vallette isolate ma ricche di vegetazione in un contesto altrimenti arido, sorgenti perenni o intermittenti, torrenti impetuosi, rupi, alture, grotte, boschi particolarmente fitti), se abbinate a fenomeni o manifestazioni anche occasionali (anomalie nella circolazione del vento o nella concentrazione di nubi in un certo luogo, nella crescita della vegetazione, nei livelli delle acque, crolli ricorrenti o caduta di materiale, fenditure, vibrazioni delle superfici, emissioni di gas, abbondante stillicidio in cavità) contribuiscono ad evocare e rendere tangibile il sacro, inducendo a collocarvi dei luoghi di culto, siano essi semplici stipi o complessi santuariali.

Iniziando da due ambiti urbani, simboli della cultura classica, Atene e Roma, i santuari possono sorgere in diretto rapporto con fonti d'acqua inusuali (acqua salmastra in cima ad una rupe ed acqua dolce in mezzo al fiume).

Sull'acropoli di Atene l'Eretteo, punto focale dell'area sacra, è collegato ad un pozzo di acqua salata, dal quale «si sente il rumore delle onde quando soffia il vento del sud»[1]. Questa specificità fisica viene ritenuta da subito un'anomalia inducendo la città, consacrata ad Atena, a creare il mito di uno scontro tra la dea e Poseidone per il possesso dell'Attica. Della battaglia sarebbe rimasto ricordo nella sorgente e al tempo stesso nella pianta d'ulivo, donata dalla dea alla comunità ateniese e divenuta simbolo sacro della città[2].

A Roma, una sorgente d'acqua dolce nell'Isola Tiberina, prodigiosa in quanto capace di rimanere limpida anche durante le piene del Tevere, attrae la costruzione di un tempio dedicato ad Asclepio, divinità per eccellenza della guarigione e della *sanatio*. Essendo il luogo facilmente isolabile, diviene da subito scelto durante le epidemie per radunarvi i malati e circoscriverVi il contagio, come avviene nel 293 a.C.

---
[1] Paus. I, 26, 5.
[2] «Dell'ulivo dicono solo che questo fu l'argomento prodotto dalla dea nella contesa con Poseidone per il possesso della regione; e aggiungono che l'ulivo andò in fiamme quando i Medi incendiarono la città di Atene, e che, bruciato, ricrebbe lo stesso giorno per un'altezza di due cubiti» (Paus. I, 27, 2).

Nelle campagne e nei piccoli centri si possono cogliere dinamiche analoghe ma non sempre rimangono evidenze materiali a chiarire le ragioni di una presenza sacra. Leggende tramandate oralmente e fonti scritte possono documentare eventi accaduti in luoghi dove successivamente risultano in atto pratiche rituali comunemente interpretate in rapporto al rinnovo delle stagioni ma in realtà riferibili al manifestarsi di fenomeni o a circostanze critiche. Ogni popolazione colpita ad esempio da un disastro ha riversato nel sacro il desiderio di dominare quanto accaduto e non spiegato e di scongiurarne il ripetersi, adottando risposte di tipo religioso o culturale sotto forma di mito.

Di conseguenza può accadere che il santuario sia tutto ciò che rimane di un fenomeno non più verificatosi e quindi dimenticato, ma non per questo del tutto scomparso e non riproducibile.

L'insieme delle tradizioni è il frutto dell'adattamento di una comunità all'ambiente in cui vive, sottolineato in questa sede nella sua componente geologica. I santuari costituiscono, dunque, la diretta manifestazione di un prodotto umano che si sviluppa attraverso la presenza e soprattutto la selezione di elementi fisici e ambientali, con il richiamo a quei fenomeni scomparsi che non si riscontrano più in superficie ma possono costituire veri fossili guida per uno studio del mondo antico nella duplice prospettiva archeologica e geologica.

3.2. Modalità insediative dei santuari nel mondo antico

Il termine latino *Sanctuarium* deriva dal verbo *sancio*, che significa 'rendere inviolabile per mezzo di consacrazione religiosa'. Il santuario rappresenta, dunque, un luogo intoccabile perché legittimato da regole specifiche.

Il significato si accosta almeno in parte a quello di 'tempio', termine che deriva dal latino *templum* e dal greco τέμενος (dal verbo τέμνω, 'io taglio'), in senso di 'luogo ritagliato nello spazio', di 'recinto' consacrato e ben diviso dallo spazio profano e privato. Tempio e santuario non sono però equivalenti. Il tempio può essere edificato dovunque, il santuario, invece, deve essere collocato laddove la popolazione avverte già nel luogo e nei suoi elementi fisici e geologici una presenza sacra.

Il santuario, infatti, è un «luogo che ha acquistato un carattere sacro per la manifestazione o la presenza in esso della divinità, o perché connesso a eventi e fenomeni considerati soprannaturali. Il santuario si presenta fenomenologicamente come uno spazio sacro al pari di tutti gli altri luoghi di culto, ma indissolubilmente legato alla propria posizione, sede di una determinata manifestazione del sacro, la cui fruizione non è scindibile dalla presa di contatto con il luogo. Con questo, a differenza di altri luoghi di culto, il santuario è connesso intrinsecamente al fenomeno religioso del pellegrinaggio»[3].

Inoltre, «il santuario viene costituito come luogo di culto mediante un segno sacro (altare, pietra confitta) e diviene centro di manifestazioni di devozione indissolubilmente legate al posto, richiamo periodico o permanente per coloro che partecipano alle stesse credenze religiose»[4].

Nell'edificazione di un'area sacra la geomorfologia dei luoghi offre numerosi stimoli e sollecitazioni con l'utilizzo di elementi distintivi che poi costituiscono la norma da rispettare nella selezione dei siti.

Come abbiamo visto nel precedente capitolo, i santuari nel mondo antico sono ubicati in posizione strategica sia rispetto alla viabilità sia in relazione al paesaggio in quanto punti visibili sul territorio. Sono luoghi facilmente accessibili e, pertanto, collocati in diretta relazione con la rete viaria, sul punto di incontro fra più tratturi o su lunghi itinerari. Si distinguono come luoghi all'aperto strettamente legati all'elemento naturale nel quale sono inseriti[5]. Alcuni si localizzano, infatti, in posizione elevata, altri in prossimità di boschi, vallette isolate, ricche di vegetazione, per consentire l'avvicinarsi al divino e allontanarsi dagli affari quotidiani, garantendone la solitudine e l'intimità sacra.

La presenza di acqua è condizione determinante. Molti santuari sono, difatti, collocati nelle vicinanze di vallate fluviali, torrenti, sorgenti, fontane per il potere curativo, terapeutico e salvifico dell'acqua.

Sono intesi come cinture sacre, finalizzate a garantire il legame tra la città e il suo entroterra, e centri economici dove la popolazione si incontra per stringere alleanze, saldare vecchie intese, sancire tregue d'armi, per scambi mercantili e per affari. La presenza divina in un santuario può essere solo vagamente intuita o anche concretizzarsi in teofanie, alle quali corrisponde sempre la raccolta di cose sacre, di *ex voto*.

Il ruolo riconosciuto al paesaggio all'interno dei luoghi di culto si riscontra proprio in questi oggetti, che i fedeli recano in dono alla divinità, riproducendo non solo parti anatomiche e statuette fittili ma anche frutti (melagrane, noci, fichi, uva) o piante (foglie di vite, rami di alloro). Il rinvio è alla pratica dell'agricoltura e alla richiesta di fertilità sia della terra sia del mondo muliebre. Inoltre, i frutti fittili costituiscono una fonte importantissima per ricostruire il tipo di paesaggio con il quale l'uomo era costantemente in contatto.

Quel paesaggio così particolare da possedere, già al suo interno una presenza divina, alla base per l'istallazione di un luogo di culto.

Di seguito sarà presentata una selezione di strutture e presenze sacre, relative a diversi ambiti (*bosco, altura, grotta e acqua*), per contribuire alla definizione delle

---

[3] La Piccola Treccani: *s.v. santuario*, vol. X, pp. 729-730, Roma 1996.
[4] EAA, *s.v. santuario*, pp. 1117-1118, Roma 1965.
[5] De Cazanove 2000, pp. 31-41.

caratteristiche ambientali, delle modalità insediative e delle funzioni religiose, politiche, amministrative e sociali che si esplicavano all'interno di un santuario.

Al centro dell'indagine sarà posto il Vulture, percepito sin da epoche antichissime come montagna sacra, per poi soffermarsi sulla realtà del santuario locale di Monticchio, inquadrandola nel più vasto orizzonte del contesto italico, con l'obiettivo di stabilire connessioni tra Natura e Sacro nel Tempo.

3.2.1. Il Bosco

Per una maggiore chiarezza di quanto appena esposto, prima di affrontare il discorso geoarcheologico, è opportuno soffermarsi, a titolo esemplificativo, su un elemento fisico e non geologico, come il bosco, che, racchiudendo anche particolarità di carattere geologico in senso lato, contribuisce a condizionare la localizzazione di un santuario nelle sue immediate vicinanze.

Nel mondo antico il bosco può assumere, infatti, anche una valenza sacra[6]. In latino per indicare questo luogo si utilizza il termine *nemus*, che significa 'bosco curato' o 'coltivato' o *silva* con il senso di 'foresta' o 'selva'. Esiste, inoltre, un vocabolo specifico *lucus* che indica il 'bosco sacro', o meglio 'una radura all'interno del bosco illuminata dal sole' (*lucem*, termine che presenta la stessa radice)[7].

Il bosco, composto da una moltitudine di alberi che pendono nutrimento sia dalla terra (radici) che dal cielo (propaggini), diventa il simbolo per eccellenza di congiunzione tra mondo terreno ed ultraterreno. Costituisce, inoltre, una fascia di protezione per il santuario creando una barriera sia contro il vento sia per i non iniziati[8].

Il santuario di Lagole di Calalzo (Pieve di Cadore, nelle Dolomiti orientali), databile tra il V secolo a.C. ed il IV secolo d.C., dedicato alla dea Trumusiate (o Icate), era posto a breve distanza dal Laghetto delle Tose, in una spianata tra boschi con sorgive ristagnanti in piccoli laghi. L'area sacra era, dunque, collegata al culto delle acque con valore terapeutico e curativo[9].

A Luco de' Marsi (L'Aquila)[10], è stato messo in luce un santuario, databile tra il IV e il III secolo a.C., posto all'interno di un bosco. La titolare del culto è *Angitia*, divinità legata al cambiamento delle stagioni e quindi ai concetti di fertilità e rinascita[11]. Si tratta, in particolare, del culto di una dea-serpente, dal carattere mutevole, che crea nei fedeli un'aspettativa timorosa ed ansiosa nei confronti di fenomeni che non è possibile controllare.

Angitia è comparabile alla Mefite della Valle dell'Ansanto[12]: non è possibile avvicinarsi più di tanto a questi luoghi, pena la morte causata dalle forti esalazioni o da pericoli imprevedibili (scosse, crolli).

Un sacello connesso con un bosco sacro, con al centro un albero molto venerato, si ritrova nel santuario di Gabii (Roma) nella prima fase di frequentazione (II secolo a.C.). Nell'area libera sono state messe in luce trentacinque fosse, "poste in file regolari alla distanza di 1,50 x 1,60 m l'una dall'altra, identificabili con un bosco sacro artificiale". Quest'ultimo «simula il bosco sacro originario (il *nemus*) entro il quale viene ritagliato il *templum* (la zona inaugurata e liberata) corrispondente in origine a un *lucus* (una radura)»[13].

Nel *Nemus Aricinum* (Bosco di Ariccia, Nemi) il luogo sacro, databile dal VI al I secolo a.C., era organizzato intorno ad un terrapieno utilizzato per la piantagione di alberi, mentre nel bosco di *Diana Nemorensis* era stato interrato un albero molto venerato, forse identificato con la stessa divinità[14] (figg. 3.1-2).

Infine, a *Falerii Veteres* (Civita Castellana), il santuario, posto in località Celle, in vita dall'età arcaica fino alla romanizzazione, era inserito in un bosco sacro.

I boschi costituiscono, dunque, un richiamo visivo ed un rimando al sacro molto più chiaro ed evidente di altri elementi fisici, ma sono soprattutto unità geologiche quali alture, vulcani, grotte, acque ad aver condizionato la scelta dei luoghi per l'installazione di un'area sacra.

3.2.2. L'Altura

Venendo alla parte di maggiore interesse per la geologia, i santuari molto spesso sono collocati su altura, in posizione elevata e dominante. Per la sua altezza e grande dimensione la montagna (*mons*) non è soltanto un elemento dello spazio ma è intesa essa stessa come luogo sacro in quanto sede della divinità o luogo dove è possibile incontrarla[15].

Il monte può essere percepito da due diverse prospettive: dal basso, cercando e identificando il divino nelle altezze (Monte Olimpo), o in quota, come la colgono i pastori in movimento sui tratturi. Nella prima la verticalità e il raggiungere la cima simboleggiano una nobilitazione

---

[6] Stara Tegge 1905, pp. 189-232.
[7] «*Lucus: lucus est arborum multitudo cum religione, nemo composita multitudo arborum, silva diffusa et inculta*» (Servio, *Ad Aen.*, I, 314).
[8] Del Lungo 2010, p. 89.
[9] Focolari, Gambacurta 2001.
[10] Il toponimo deriva dal nome della dea: *Lucus Angitiae*; *Nemus Angitiae* (Verg., *Aen.*, 7, 759; CIL IX, 3886, 3891, 3895; *Phoebonius* C 1678).
[11] Il nome della divinità deriva dal termine *anguis* (serpente) o da *angere* (stringere, soffocare, tormentare). *Angitia*, infatti, fu la divinità che insegnò ai Marsi l'addestramento dei serpenti (Ortelius 1587; Fiorelli 1877, pp. 328-329; De Nino 1885, p. 486; Bonanni 1889, pp. 51-53; Blasetti 1898; Blasetti 1906, pp. 65-68; La Regina 1970, pp. 191-207; Letta 1972; Letta 1974; De Sanctis 1976; De Florentiis 1977, pp. 31-51; Letta 1978, pp. 99-138; Grossi 1980, pp. 117-185; Romanelli D. 1982; Letta 1988, pp. 217-233; Grossi 1990, pp. 20-21; D'Ercole 1990, pp. 15-106; Paoletti 1991, pp. 272-285; Campanelli 2008, pp. 69-98).
[12] Per la Valle d'Ansanto si veda la sezione "*3.2.5 Le Acque: il lago*" in questo capitolo.
[13] Coarelli 1987, pp. 16-17.
[14] *Ibid.*, p. 174.
[15] Per quest'argomento si veda Bernbaum 1990; Cardini 1994, pp. 1-23.

Fig. 3.1. Nemi (RM): il *nemus Nericinus* sui fianchi del cratere vulcanico visto dalle rovine del santuario di Diana (foto: S. Del Lungo).

Fig. 3.2. Nemi (RM): alcune strutture del santuario di Diana (foto: S. Del Lungo).

spirituale e l'arrivare al punto finale rappresenta la «conclusione dell'evoluzione umana»[16].

La posizione in altura preannuncia così un contatto diretto e una condivisione spirituale con la divinità, raggiunta nella solitudine. L'isolamento va inteso come retrospezione, colloquio con il mondo divino e ricerca di intimità sacrale, evocando immagini e significati che si legano strettamente a quello del viaggio che, attraverso un cammino difficile e tortuoso, conduce ad una maturazione interiore.

Nella seconda prospettiva, invece, il trovarsi già in quota fa credere di essere parte integrante del divino espresso dalla montagna. Ciò non toglie che si individuino comunque punti specifici nei quali questa presenza sia più avvertibile, perché, ad esempio, maggiormente soggetti ad essere colpiti dai fulmini. In essi non si penserà di costruirvi un tempio, in quanto la montagna lo è di per sé, e ci si limiterà a collocarvi stipi votive.

Un particolare santuario di montagna è stato rinvenuto in località Bocca di Teve (Cartore, Riserva Naturale montagne della Duchessa, a confine tra Lazio e Abruzzo). Il luogo di culto, databile tra il III e il II secolo a.C., è posto nella località Vignale, all'interno di un bosco, ed è indiziato dalla presenza di imponenti resti di mura poligonali di epoca romana[17].

Il santuario di Cansano (L'Aquila), posto in prossimità della montagna sacra della Maiella, presenta una lunga fase di frequentazione (dal IV secolo a.C. al II secolo d.C.). L'area di culto è disposta su terrazze: su quella superiore era collocato un edificio italico, dedicato ad Eracle, e su quella inferiore una struttura di epoca romana consacrata a Giove. Nelle vicinanze dell'area sacra è stata rinvenuta una ricca stipe, offerta a Cerere, composta da numerosi votivi anatomici, bronzetti e statuette fittili[18].

Nella selezione di luoghi in altura per l'edificazione di un'area sacra risultano di particolare interesse le aree caratterizzate dalla presenza di un vulcano o da fenomeni di vulcanesimo secondario.

Quando la montagna è di origine vulcanica (dal termine latino *Vulcanus*, con radice comune al verbo *fulgere*, 'folgorare', 'brillare')[19] viene scelta come luogo di culto anche per necessità ed esigenze di tipo quotidiano (ricchezza di materiali da costruzione, fertilità del terreno e abbondante presenza di acqua, anche minerale).

Nella sua imponenza, il vulcano, quando è in attività, manifesta il sacro nel fuoco, nei boati e nel fumo[20], diventando, dunque, uno dei luoghi dove risulta più facile l'incontro con il divino perché alcuni fenomeni naturali non spiegabili sono di fatto attribuiti al fato, ai miti o al mondo ultraterreno. Tutto comincia in relazione a luoghi dove avvengono fenomeni fuori controllo, fuori dalla logica, caratterizzati da mutevolezza e precarietà come un'eruzione vulcanica improvvisa.

Il vulcano, come forza divina, sottende un dualismo simbolico: da un lato è metafora di fertilità, di rinascita e purificazione, dall'altro è emblema di precarietà, rischio e morte. La fertilità si esprime da subito nei tremori che si susseguono imperterriti, con l'espulsione di materiali piroclastici che ricoprono vaste aree rendendole fertili. Inoltre, la lava per il suo colore rosso simboleggia la fecondità, non solo della terra ma anche del mondo femminile[21].

L'idea di purificazione e cambiamento, invece, si concretizza nell'esplosione, simbolo di liberazione e rigenerazione. Come i materiali vulcanici dalle profondità della terra risalgono in superficie così l'uomo ricerca una personale catarsi dagli affanni quotidiani[22].

Il fuoco proprio come l'acqua dà vita e purifica, quindi spesso risulta associato ideologicamente ai cambiamenti di *status* sia maschili che femminili (passaggio dall'infanzia all'età adulta, matrimonio, gestazione e parto, iniziazione all'arte della guerra, morte) che avvengono proprio nei santuari.

Per di più, il vulcano può essere inteso come il simbolo della colpa e della violazione delle regole: le oscillazioni dei terremoti, il fumo, le ceneri, il fuoco e la roccia fusa testimoniano la forza divina che si impone sulla volontà umana. Il suo scatenamento, infatti, annuncia catastrofi e dunque morte, emblema di una punizione improvvisa che si scaglia violenta sugli uomini.

Per la sua posizione e per il verificarsi di fenomeni straordinari, la montagna vulcanica è considerata, inoltre, un punto di riferimento territoriale perché visibile e percepibile anche da luoghi lontani che possono essere coinvolti dalla sua sacralità e che trovano il loro legame proprio nel contatto con essa. È possibile, dunque, intenderla come un luogo di culto areale e non puntuale,

---

[16] Grégoire 1994, p. 48.
[17] http://www.riservadelladuchessa.it
[18] https://www.saturniatellus.com
[19] Il termine identifica la divinità Vulcano, di probabile impronta etrusca (dio *Velchans* o *Sethlans*). Si tratta di «un dio elementare, che personifica la potenza distruttrice, ma anche benefica, del fuoco. A lui sono sacri il fuoco sotterraneo che sbocca nei vulcani e il fuoco celeste, la folgore» (Paribeni 1966, pp. 1207-1208). Vulcano è anche il toponimo di una delle Isole Eolie, identificata come la sede della divinità (Reinach 1890, p. 86; Libertini 1921; Bérard 1941; Bernabò Brea 1960; Cavalier 1990, pp. 25-48). Il suo mito nasce proprio per definire un fenomeno straordinario da interpretare necessariamente con la sovrapposizione di un potere divino. Per questo motivo, con ogni probabilità, il termine passa dall'indicare la sola divinità a inglobare poi il monte ignivomo.

[20] È da notare che già le etimologie dei due vulcani 'Vesuvio' ed 'Etna' rimandino ai concetti di energia e movimento ('Vesuvio' da *aves*, 'illuminare', o *eus*, 'bruciare', ed 'Etna' da $\alpha\iota\theta\omega$, 'bruciare').
[21] «Ora, la lava rappresenta una disgrazia nel momento in cui sopraggiunge, ma essa successivamente si rivela un beneficio per la campagna, perché la rende fertile e fa sì che produca una vite eccellente» (Strabo, VI, 2, 3, C 269).
[22] Significativo è il caso di Empedocle, che, dopo aver salvato i Selinuntini dalla pestilenza, cercò la morte proprio sull'Etna (Diogene Laerzio, VIII, 60, 70, 69).

perché a livello sacrale rappresenta un tutt'uno. I fenomeni che si verificano riguardano, infatti, l'intera area e il sacro può essere distribuito in vari punti che convengono in una fenomenologia unica.

La ieraticità del Monte Vulture, ad esempio, non è riferibile al fenomeno singolo ma alla solennità complessiva dell'area. Non è possibile, infatti, definire un legame puntuale tra il fenomeno naturale eccezionale e il sacro, come in altri siti esaminati finora, piuttosto si può parlare di una sacralità di tipo areale. Il sacro, infatti, si rivela come un insieme estendibile all'intero edificio vulcanico, caratterizzato dal verificarsi di particolari fenomeni che potrebbero ripalesarsi in qualunque momento. Intesa come montagna pericolosa, intorno alla quale si è sempre avvertita la presenza della divinità, il Vulture (fig. 3.3) rimanda, già attraverso il suo toponimo, al ricordo di un fenomeno naturale improvviso e violento. La derivazione dal verbo latino 'volvĕre' (girare, ruotare) e dal sostantivo 'vultur – ŭris' (avvoltoio) rinvia da un lato al volo vorticoso degli uccelli e dall'altro all'instabilità del vulcano, determinata da eruzioni impreviste e fenomeni naturali funesti[23].

Uno dei suoi punti sacri, è riscontrabile nei laghi di Monticchio, da dove provengono le due stipi votive di S. Maria di Luco[24] e di Varco della Creta. È possibile, in ogni modo, ipotizzare la presenza nell'area di altri depositi cultuali che andrebbero intesi come un insieme unico rispetto alla sacralità del Vulture.

Il territorio, inoltre, è contrassegnato dalla presenza di santuari esterni, individuati in località Fontana dei Monaci, in agro di Banzi, e in località Gravetta di Lavello. Questi due luoghi di culto, proprio come Monticchio, sono ubicati in diretta connessione con sorgenti ancora attive. Il Vulture, infatti, come tutti i complessi vulcanici, possiede una sacralità areale legata all'acqua. È proprio la montagna a fornir acqua, con la presenza di numerose sorgenti minerali tuttora sfruttate, e quindi a legarsi a culti rigenerativi, terapeutici e salvifici.

L'area sacra di Banzi (PZ), frequentata dal V al III secolo a.C., si distingue in due nuclei sacri[25]. L'uno, posto in prossimità della sorgente, risulta legato proprio al potere

Fig. 3.3. Atella (PZ): il Monte Vulture visto dalla Valle di Vitalba (foto: S. Del Lungo).

---

[23] Per una corretta comprensione del toponimo si veda Del Lungo 2010 (pp. 75-76) e per un approfondimento sul Monte Vulture e la sua sacralità si veda l'intero paragrafo 2 "*Vulture: caratteri di una montagna e la loro percezione*" dello stesso volume, alle pp. 79-91.

[24] Ritroviamo aree di culto con lo stesso toponimo "Santa Maria di Luco", a Sariano nel Cimino (Viterbo) e a Luco de' Marsi (L'Aquila) (Del Lungo 2010, p. 89).
[25] Masseria 1991, pp. 84-85; Masseria 1999, pp. 469-490.

curativo dell'acqua[26]; l'altro, collocato alla sua sommità, è composto da un sacello quadrangolare con altare antistante e sembra connesso ai cambiamenti di *status*[27]. Anche nel santuario di Lavello (PZ), il culto sembra riferirsi ad una divinità delle acque, associata ad una divinità maschile della guerra, come si evince dal rinvenimento di una coppia di busti fittili, databile al III secolo a.C. Il luogo, composto da un sacello a base quadrata, era caratterizzato da una serie di opere per la canalizzazione delle acque della vicina sorgente (canalette, cisterne) e da un recinto con *bothroi*[28]. Per tutte queste caratteristiche è possibile porre il Monte Vulture in relazione ad altri apparati vulcanici del mondo italico.

Già il toponimo rivela una connessione con Bolsena. L'invaso lacustre formatosi dallo sprofondamento dell'apparato vulcanico Vulsinio, è legato alle vicende del mostro 'Volta' (*Uoltam*)[29]. La figura, simile ad un drago ed appartenente al patrimonio leggendario etrusco, provocava costantemente devastazione e morte, appestava l'aria, rimandando ad un elemento distruttivo e ad un fenomeno naturale spiegato ancora una volta mediante un racconto, una leggenda, un mito.

Esalazioni in aria che nascondevano un mostro sopito e una minaccia velata si ritrovano anche nei Campi Flegrei[30]. Si tratta di un luogo, come ricorda Strabone, «pieno di esalazioni di zolfo, di fuoco e di acque calde. Alcuni ritengono che per questi motivi la regione di Cuma sia stata chiamata anche Flegrea[31] e che siano le ferite dei Giganti colpiti dal fulmine a provocare queste esalazioni di fuoco e di acqua»[32]. Anche qui il sacro è inteso come areale: queste unità territoriali, distribuite intorno al golfo di Pozzuoli, sono considerate come un tutt'uno.

Molto simile è la zona della Solfatara[33], l'agorà di Efesto, «una pianura circondata tutt'intorno da alture infiammate, che hanno in molti punti sbocchi per l'espirazione a mo' di camini che mandano un odore piuttosto fetido; la pianura è piena di esalazioni di zolfo»[34]. Tutto questo territorio era considerato la dimora del Dio Vulcano e l'ingresso agli Inferi. Un altro accesso era localizzato a Cuma, ai piedi dell'acropoli, in corrispondenza del cosiddetto Antro della Sibilla[35], secondo la tradizione sede dell'oracolo che consentì la discesa di Enea nel Regno dei Morti[36].

Come i moti impetuosi e continui dei Campi Flegrei suggeriscono l'intervento divino così il fango ribollente in modo perenne alle Bolle della Malvizza (Montecalvo Irpino, a pochi chilometri di distanza da Rocca San Felice e dalla Valle dell'Ansanto), indica la presenza nel luogo di misteriosi segni sacri. Nel sito sono stati portati alla luce, durante scavi di emergenza per un invaso d'irrigazione, reperti appartenenti ad un tempio italico.

Tra i materiali si distingue un'antefissa rappresentante un volto femminile di profilo[37], che potrebbe riferirsi alla divinità titolare del culto, con ogni probabilità *Mefitis*, colei che, come abbiamo visto in precedenza[38], è legata ai concetti di fertilità e rinascita, ai riti di passaggio[39] e a quelli di guarigione con l'acqua[40].

Inoltre, relazioni con il Vulture si ritrovano nel territorio di Roccamonfina, un vulcano spento in provincia di Caserta. Anche, in questo luogo, ricco di bacini di acqua minerale e sorgenti solforose, si praticano culti connessi ad una divinità femminile delle acque. Aree sacre e stipi votive sono state individuate in diverse parti del suo territorio. Si distinguono quelle di Mondragone in località Panetelle[41], Rocchetta in località Loreto[42], Pietramelara[43], Teano nelle località Orto Ceraso[44], Fontana La Regina[45] e Taverna di

---

[26] Di questo primo nucleo non è rimasto nessun elemento strutturale; è stata rinvenuta solo un'antefissa gorgonica tardo arcaica. Tra gli *ex voto* messi in luce si distinguono statuette femminili sedute e stanti, un erote e ceramiche miniaturistiche.
[27] Tra gli *ex voto* messi in luce nel secondo nucleo sacro si distinguono: oggetti miniaturistici in metallo (fibule, 'chiavi di tempio'), un cinturone in bronzo e monete.
[28] Fresa, Bottini, Guzzo 1992, pp. 16-21.
[29] Di questo mostro parla Plinio il Vecchio (*Nat. Hist.* II,140).
[30] I Campi Flegrei sono una grande caldera in stato di quiescenza con aree caratterizzate da fenomeni di vulcanesimo secondario (fumarole, sorgenti termali, bradisismi). Per un approfondimento su questa unità territoriale si veda: Rzach 1923; Maiuri 1926, pp. 85-93; Maiuri 1934; Johannowsky 1952, pp. 83-146; Annecchino 1960; Maiuri 1965, pp. 413-420; Nikiprowetzky 1970; *I Campi Flegrei nell'archeologia e nella storia*; Pagano, Reddé, Roddaz 1982, pp. 271-323; Pagano 1983-84, pp. 113-226; Di Girolamo, Ghiara, Lirer, Munno, Rolandi, Stanzione 1984, pp. 83-120; *Il destino della Sibilla*; Lirer, Rolandi, Di Vito, Mastrolorenzo 1987, pp. 447-460; Di Vito, Gattullo, Lirer, Mastrolorenzo 1988, pp. 114-131; Momigliano 1988, pp. 185-189; Lepore 1989; Schiattarella 1989-1990, pp. 155-168; Amalfitano, Camodeca, Medri 1990, pp. 155-168.
[31] Il termine 'flegreo' (dal greco *flegraios* 'ardente') indica in modo inequivocabile le caratteristiche ambientali del luogo.
[32] Strabo, V, 4, 6, C 243.
[33] Il nome è un derivato di *solfo*, 'zolfo'.
[34] Strabo, V, 4, 6, C 246.
[35] In realtà si tratta di una galleria, lunga oltre 131 m, scavata nel tufo, che collega il Lago d'Averno al Lago Lucrino, realizzata per ordine di Agrippa durante la guerra tra Ottaviano e Sesto Pompeo (36 a.C.). Per approfondire l'argomento si veda Pagano 1985-86, pp. 83-120.
[36] Verg., *Aen.*, VI, 9-13.
[37] Il reperto è custodito nei magazzini della Soprintendenza per i Beni Archeologici di Benevento.
[38] Per il significato del termine *Mefitis* e le caratteristiche di questa divinità si veda il Cap. 2 di questo volume.
[39] Barra Bagnasco 1999, pp. 25-52; Adamesteanu, Lejeune 1971, p. 39; Nava, Cracolici 2005, pp. 103-113.
[40] Calisti 2010, pp. 37-38.
[41] Il santuario, ubicato in prossimità della foce del torrente Savone, ha restituito tra gli *ex voto* votivi anatomici (Chiosi 1993, p. 101-162; Talamo 1993, pp. 87-99; Zannini 2016, pp. 91-104).
[42] La stipe votiva fu messa in luce nel 1960, durante lavori idraulici. Posta nelle immediate vicinanze di una sorgente e databile tra il IV ed il II secolo a.C., annovera tra gli *ex voto*: ceramica ad impasto, ceramica a vernice nera, ceramica comune e coroplastica (una testa femminile, un piede e una statuetta di *Eros*) (Compatangelo 1985, pp. 20-21; Caiazza 1995, p. 155; Cerchiai 1999, p. 208; Carafa 2008, p. 114; Passaro 2009, pp. 156-157).
[43] Caiazza 1995.
[44] L'area sacra di età ellenistica ha restituito due ambienti riferibili, con ogni probabilità, a strutture diverse. Nel secondo ambiente sono stati messi in luce circa venti balsamari datatibili tra il III e il II sec. a.C. (Gasperetti 1991, pp. 139-141; Carafa 2008, pp. 106-107).
[45] La stipe votiva, individuata nel 1919 in maniera fortuita, comprende diverso materiale, databile alla fine del VI secolo a.C., tra cui ceramica miniaturistica, terrecotte votive con numerose testine femminili (Raiola 1922, fig. III; Johannowsky 1963, p. 133; Caiazza 1995, p. 143; Cerchiai 1995, p. 176; Carafa 1998, 213; Cerchiai 1999, p. 205; Carafa 2008, p. 117; Ruffo 2010, p. 92).

Torricelle[46]. Questa sacralità sparsa nel territorio indica, ancora una volta, che la montagna vulcanica è da intendere come luogo di culto areale.

Alla stessa maniera il Vulture è raffrontabile con i Colli Albani, un gruppo di rilievi composti dalla caldera e dai coni interni del Vulcano Laziale, posti a sud-est di Roma[47]. L'area presenta due caposaldi santuariali, uno interno, dedicato a *Iuppiter Latiaris* presso Monte Cavo, e l'altro, esterno, localizzato a *Praeneste* e consacrato alla Fortuna Primigenia.

Sulla vetta più alta del Monte Cavo, percepito da sempre come montagna sacra, era collocato il santuario intitolato a *Iuppiter Latiaris*, di cui oggi restano pochissime tracce. Raggiungibile attraverso la Via Sacra (fig. 3.4)[48], era considerato un santuario federale, frequentato dai rappresentanti delle quarantasei città latine alleate. Dall'area sacra era possibile osservare le piogge di pietra e sentire da vicino i boati del vulcano[49], 'prodigi' ricordati già da Livio[50]: «caddero dal cielo molte pietre come quando i venti portano una fitta grandine sulla terra. Sembrò anche di udire una gran voce dal sacro bosco in cima alla vetta…»[51].

Fenomeni anomali, come le stesse piogge di pietra e la voce tuonante di Giove, si percepivano anche a Palestrina[52]. Il santuario della Fortuna Primigenia, di età tardo-repubblicana, è articolato su sei terrazze artificiali erette sulle pendici del Monte Ginestro e collegate tra loro da rampe e scalinate scenografiche[53]. Di particolare interesse risultano la terza terrazza, con la presenza di ninfei ad emiciclo, e la sesta con i resti del tempio. Ma tutta la costruzione è di gran pregio perché presenta soluzioni architettoniche finissime, attraverso l'uso sapiente dell'*opus incertum*.

Inoltre, le caratteristiche geomorfologiche del sito suggeriscono una particolare funzione rituale legata ad un culto dei misteri. Il luogo, infatti, presenta in posizione dominante, nella terrazza intermedia, il cosiddetto *Antro delle sortes*, utilizzato per la richiesta di auspici legati ad eventi futuri. Il culto della Fortuna viene, forse, introdotto poiché ancora in epoca storica erano attivi dei fenomeni di vulcanesimo secondario, da cui la cosiddetta pioggia di pietre, determinati da apparati tardivi. È possibile notare anche che in questo luogo sacro risulti primario lo spazio aperto con ogni probabilità da destinare all'osservazione libera di fenomeni. Si potrebbe trattare, dunque, di un santuario-osservatorio sui pericolosi Colli Albani.

Infine, altri luoghi simbolo della forza vulcanica, della paura e della catastrofe imminente, nonché ritenuti le Porte degli Inferi, si ritrovano in Sicilia come la sorgente Ciane, nel territorio di Siracusa, e, più in generale, le pendici dell'Etna, legate alla particolare vicenda di Ulisse e la profanazione dei buoi sacri[54].

3.2.3. La Grotta

La grotta è utilizzata fin dalla Preistoria sia come rifugio e riparo sia come area di culto[55]. Il termine, che deriva dal verbo greco κρύπτω, 'nascondo', 'copro', indica il forte senso di protezione e sicurezza che ha in sé questo luogo. Per la sua forma la grotta è spesso associata al ventre della terra suggerendo così il concetto di maternità e fertilità femminile e l'idea di continuità di vita anche dopo la morte terrena. Si tratta di un luogo sacro di grande semplicità perché privo di sovrastrutture o elementi architettonici dove è possibile ricreare una simbiosi uomo-natura.

Inoltre, nella grotta è spesso presente un altro elemento legato alla fecondità e alla rigenerazione, ovvero l'acqua sotterranea[56].

Cavità di tipo cultuale si riconoscono a Pertosa (Pertosa-Auletta, Salerno) e a Latronico (località Calda, Potenza). La grotta preistorica di Pertosa ha restituito, presso l'ingresso, una stipe votiva, composta da numerosi vasetti utilizzati come offerte alla divinità[57]. Anche a Latronico, dove si localizza un gruppo di cinque grotte aperte sul banco di travertino, databile tra il 3500 e il 1500 a.C., sono stati messi in luce numerosi vasetti che conservavano al loro interno semi (fig. 3.5). La presenza di tali elementi, confrontabili con il rinvenimento di Santa Maria di Luco a Monticchio, conferma l'utilizzo di queste cavità a scopo religioso. Inoltre, i vapori, che si generavano all'interno, dovevano essere utilizzati dai fedeli con finalità terapeutica e curativa[58].

Infine, un santuario collegato all'utilizzo di grotte per motivi cultuali è stato rinvenuto a Breno (Brescia, Val Camonica, località Spinera). L'area sacra, databile all'età imperiale, era caratterizzata dalla presenza di grotte e altari

---

[46] L'area sacra è caratterizzata da due fosse votive: la prima contenente materiale metallico e la seconda brocche monoansate d'impasto, databili tra l'VIII ed il VII secolo a.C. (Albore Livadie 1981, pp. 520-522; Chiosi 1993, p. 47; Cerchiai 1995, p. 176; Gasperetti 1997, p. 240; Cerchiai 1999, p. 205; Carafa 2008, pp. 117-118; Ruffo 2010, p. 92).
[47] Sabatini 1900; Di Nardo 1942; Chiarucci 1978; Fornaseri 1985, pp. 73-106; Andretta, Voltaggio 1988, pp. 26-36.
[48] I basoli della strada, larga nel tratto iniziale 2,55 m., sono ben conservati così come i marciapiedi in peperino.
[49] Per questo santuario si veda Cecamore 1993, pp. 19-44.
[50] Liv., I, 31.
[51] I fenomeni narrati ricordano, con ogni probabilità, l'eruzione del 673-641 a.C.
[52] Liv., I, 22.
[53] Bianchi Bandinelli, Torelli 1976; Degrassi 1978, pp.147-148; Zevi 1979; Fasolo, Gullini 1953, pp. 2-22; Coarelli 1987, pp. 35–84; Gatti, Agnoli 2001.

[54] Hom., Od., XII.
[55] Maggiani 1999, pp. 187-203; Aebischer 1932, pp. 123-144; Terrosi Zanco 1966, pp. 321-338; Pacciarelli 1997.
[56] «La grotta nell'immaginario antico rientrava tra i luoghi forniti di sacralità naturale grazie all'accostamento con l'acqua che sempre scaturisce o si condensa al suo interno, veniva intesa come tramite tra mondo terreno e sotterraneo. Inoltre, il collegamento ctonio veniva dal riferimento al mito dionisiaco, visto che proprio in una grotta era stato allevato il piccolo Dioniso» (Barra Bagnasco 1999, p. 39).
[57] Carucci 1907.
[58] Rellini 1916, pp. 557-622; Cremonesi 1980, pp. 405-437; Tagliente 1984, pp. 49-52; Bianco 1999, pp. 13-24; Grifoni Cremonesi 2000, pp. 236-241.

Fig. 3.4. Rocca di Papa (RM): la *via sacra* in ascesa verso la sommità del Monte Cavo (foto: S. Del Lungo).

Fig. 3.5. Latronico (PZ): le grotte in località Calda.

circondati da pire[59]. Il fumo che dal basso sale verso l'alto, suggerisce l'unione sacra tra mondo terreno e mondo ultraterreno[60].

---
[59] De Vanna 2010, p. 39; Rossi 2010, pp. 415-436.
[60] Gleirscher 2002, pp. 591-634.

3.2.4. Le Acque: sorgente, fiume, fontana

L'acqua, elemento vitale per eccellenza, è da sempre considerata sacra. Per il suo sgorgare direttamente dalle profondità della terra e per la mancanza di una forma specifica, nell'antichità è stata quasi sempre associata a spiriti a metà tra uomo e divinità (le ninfe o le personificazioni di fiumi e sorgenti).

I santuari, dunque, si vanno a collocare nelle vicinanze di luoghi contrassegnati dalla presenza di acqua (sorgiva, termale, dolce, salsa) con l'obiettivo da parte dei fedeli di rinnovare, attraverso di essa, "sia il corpo che l'animo"[61].

Nelle cerimonie, infatti, si fa grande uso dell'acqua: prima di accedere all'area sacra e compiere sacrifici è necessario purificarsi, si utilizza per le rigenerazioni legate ai cambiamenti di *status* sia maschili che femminili, nei bagni nuziali come forza fecondatrice e durante il delicato momento del parto.

Molti sono in Italia i santuari legati alle acque come ad esempio quelli rinvenuti nelle località Bagni di Stigliano (Canale Monterano) e Vicarello (Bracciano)[62], entrambi caratterizzati dalla presenza di sorgenti di acque dette Apollinari. A Vicarello, in particolare, è stata messa in luce una ricca stipe votiva databile al I secolo d.C.[63]. In questo caso si tratta di una manifestazione endogena positiva poiché il culto di Vicarello è legato alle acque salutari, all'energia necessaria per essere in buona salute. Si è superata quella parte di inquietudine ed agitazione propria di santuari localizzati in aree vulcaniche a favore dell'idea di guarigione legata alla forza terapeutica dell'acqua.

A Corvaro (Rieti), ai piedi del versante nord-occidentale del Monte Velino, era ubicato il santuario degli Equicoli[64]. Il luogo sacro, databile alla fine del IV secolo a.C., è molto particolare poiché soggetto alla continua stagnazione delle acque della vicina sorgente di S. Erasmo. Questa caratteristica naturale era intesa dagli abitanti come il segno tangibile della presenza divina nell'area. Veniva, dunque, scelta per compiere sacrifici o donare *ex voto* alle divinità in cambio di particolari richieste ed invocazioni[65].

A Vulci (Montalto di Castro), al di fuori della porta settentrionale, è stata rinvenuta una stipe votiva, posta in stretta connessione con la vicina sorgente. Tra gli *ex voto*, si distinguono votivi anatomici, segno evidente dell'uso dell'acqua con valore taumaturgico, curativo e terapeutico[66].

A *Fregellae* (tra Aquino e Frosinone) il santuario di età repubblicana, dedicato ad Asclepio, era localizzato in prossimità del fiume Liri e della Fontana Cialeo. L'area sacra era caratterizzata da un percorso cerimoniale che conduceva al portico dell'edificio, dove l'acqua veniva convogliata per essere utilizzata nei diversi riti legati alla *sanatio*[67].

Anche in Lucania, come abbiamo visto nel capitolo precedente, numerosi santuari, edificati nel IV secolo a.C., si contraddistinguono per la vicinanza a sorgenti, fiumi, fontane[68].

3.2.5. Le Acque: il lago

Il lago (*lacus*) con la sua forma definita, chiusa, si diversifica dal fiume dove l'acqua sembra sempre nuova perché in continuo movimento. In ogni modo, seppur privo di forti correnti, può rivelarsi un luogo molto rischioso, qualora vi si verifichino fenomeni strani e non controllabili, come improvvisi cambi di livello che travolgono chi si avvicini imprudentemente alla riva.

Per questi motivi le profondità del lago si considerano legate a forze divine di tipo ctonio. Si pensa che in questo luogo sia possibile stabilire un contatto diretto con la divinità e sia localizzato il passaggio agli Inferi. Le acque stagnanti e paludose di un lago ricordano, infatti, il regno della Morte, contrariamente alle acque chiare e limpide delle sorgenti che simboleggiano la Vita.

Il lago, dunque, inteso come zona di separazione tra il mondo terreno e quello ultraterreno, rappresenta il luogo entro cui fare l'offerta alla divinità, diventando esso stesso il santuario, senza alcuna sovrastruttura architettonica o monumentale.

Il Lago degli Idoli a Stia (Arezzo) rappresenta una chiara testimonianza dell'utilizzo nel mondo antico di un lago come un vero e proprio luogo di culto a cielo aperto. Collocato in località Ciliegieta, in una posizione strategica per muoversi in varie direzioni tra Casentino e Romagna, accolse al suo interno numerosi votivi. In particolare, dopo la scoperta sulle sue sponde di una statuetta di Eracle e il conseguente svuotamento dell'invaso lacustre, fu messa in luce una delle più ricche stipi votive etrusche[69], databile tra il VI e il V secolo a.C. Questo culto delle acque, intese come benefiche e curative, era posto in stretta connessione con il Monte Falterona[70], montagna ritenuta sacra, e con la sorgente dell'Arno, posta nelle immediate vicinanze.

---

[61] Nava 2003a, p. 16; Kruta 2008, pp. 59-66.
[62] Gasperini 2006, pp. 189-224; Colini 1979.
[63] La stipe è formata da quattro bicchieri in argento con incisioni riportanti l'itinerario gaditano, cinquemila monete in bronzo greche, etrusche e romane, trentaquattro vasi (tre d'oro, venticinque d'argento, sei di bronzo) e strumentario metallico.
[64] Si tratta di un'antica popolazione stanziata tra il Lazio e l'Abruzzo (Strabo, V, 3, 4, C 231).
[65] Reggiani 1979, pp. 223-225; Reggiani, Muzzuoli 1980, pp. 195-198; Reggiani Massarini 1988.
[66] Tra gli *ex voto* si annoverano anche puttini seduti o in fasce, giovinetti, immagini di culto di Giove, Giano ed Ercole (Torelli 1966, pp. 1208-1214).

[67] Coarelli 1987, p. 27.
[68] Per un approfondimento sui santuari della Basilicata di IV secolo a.C. si vedano in particolare: *Archeologia dell'acqua in Basilicata*; *Le sacre acque. Sorgenti e luoghi del rito nella Basilicata antica*; Nava, Osanna 2005; Osanna, Battiloro 2012.
[69] La stipe, rinvenuta nel 1938, era composta da circa seicentocinquanta statuette in bronzo, alcune delle quali sono oggi conservate in musei internazionali (*British Museum* di Londra, *Louvre* di Parigi, *Ermitage* di San Pietroburgo, *National Gallery* di Baltimora), un migliaio di monete (*aes rude*, monete romane), circa duemila punte di freccia e numerosissimi frammenti ceramici.
[70] Thomasson 1961, pp. 123-128; Fenelli 1975, p. 248, n. 34; Comella 1981, pp. 724-725; Beni 1930, pp. 289-311; Colonna 1960, pp. 589-590; Colonna 1985; Fortuna, Giovannoni 1989; Borchi 2006; Bandiera 2008.

Il Lago d'Averno[71], in Campania, ubicato all'interno di un cratere vulcanico[72], è identificato come il paese dei Cimmeri dove si aprivano le porte degli Inferi[73]. Strabone tramanda: «L'Averno è chiuso tutt'intorno da ripide alture. Ora, grazie all'opera dell'uomo, sono state messe a coltura, ma un tempo erano coperte da una foresta di grandi alberi, selvaggia, impraticabile e tale da rendere ombroso il golfo, favorendo così la superstizione». E continua: «C'è poi lì una fonte di acqua fluviale sulla riva del mare: tutti se ne astenevano, ritenendola acqua dello Stige. Da quelle parti c'è anche la sede dell'oracolo; le sorgenti calde nelle vicinanze e la palude Acherusia erano ritenute segno della presenza del Piriflegetonte»[74].

Sempre in Campania altri laghi erano percepiti come luoghi di accesso al Regno dei Morti: il Lago Fusaro, che rappresenta l'*Acherusia Palus* di Strabone[75], e il Lago Lucrino, che viene identificato con uno dei corsi d'acqua infernali[76].

Nella Valle d'Ansanto (Rocca San Felice, Avellino), invece, è presente un elemento naturale legato a fenomeni straordinari che gli antichi riconducevano alla forza divina: si tratta di un laghetto grigio ribollente senza sosta[77]. Virgilio ricorda: «Vi è dell'Italia in mezzo, fra catene di alta montagna, un luogo celebrato, noto per fama sulle labbra di molti: le Valli d'Ansanto. L'opaco orlo de bosco le circonda con folti rami dall'uno all'altro lato; nel mezzo, mugghiando, si divalla un torrente fra i sassi con vorticose rapide. Qui si addita la spelonca orrenda e il paesaggio dell'inclemente Dite; nella voragine immensa trabocca l'Acheronte. Si apre un baratro di miasmi; qui s'inabissò l'Erinni; l'odiato nume liberò di sé la terra e il cielo»[78]. In quest'area così particolare si pensa di localizzare un santuario dedicato a *Mefitis*, prima a cielo aperto, e poi, in età romana, strutturato con portici[79].

È possibile concludere, dunque, che l'area sacra di Monticchio non è classificabile in una precisa categoria, tra quelle esaminate (*bosco, altura, grotta, acqua*), data la presenza nel suo territorio di tutti gli elementi geologici e naturali (laghi vulcanici, sorgenti di acqua minerale, grotte, boschi e montagna vulcanica). Piuttosto è possibile pensare che si tratti di uno dei punti sacri del più ampio culto areale del Monte Vulture che trova diversi confronti con il mondo italico (fig. 3.6). Questo a testimonianza di come nell'antichità la continuità o soltanto il ricordo di fenomeni naturali straordinari siano stati determinanti nella scelta insediativa e nella caratterizzazione ambientale, culturale e sociale di un santuario.

---

[71] Il termine 'Averno' (dal greco *àornos*, 'senza uccelli'), ben definisce le caratteristiche del luogo. I volatili, infatti, non sorvolavano l'area, perché uccisi dalle forti esalazioni. Emblematica è la testimonianza di Lucrezio: «Quando gli uccelli giungono in volo in tal luogo, dimentichi di battere le ali, allentano le vele e, protendendo il debole collo, cadono a precipizio in terra o nell'acqua» (Lucr., *De rerum natura*, VI, 742-745).
[72] Il cratere vulcanico si è formato quasi 4000 anni fa dopo una violenta eruzione.
[73] In questo luogo si racconta che Ulisse interrogò l'anima dell'indovino Tiresia (Omero, Odissea, XI).
[74] Strabo, V, 4, 5, C 244.
[75] Strabo, V, 4, 5, C 244.
[76] Si tratta del Cocito o del Piriflegetonte (Plinio, *Nat. Hist*, III, 61).
[77] Onorato 1960, pp. 32-35; Bottini, Rainini, Isenghi Colazza 1976, pp. 359-524; Comella 1981, pp. 754-755; Rainini 1985; Rainini 2003, pp. 137-143; de Cazanove 2003, pp. 145-179; Comella, Mele 2005.
[78] Verg., *Aen.*, VII, 563-571.
[79] Greco 1980, p. 276; Comella 1981, pp. 754-755; Del Lungo 2010, pp. 69-92; Schiattarella 2010, pp. 17-31.

Il Santuario Come Unità Sacra e Documento Archeologico Su Luoghi e Manifestazioni Naturali

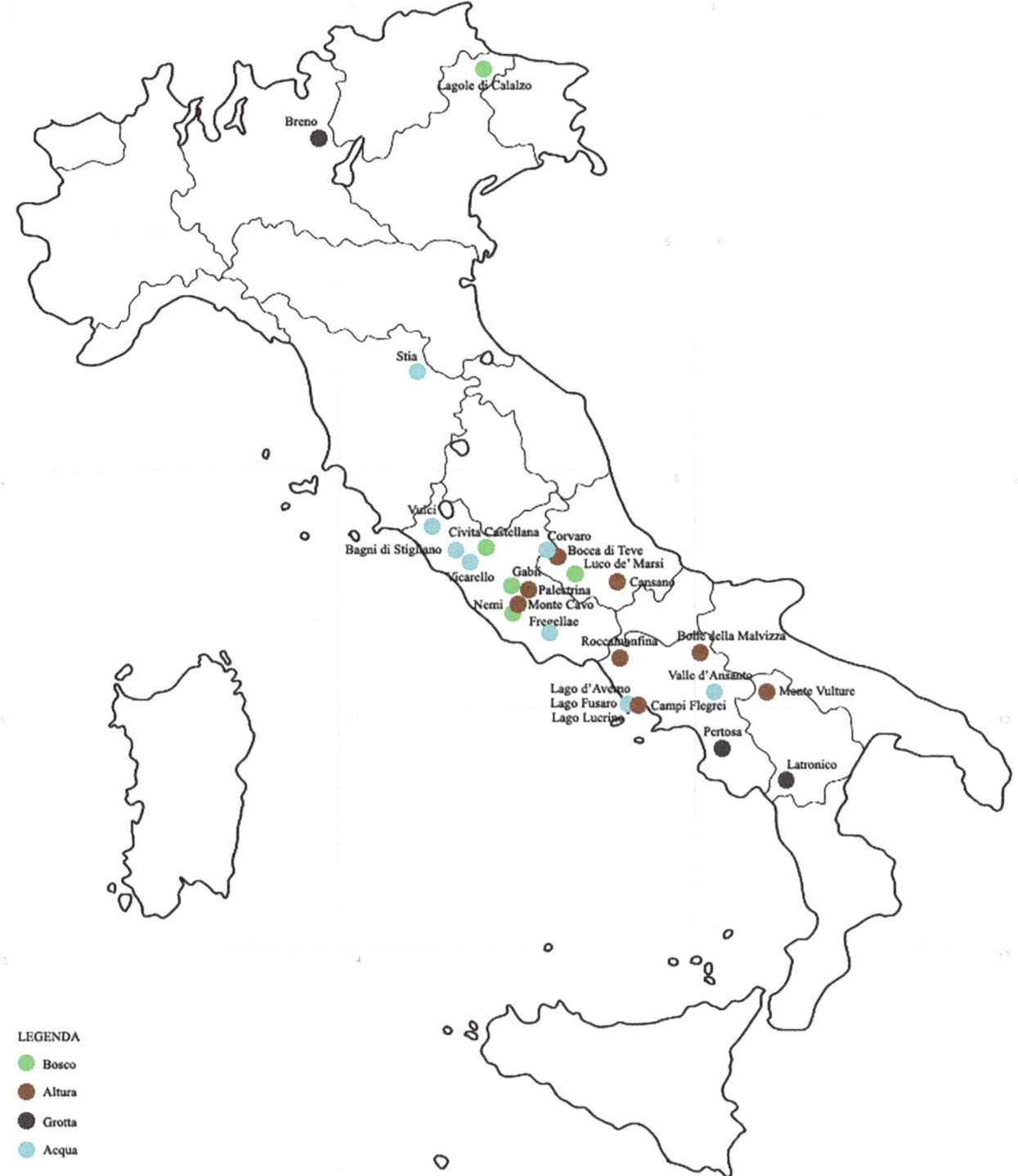

Fig. 3.6. Carta con i luoghi di culto esaminati.

La stipe votiva di Monticchio Bagni (Rionero in Vulture, Italia)

3.3. Quadro sinottico dei santuari analizzati

Località	Santuario	Cronologia	Condizione ambientale	Valore simbolico-culturale
Lagole di Calalzo (Pieve di Cadore)	Santuario di Trumusiate	V a.C.- IV d.C.	Bosco	Bosco come fascia di protezione intorno al santuario, barriera contro il vento ed in particolare per i non iniziati.
Luco dei Marsi (L'Aquila)	Santuario di *Angitia*	IV-III a.C.	Bosco	Bosco sacro (*Lucus Angitiae*) e culto di una dea-serpente inteso come monito ed avvertimento per i fedeli.
Gabii (Roma)	Santuario di Giunone	II a.C.	Bosco	Sacello con al centro un albero molto venerato e nell'area libera trentacinque fosse identificabili con un bosco sacro artificiale.
Nemus Aricinum (Bosco di Ariccia, Nemi)	Santuario di *Diana Nemorensis*	VI-I a.C.	Bosco	Albero sacro probabilmente identificato con la stessa divinità.
Falerii Veteres (Civita Castellana), loc. Celle	Tempio di Giunone Curite	Età arcaica-romanizzazione	Bosco	Bosco come richiamo visivo al sacro.
Bocca di Teve (Cartore, Riserva Naturale Montagna della Duchessa), loc. Vignale	Resti di un santuario su terrazza italico-romano	III-II a.C.	Altura	Altura intesa come luogo sacro, sede della divinità; il salire simboleggia un'elevazione spirituale e un contatto diretto con la divinità.
Cansano (L'Aquila)	Santuario di Giove ed Eracle/ stipe votiva di Cerere	IV a.C.-II d.C.	Altura	Altura intesa essa stessa come luogo sacro, sede della divinità.
Campi Flegrei			Altura (Grande caldera in stato di quiescenza)	Dimora del dio Vucano ed accesso agli Inferi: il divino si manifesta nel fuoco, nei boati, nei fenomeni fuori controllo caratterizzati da mutevolezza e precarietà dove è più facile immaginare di incontrarlo.
Bolle della Malvizza (Montecalvo Irpino)	Resti di un tempio italico (probabilmente culto di Mefite)		Altura (Vulcanesimo secondario: fango ribollente in modo perpetuo)	Presenza nel luogo di segni misteriosi, dovuti a fenomeni di vulcanesimo secondario, intesi dai fedeli come monito ed avvertimento del potere della divinità.
Roccamonfina (Caserta)	Stipi votive distribuite nel suo territorio		Vulcano spento	Luogo, ricco di bacini di acqua minerale e sorgenti solforose, con diverse aree sacre e stipi votive.
Monte Cavo (Roma)	Santuario intitolato a *Iuppiter Latiaris*	VI secolo a.C.	Altura (Colli Albani)	Dall'area sacra era possibile osservare le piogge di pietra e sentire da vicino i boati del vulcano.
Palestrina (Roma)	Tempio della Fortuna Primigenia	Età tardo-repubblicana	Altura (Colli Albani)	Santuario-osservatorio sui Colli Albani. *Antro delle Sortes* e spazio aperto da destinare all'osservazione libera dei fenomeni (piogge di pietra e voce tuonante di Giove).
Pertosa (Salerno)	Stipe votiva	Grotta preistorica	Grotta	Grotta come luogo di culto naturale legato ai riti misterici.
Latronico (Potenza), loc. Calda	Stipe votiva	3500-1500 a.C.	Grotta	Luogo di culto legato alle acque termali, ai concetti di fertilità e ai riti di guarigione.
Breno (Brescia, Val Camonica), loc. Spinera	Santuario di Minerva	Età imperiale romana	Grotta (Area di culto del tipo *Brandopferplatz*, spazio aperto con roghi attivi e presenza di grotte)	Esalazioni e fumi intesi come unione sacra e mediazione tra il mondo terreno ed ultraterreno.
Vicarello (Bracciano)	Stipe votiva	I d.C.	Acqua (Sorgenti d'acque dette Apollinari)	Manifestazione endogena positiva: il culto è legato alle acque salutari, all'idea di guarigione e alla forza terapeutica dell'acqua.

Località	Santuario	Cronologia	Condizione ambientale	Valore simbolico-culturale
Corvaro (Rieti)	Santuario degli Equicoli	Fine IV a.C.	Acqua (Sorgente di S. Erasmo)	Ristagno delle acque della sorgente inteso dagli abitanti come segno della presenza divina.
Vulci (Montalto di Castro)	Stipe votiva	I a.C.-I d.C.	Acqua (Polla sorgiva)	Culto associato ad una polla sorgiva, con la presenza di numerosi *ex voto*, intesa essa stessa come luogo sacro.
Fregellae (tra Aquino e Frosinone)	Santuario di Asclepio	Età repubblicana	Acqua (Fiume Liri e Fontana Cialeo)	Percorso cerimoniale con l'uso dell'acqua.
Lago degli Idoli (Stia, Arezzo)	Stipe votiva	VI-V a.C.	Acqua (Sorgente Capo d'Arno)	Il lago rappresenta il luogo entro cui fare l'offerta alla divinità divenendo esso stesso il santuario.
Lago d'Averno			Acqua (Lago all'interno di un cratere vulcanico)	Il lago, inteso come il passaggio agli Inferi, diventa un luogo pericoloso qualora si verifichino fenomeni strani che non si possono controllare.
Lago Fusaro			Acqua	Lago come luogo di accesso al Regno dei Morti.
Lago Lucrino			Acqua	Lago identificato con uno dei corsi d'acqua infernali (Cocito o Piriflegetonte)
Valle d'Ansanto (Rocca San Felice, Avellino)	Santuario di Mefite	V a.C.-I d.C.	Acqua (Laghetto grigio ribollente senza sosta)	La vicinanza del luogo sacro a forti esalazioni di zolfo e acqua ribollente è intesa come divieto di avvicinarsi troppo a quei luoghi pena la morte causata da pericoli imprevedibili.

Abbreviazioni e Bibliografia

a) Abbreviazioni bibliografiche

AIΩN, Annali dell'Università di Napoli "L'Orientale".

AJA, American Journal of Archaeology.

AnnPerugia, Annali della Facoltà di lettere e filosofia, Università degli Studi di Perugia.

Archaeologica, collana diretta da Paolo Carafa (Sapienza Università di Roma).

ArchClass, Archeologia classica.

ARG, Archiv für Religiongeschichte.

Atti CESDIR, Atti del Centro Studi e Documentazione sull'Italia romana.

Att. Soc. Tosc. Sc. Nat., Atti Società Toscana di Scienze Naturali.

Atti Taranto, Atti del Convegno di Studi sulla Magna Grecia.

BA, Bollettino di Archeologia.

Boll. Soc. Geol. It., Bollettino della Società Geologica Italiana.

Boll. Soc. Nat. Napoli, Bollettino della Società dei Naturalisti di Napoli.

BSR, Papers of the British School at Rome.

BTCG, Bibliografia Topografica della Colonizzazione greca dell'Italia meridionale e delle isole tirreniche.

CRAI, Académie des Inscriptions et Belles Lettres. Comptes rendus des séances.

EAA, Enciclopedia dell'Arte Antica.

Eutopia, *Commentarii novi de antiquitatibus totius Europae*. Rivista diretta da Adriano La Regina.

JdI, Jahrbuch des Deutschen Archäologischen Instituts.

Kernos, Kernos. Revue internationale et pluridisciplinaire de religion greque antique.

LIMC, *Lexicon Iconographicum Mythologiae Classicae.*

MAL, Monumenti Antichi dell'Accademia dei Lincei.

MEFRA, Mélanges de l'Ecole française de Rome. Antiquité.

MonAL, Memorie. Atti dell'Accademia nazionale dei Lincei Classe di scienze morali, storiche e filologiche.

MonAnt, Monumenti antichi dei Lincei.

NSc, Notizie degli Scavi di Antichità.

Ocnus, Quaderni della Scuola di Specializzazione in Beni Archeologici – Università di Bologna.

OpRom, Opuscola romana.

Ostraka, Ostraka. Rivista di Antichità.

PACT, Revue du Groupe européen d'études pur les techniques physiques, chimiques et mathématiques appliquées a l'archéologie.

Prospettiva, rivista di storia dell'arte antica e moderna

Puteoli, Studi di storia antica.

QuadAEI, Quaderni del Centro di studio per l'Archeologia Etrusco-Italica.

RAAN, Rendiconti dell'Accademia di Archeologia, Lettere e Belle Arti/Società Nazionale di Scienze, Lettere ed Arti, Napoli.

RE, Paulys Realencyclopädie der classischen Altertumswissenschaft. Neue Bearbeitung.

Rev. Études Grec, Revue des Études Grecques.

RMezz, Realtà del Mezzogiorno.

ScAnt, Scienze dell'Antichità. Storia, archeologia, antropologia.

Siris, Studi e Ricerche della Scuola di Specializzazione in Beni Archeologici di Matera

StEtr, Studi Etruschi.

b) Bibliografia

Abruzzese Calabrese, G. 1996. *La coroplastica votiva. Taranto*. In *I Greci d'Occidente. Arte e artigianato in Magna Grecia*, edited by E. Lippolis, 189-206. Napoli: Electa.

Adamesteanu, D. 1958. "Scavi e scoperte dal 1951 al 1957 nella provincia di Caltanissetta. Parte prima: Butera: Piano della Fiera. Consi e Fontana Calda". MontAnt: 205-672.

Adamesteanu, D. 1965. "La documentazione archeologica in Basilicata". Atti Taranto IV (Taranto 1964). Napoli: 121-143.

Adamesteanu, D. 1968. "La documentazione archeologica in Basilicata". Atti Taranto VII (Taranto 1967). Napoli: 323-325.

Adamesteanu, D. 1970a. "L'attività archeologica in Basilicata". Atti Taranto IX (Taranto 1969). Napoli: 215-237.

Adamesteanu, D. 1970b. "s.v. Monticchio". EAA Suppl. 1970 [1973]: 503.

Adamesteanu, D. 1971a. "Scavi, scoperte e ricerche storico-archeologiche". RMezz XI: 833-861.

Adamesteanu, D. 1971b. *Rossano-Vaglio*. In *Popoli anellenici in Basilicata*: 79-84.

Adamesteanu, D. 1971c. *L'area melfese*. In *Popoli anellenici in Basilicata*: 99-103.

Adamesteanu, D. 1974. *La Basilicata antica. Storia e monumenti.* Cava dei Tirreni (SA): Di Mauro Editore.

Adamesteanu, D. 1990. *Rossano di Vaglio*. In *Basilicata. L'espansionismo romano nel sud-est d'Italia. Il quadro archeologico*. Atti del Convegno (Venosa 23-25 Aprile 1987), 79-82. Venosa (PZ): Edizioni Osanna.

Adamesteanu, D. 1992. *Macchia di Rossano. Il santuario della dea Mefitis*. In de Lachenal, L. 1992: 62-66.

Adamesteanu, D. 1999. *Coste, fiumi e sorgenti della Basilicata antica*. In *Archeologia dell'acqua in Basilicata*: 9-12.

Adamesteanu, D., Dilthey H. 1992. *Macchia di Rossano. Il santuario della Mefitis*. Galatina (LE): Congedo Editore.

Adamesteanu, D., Lejeune M. 1971. "Il santuario lucano di Rossano di Vaglio". MAL 16: 39-83.

Adamesteanu, D., Mertens, D., D'Andria, F. 1975. "Metaponto. Il Santuario di Apollo e Urbanistica generale". NSc XXIX 1975, suppl.

Aebischer, P. 1932. "Notes et suggestions concernant l'étude du culte des eaux". StEtr VI: 123-144.

Albore Livadie, C. 1981, "Teano (Caserta). Area sacra in loc. Torricelle". StEtr 49: 520-522.

Alroth, B. 1989. *Greek Gods and Figurines: Aspect of the Anthropomorphic Dedications*. Acta Universitatis Upsaliensis, Uppsala.

Amalfitano, P., Camodeca, G., Medri, M. 1990. *I Campi Flegrei. Un itinerario archeologico*. Venezia: Marsilio editori.

Andreau, C. K. 1976, La romanizzazione. In *Civiltà antiche del Medio Ofanto*. Catalogo della mostra (Melfi 1976). Napoli: Soprintendenza Beni Archeologici della Basilicata: pp. 30-36.

Andretta, D., Voltaggio, M. 1988. "La cronologia recente del vulcanesimo dei Colli Albani". Le Scienze (ed. Ital. Di Scientific American) 243-Novembre: pp. 26-36.

Andrisani, A. 2008. *Il Santuario della dea Mefitis a Rossano di Vaglio. Una rilettura degli aspetti archeologici e cultuali*. Rieti: Altrimedia.

Annecchino, R. 1960. *Storia di Pozzuoli e dell'area flegrea*. Pozzuoli (NA): Adriano Gallina Editore.

Antonielli, U. 1927. "Fossa votiva di età romana repubblicana e con materiali arcaici, scoperta in contrada Acquoria". NSc: 215-229.

Archeologia dell'acqua in Basilicata, Potenza 1999.

Bandiera, M. 2008. *La grande stipe votiva etrusca del Lago degli Idoli sulla Falterona*. Stia (AR): Arti Grafiche Cianferoni.

Barberis, V. 2004. *Rappresentazioni di divinità e di devoti dell'area sacra urbana di Metaponto. La coroplastica votiva dalla fine del VII all'inizio del V secolo a.C.* Città di Castello (PG): Fondo studi Parini-Chirio. Archeologia, Olschki.

Baroni, S., Casolo, V. 1990. *Terrecotte votive. Catalogo del Museo Provinciale Campano, V. Piccole figure muliebri panneggiate.* Firenze: Olschki.

Barra Bagnasco, M. 1992. *Locri Epizefiri IV*. Firenze: Le Lettere.

Barra Bagnasco, M. 1997. *La coroplastica*. In *Pomarico Vecchio I. Abitato. Mura. Necropoli. Materiali*, edited by M. Barra Bagnasco, 215-225. Galatina (LE): Congedo Editore.

Barra Bagnasco, M. 1999. *Il culto delle acque in Magna Grecia dall'età arcaica alla romanizzazione: documenti archeologici e fonti letterarie*. In *Archeologia dell'acqua in Basilicata*: 25-52.

Barra Bagnasco, M. 2001. *Il santuario indigeno di Chiaromonte*. In *Carta archeologica della Valle del Sinni: da Castronuovo di S. Andrea a Chiaromonte, Calvera, Teana e Fardella*, edited by S. Quilici Gigli, L. Quilici, vol. X. fasc. V., 215-235. Roma: L'Erma di Bretschneider.

Barra Bagnasco, M. 2003. *Note sulla coroplastica rinvenuta nell'area indigena dell'antica Basilicata (VI-III secolo a.C.)*. In *Archeologia del Mediterraneo: studi in onore di Ernesto De Miro*, edited by G. Fiorentini, M. Caltabiano, A. Calderone, 69-80. Roma: L'Erma di Bretschneider.

Barra Bagnasco, M. 2008. *L'area sacra di Fontana Bona di Ruoti: aspetti della religiosità lucana*. In Felicitas temporum. *Dalla terra alle genti: la Basilicata settentrionale tra archeologia e storia*, edited by A. Russo, H. Di Giuseppe, 177-203. Lavello (PZ): Soprintendenza Beni Archeologici della Basilicata.

Battiloro, I. 2001. *I materiali dal santuario. Ex voto in terracotta, la coroplastica*. In Nava, M. L., Osanna, M. 2001: 45-53.

Battiloro, I. 2005a. *I materiali del santuario. La coroplastica*. In Osanna, M., Sica, M. M. 2005: 141-197.

Battiloro, I. 2005b. *Iconografia e culto. Dalle immagini votive alla ricostruzione della personalità divina*. In Osanna, M., Sica, M. M. 2005: 417-427.

Battiloro, I., Di Lieto, M. 2005. *Oggetti votivi e oggetti rituali: terrecotte figurate e* thymiateria *nel santuario di Torre di Satriano*. In Nava, M.L., Osanna, M. 2005: 141-151.

Battiloro, I., Osanna, M. 2012. *Le aree di culto lucane: topografia e articolazione degli spazi*. In Osanna, M., Battiloro, I. 2012: pp. 15-37.

Bellazzi, C. 1998. *Testine fittili del tipo "tanagrino"*. In *Gela. Il Museo Archeologico*, edited by R. Panvini, 248-249. Gela: Sciascia Editore.

Bellino, A. 2006. *La salvaguardia delle antichità nell'Ottocento ed il museo provinciale*. In *Potenza. Città capoluogo (1806-2006)*, 359-372. Potenza: Cangiano Grafica.

Bertesago, S.M. 2012. *Garaguso: I depositi votivi di "Grotte delle Fontanelle". Il deposito "Altieri"*. In Battiloro, I., Osanna, M. 2012: 49-57.

Bianchi Bandinelli, R. 2005. *Roma. L'arte nel centro del potere*. Bergamo: Biblioteca Universale Rizzoli.

Bianchi Bandinelli, R., Torelli, M. 1976. *L'arte dell'antichità classica, Etruria-Roma*. Torino: Utet.

Bianco, S. 1992. *Chiaromonte, San Pasquale – Santuario lucano*. In De Lachenal, L., 1992: 103-105.

Bianco, S. 1999. *Il culto delle acque nella Preistoria*. In *Archeologia dell'acqua in Basilicata*: 13-24.

Bianco, S., Bottini A., Pontrandolfo, A., Russo Tagliente, A., Setari, E. 1996 (edited by). *I Greci in Occidente. Greci, Enotri e Lucani nella Basilicata meridionale*. Napoli: Electa.

Beni, C. 1930. "La grande stipe votiva di Falterona". Atti Società Colombaria 1928-1929: 289-311.

Bérard, J. 1941. *Bibliographie topographique des principales cites grecques de l'Italie Méridionale et de la Sicile dans l'antiquité*. Paris: E. de Boccard.

Bernabò Brea, L. 1960. "s.v. Eolie, Isole". EAA III: 349-353.

Bernbaum, E. 1990. *Le montagne sacre del mondo*. Milano: Leonardo.

Blasetti, F. 1898. Lucus Angitiae. *Storia e origine di Luco dei Marsi*. Teramo: Studio Bibliografico A. Polla.

Blasetti, F. 1906. "Il bosco sacro alla dea *Angitia* confuso colla selva di Agnano". Italica. Rivista di Scienze, Lettere ed Arti I: 65-68.

Bonacasa, N., Joly, E. 1985. *L'Ellenismo e la tradizione ellenistica*. In *Sikanie. Storia e civiltà della Sicilia greca*, 277-358. Milano: Scheiwiller per Credito Italiano.

Bonanni, T. 1889. *L'archeologia del Lago Fucino e le sue antiche iscrizioni inedite della regione dei Marsi*. Ristampa anastatica. Avezzano (AQ): Studio Bibliografico Adelmo Polla: 51-53.

Bonghi Jovino, M. 1971. *Capua preromana. Terrecotte votive, II. Le statue*. Firenze: Sansoni.

Borchi, S. 2006 (edited by). *Gli scavi e le indagini ambientali nel sito archeologico del Lago degli Idoli*. Poppi (AR): Comunità Montana del Casentino.

Bottini, A. 1980. *L'area melfese dall'età arcaica alla romanizzazione (VI-III sec. a.C.)*. In *Attività archeologica in Basilicata 1964-1977. Scritti in onore di D. Adamesteanu*, 313-334. Matera: Edizioni META.

Bottini, A. 1981. "Ruvo del Monte (PZ). Necropoli in Contrada S. Antonio: scavi 1977". NSc XXXV: 183-288.

Bottini, A. 1988. *La religione delle genti indigene*. In *Magna Grecia*, III, edited by G. Pugliese Carratelli, 55-90. Milano: Electa.

Bottini, A. 1993 (edited by). *Armi. Gli strumenti della guerra in Lucania*. Bari: Edipuglia.

Bottini, A., Rainini, I., Isnenghi Colazza, S. 1976. "Valle d'Ansanto. Rocca San Felice (Avellino). Il deposito votivo del santuario di Mefite". NSc XXX: 359-524.

Bottini, A., Russo, A., Tagliente, M. 1990. *La Daunia interna*. In *Italici in Magna Grecia. Lingua, insediamenti e strutture*, edited by M. Tagliente, 79-85. Venosa (PZ): Osanna Edizioni.

Bottini, P. 1992. *Grumento, San Marco – Stipe votiva pre-romana*. In De Lachenal, L. 1992: 96-98.

Bottini, P. 1997 (edited by). *Il Museo Archeologico Nazionale dell'Alta Val d'Agri*. Lavello (PZ): Alfagrafica Volonnino.

Bottini, P. 1998 (edited by). *Greci e Indigeni tra Noce e Lao*. Lavello (PZ): Alfagrafica Volonnino.

Bottini, P. 2005. *Rivello e Grumentum: affinità e diversità tra due stipi della Basilicata meridionale*. In Nava, M.L., Osanna, M. 2005: 179-192.

Breitenstein, N. 1941. *Danish National Museum, Catalogue of Terracottas*. Copenhagen: Department of Oriental and Classical Antiquites.

Brelich, A. 1969. *Paides e parthenoi*. Roma: Editori Riuniti University Press.

Bubbico, L. 1996. *Il santuario micaelico a Monticchio*. In *Monasteri Italogreci e benedettini in Basilicata. II*, edited by L. Bubbico, F. Caputo, A. Maurano, 22-25. Matera: La Tipografica.

Burkert, W. 1984. *Storia delle religioni. I Greci. Età arcaica. Età classica (Sec. IX-IV)* (Storia delle religioni VIII, 2), tr. It. Milano: Jaca Book.

Burn Higgins, R. 2001. *Catalogue of Greek Terracottas in the British Museum, III*. London: British Museum Press.

Burr Thompson, D. 1966. "The Origin of Tanagras". AJA LXX: pp. 51-63.

Caiazza, D. 1995. *Archeologia e storia antica del mandamento di Pietramelara e del Montemaggiore, II. Età romana*. Pietramelara (CE): Banca popolare "Nicolò Monforte".

Calisti, F. 2010. *Sacralità dell'acqua e "sacrifici di riscatto"*. In *I riti del costruire nelle acque violate*, Atti del Convegno Internazionale (Roma, Palazzo Massimo 12-14 Giugno 2008), edited by H. Di Giuseppe, M. Serlorenzi, 37-38. Roma: Scienze e Lettere.

Campanelli, A. 2008. *Topografia del sacro: spazi e pratiche religiose in alcuni santuari dell'Abruzzo ellenistico*. In *Saturnia Tellus. Definizioni dello spazio consacrato in ambiente etrusco, italico, fenicio-punico, iberico e celtico*. Atti del Convegno Internazionale (Roma, 2004), 69-98. Roma: CNR Edizioni.

Caporusso, D. 1975. "Coroplastica arcaica e classica nelle civiche raccolte archeologiche (Magna Grecia, Sicilia e Sardegna)". Rassegna di Studi del Civico Museo Archeologico e del Civico Gabinetto Numismatico di Milano Suppl. I.

Capurso, A. 1985. *Ginosa antica*. Bari: Edizioni Dedalo.

Carafa, P. 2008. *Culti e santuari della Campania antica*. Roma: Istituto Poligrafico dello Stato.

Cardini, F. 1994. *Boschi sacri e monti sacri fra Tardoantico e Altomedioevo*, in *Monteluco e i monti sacri*. Atti dell'Incontro di Studio (Spoleto, 30 Settembre – 2 Ottobre 1993), 1-23. Spoleto (PG): CASAM.

Carucci, P. 1907. *La grotta preistorica di Pertosa (Salerno)*. Napoli: Tip. Di Gennaro and Morano.

Catalogo del Museo Archeologico di Taranto. I, 2. Il progetto del Museo. Roma 1990: Soprintendenza Archeologica della Puglia.

Cavalier, M. 1990. "Archeologia e vulcanologia nelle Isole Eolie". In "Vulcanology and Archaeology. Proceedings of the European Workshops of Ravello", edited by C. Albore Livadie, F. Widemann, (November 19-27, 1987 and March 30-31, 1989). PACT 25: 25-48.

Cecamore, C. 1993. "Il santuario di *Juppiter Latiaris* sul Monte Cavo: spunti e materiali dai vecchi scavi". Bullettino della Commissione Archeologica Comunale di Roma 95, 1. Roma: L'Erma di Bretschneider: 19-44.

Cera, G. 2004. *Il territorio di Cubulteria*. In *Carta archeologica e ricerche in Campania. Fascicolo 1: Comuni di Alvignano, Baia e Latina, Caiazzo, Castel Campagnano, Castel di Sasso, Dragoni, Piana di Monte Verna, Ruviano*, edited by L. Quilici, S. Quilici Gigli, 21-235. Roma: L'Erma di Bretschneider.

Cerchiai, L. 1995. *I Campani*. Milano: Longanesi.

Cerchiai, L. 1999. "Acque, grotte e dei. I santuari indigeni nell'Italia meridionale". Ocnus 7: 205-222.

Cervellino, E. 1960. *Lucania antica. Dalla preistoria alla caduta dell'impero romano, 476 d.C*. Atella (PZ): Organizzazione lucana di cultura.

Chiarucci, P. 1978. "Colli Albani preistoria e protostoria". Documenta albana V: Museo Civico di Albano Laziale.

Chiosi, E. 1993. *I santuari ellenistici in località Panetelle e Pineta Nuova*. In *Prospettive di memoria. Testimonianze archeologiche dalla città e dal territorio di Sinuessa*, edited by L. Crimaco, G. Gasperetti, 101-162. Napoli: Ministero per i beni culturali e ambientali, Soprintendenza archeologica per le province di Napoli e Caserta.

Ciaceri, E. 1910. *Culti e Miti dell'antica Sicilia*. Palermo: Edizioni Clio.

Cipriani, M. 1989. *S. Nicola di Albanella. Scavo di un santuario campestre nel territorio di Poseidonia-Paestum* (*Corpus* delle stipi votive in Italia, IV, Regio III, 1). Roma: Giorgio Bretschneider Editore.

Cipriani, M., Ardovino, A. M. 1989-1990. "Il culto di Demetra nella *chora* pestana". ScAnt III-IV: 339-352.

Coarelli, F. 1987. *I santuari del Lazio in età repubblicana*. Roma: Carocci.

Coarelli, F. 1998. *Il culto di Mefitis in Campania e a Roma*. In *I culti della Campania antica*, (Atti del Convegno Internazionale di Studi in ricordo di Nazarena Valenza Mele, Napoli, 15-17 maggio 1995), edited by S. Adamo Muscettola, G. Greco, 185-190. Roma: Pubblicazioni scientifiche del Centro di Studi della Magna Grecia dell'Università degli Studi di Napoli Federico II. Terza serie, 3.

Colini, A.M. 1979. *Vicarello. La sorgente termale nel tempo*. Roma: L'Erma di Bretschneider.

Colonna, G. 1960. "s.v. Falterona", EAA III: 589-590.

Colonna, G. 1985. *Santuari d'Etruria*. Milano: Electa.

Comella, A. 1978. *Il materiale votivo tardo di Gravisca*. Roma: Giorgio Bretschneider Editore.

Comella, A. 1981. "Tipologia e diffusione dei complessi votivi in Italia in epoca medio e tardo repubblicana. Contributo alla storia dell'artigianato antico". MEFRA XCIII: 713-803.

Comella, A., Mele, S. 2005 (edited by). *Depositi votivi dell'Italia antica dall'età arcaica a quella tardo repubblicana*. Atti del Convegno (Perugia, 2000). Bari: Edipuglia.

Compatangelo, R. 1985. *L'ager calenus. Saggio di ricognizione topografica*. Napoli: Accademia di Archeologia Lettere e Belle Arti di Napoli. Monumenti V.

Costabile, F. (edited by) 1991. *I ninfei di Locri Epizefiri. Architettura, culti erotici, sacralità delle acque*. Catanzaro: Rubbettino Editore.

Cotton, M.A., Ward-Perkins, J.B., Vander Poel, H.B. 1969. "Excavations at Botromagno, Gravina di Puglia: second interim report, 1967-68". BSR XXXVII: 100-157.

Cremonesi, G. 1980. *L'Eneolitico e l'Età del Bronzo nelle alte valli dei Sinni e dell'Agri*. In *Attività archeologica in Basilicata 1964-77. Scritti in onore di D. Adamesteanu*, 405-437. Matera: Edizioni META.

D'Anisi, M. C. 2005. *Nuovi dati sui culti lucani: un deposito votivo inedito da Accettura*. In Nava, M.L., Osanna, M. 2005: 165-179.

de Cazanove, O. 2000. *Les lieux de culte italiques*. In *Lieux sacrés, lieux de culte, sanctuaries. Approches terminologiques, méthodologiques, historiques et monographiques*, (Coll. Ec. Fr. de Rome, 273), edited by A. Vauchez, 31-41. Roma: Ecole française de Romes.

de Cazanove, O. 2003. *Le lieu de culte de Mefites dans les Ampsancti valles: des sources documentaries hétérogènes*. In *Sanctuaires et sources. Les sources documentaires et leur limites dans la description des lieux de culte*, Table ronde du Centre J. Bérard (Napoli 2001), edited by de O. Cazanove, J. Schedi, 145-179. Napoli: Collection du Centre J. Bérard.

de Cazanove, O. 2004. "Un nouveau temple à Civita di Tricarico (Lucanie)". MEFRA CXVI, 1: 249-291.

De Florentiis, G. 1977. *L'età romana*, in *Il Fucino. Storia di un lago senz'acqua*. Milano: Silvana Editoriale d'Arte: 31-51.

De Gennaro, R. 2005. *I circuiti murari della Lucania antica (IV-III secolo a.C.)*. Paestum (SA): Pandemos.

Degrassi, A. 1978. *Studi su* Praeneste. Perugia: Eucoop.

de Lachenal, L. 1992 (edited by). *Da Leukania a Lucania. La Lucania centro-orientale fra Pirro e i Giulio-Claudii* (Catalogo della Mostra, Venosa). Roma: Istituto poligrafico e zecca dello Stato, Libreria dello Stato.

Delivorrias, et alii 1984. "s.v. *Aphrodite*", LIMC II, 1: 2-151.

Della Torre, O., Ciaghi, S. 1980. *Terrecotte figurate ed architettoniche del Museo Nazionale di Napoli. I. Terrecotte figurate da Capua*. Napoli: Ministero per i Beni Culturali ed Ambientali-Soprintendenza archeologica delle province di Napoli e Caserta.

Del Lungo, S. 2010. *La Memoria non scritta o non dichiarata: il Vulture nella teoria e nel metodo sulla* traditio *dei disastri naturali*. In *Dalle Fonti all'Evento. Percorsi, strumenti e metodi per l'analisi del terremoto del 23 luglio 1930 nell'area del Vulture*, edited by F. T. Gizzi, N. Masini, 69-92. Napoli: Edizioni Scientifiche Italiane.

De Min, M. 1993. *Terrecotte votive*. In *Il Museo di Torcello. Bronzi, ceramiche, marmi di età antica*, edited by G. Fogolari, 83-89. Venezia: Marsilio Editore.

De Nino, A. 1885. "Luco". NSc: 486.

Denti, M. 1992. *La statuaria in marmo del santuario di Rossano di Vaglio*. Galatina (LE): Congedo Editore.

D'Ercole, V. 1990. *L'Abruzzo dalla preistoria alla storia*, in *Antica terra d'Abruzzo. Dalle origini alla nascita delle repubbliche italiche*, edited by V. D'Ercole, R. Papi, 15-106. L'Aquila: Editoriale abruzzese.

De Santis, F. 1976. *Luco dei Marsi*. Roma: Tipografia Don Orione.

De Vanna, L. 2010. *L'area sacra tra la media età del Ferro e la prima età imperiale*. In *Il Santuario di Minerva. Un luogo di culto a Breno tra protostoria ed età romana*, edited by F. Rossi, 39-48. Milano: Edizioni Et.

De Visscher, F., Mertens, J. 1957. "*Alba Fucens*". NSc: 163.

Di Cicco, V. 1915. "Il Museo di Potenza e l'arte in Basilicata". *Varietas* XII, 133, Maggio 1915: 429-437.

Di Girolamo, P., Ghiara, M.R., Lirer, L., Munno, R., Rolandi, G., Stanzione, D. 1984. "Vulcanologia e petrologia dei Campi Flegrei", Boll. Soc. Geol. It. 103: 439-468.

Dilthey, H. 1980. *Sorgenti, acque, luoghi sacri in Basilicata. Rapporto preliminare*. In *Attività archeologica in Basilicata, 1964-1977. Scritti in onore di D. Adamesteanu*, 539-556. Matera: Edizioni META.

Di Nardo G. 1942. *Il preistorico culto infero del Vulcano Laziale sul Campidoglio di Roma*. Velletri (RM): Tip. G. Zampetti.

Di Vito, M., Gattullo, V., Lirer, L., Mastrolorenzo, G. 1988. *L'eruzione di Averno nei Campi Flegrei*. Convenzione di ricerca *Bradisismo e fenomeni connessi* tra Università di Napoli e Regione Campania, IV Rendiconto. Napoli: 114-131.

Fabbricotti, E. 1979. "Ruoti (Potenza) – Scavi in località Fontana Bona, 1972". NSc: 347-413.

Falasca, G. 2002. "*Mefitis*, divinità osca delle acque (ovvero della mediazione)". Eutopia II/2: 7-56.

Fasolo, F., Gullini, G. 1953. *Il santuario della Fortuna Primigenia*. Roma: Istituto di Archeologia.

Fenelli, M. 1975. "Contributo per lo studio del votivo anatomico: i votivi anatomici di Lavinio". ArchClass 2: 248, n. 34.

Fiorelli, G. 1877. "Lago Fucino". NSc: 328-329.

Fiorelli, G. 1887. "Rionero in Vulture". NSc: 460.

Fiorelli, G. 1888. "Rionero in Vulture". NSc: 648.

Focolari, G., Gambacurta, G. (edited by) 2001. *Materiali veneti preromani e romani nel santuario di Lagole di Calalzo al museo di Pieve di Cadore*. Roma: Giorgio Bretschneider Editore.

Fornaseri, M. 1985. "Geochronology of Volcanic Rocks from Latium (Italy)". Rendiconti della Società Italiana di Mineralogia e Petrografia 40: 73-106.

Fortuna, A.M., Giovannoni, F. 1989. *Il lago degli Idoli*. Firenze: Le Lettere.

Fortunato, G. 1904. *La badia di Monticchio*, Trani (BA). Venosa 1985: Edizione anastatica Osanna.

Fresa, M. P., Bottini, A., Guzzo, P. G. 1992. *Lavello, Gravetta – Santuario*. In de Lachenal, L. 1992: 16-21.

Gasperetti, G. 1991. "Teano (Caserta). Località Orto Ceraso. Area sacra di età ellenistica". BA 11-12:139-141.

Gasperetti, G. 1997. *Testimonianze archeologiche delle infrastrutture idrauliche di età romana tra il Garigliano e il Massico*. In *Uomo, acqua e paesaggio*, Atti dell'Incontro di Studio sul tema "Irreggimentazione delle acque e trasformazione del paesaggio antico" (S. Maria Capua Vetere 1996), edited by L. Quilici, S. Quilici Gigli, 239-262. Roma: L'Erma di Bretschneider.

Gasperini, L. 2006. *Le terme-santuario di Stigliano e Vicarello nel Foroclodiense*. In *Usus veneratioque fontium*. Atti del Convegno Internazionale di Studio "Fruizione e culto delle acque salutari nell'Italia romana" (Roma-Viterbo, 1993), 189-224. Bracciano (RM): Tipigraf.

Gatti Lo Guzzo, L. 1978. *Il deposito votivo dell'Esquilino detto di Minerva Medica*. Firenze: Sansoni.

Gatti, S., Agnoli, N., 2001. *Palestrina. Santuario della Fortuna Primigenia e Museo Archeologico Prenestino*. Roma: Istituto Poligrafico dello Stato.

Giacobello, F. 2004. *La coroplastica e gli oscilla*. In *La Collezione Lagioia. Una raccolta storica dalla Magna Grecia al Museo Archeologico di Milano*, edited by G. Sena Chiesa, 375-415. Milano: Comune di Milano.

Giammatteo, T. 2005. *Dalla sorgente al santuario. Il ruolo dell'acqua nelle dinamiche del sacro*. In Osanna, M., Sica, M. M. 2005: 443-447.

Gleirscher, P. 2002. *Alpine Brandopferplätze*. In *Culti nella Preistoria delle Alpi. Le offerte, i santuari, i riti*, edited by L. Zemmer-Plank, 591-634. Bolzano: Collana della Comunità di lavoro regioni alpine.

Graepler, D. 1994. *Corredi funerari con terrecotte figurate*. In *Catalogo del Museo Nazionale Archeologico di Taranto III, I, Taranto. La necropoli: aspetti e problemi della documentazione archeologica dal VII al I secolo a.C.*, edited by E. Lippolis, 282-299. Taranto: La Colomba.

Graepler, D. 1996. *La coroplastica funeraria*. In *I Greci d'Occidente. Arte e artigianato in Magna Grecia*. Catalogo della Mostra (Taranto 1996), edited by E. Lippolis, 229-240. Napoli: Electa.

Graepler, D. 1997. *Tonfiguren in Grab. Fundkontexte hellenistischer Terrakotten aus der Nekropole von Tarent*. München: Biering & Brinkmann.

Greco, E. 1980. *Magna Grecia*. Roma-Bari: Laterza.

Greco, G. 1982. *L'evidenza archeologica nel Lagonegrese* (Catalogo Mostra Rivello 1981). Matera: Soprintendenza Archeologica della Basilicata.

Greco, G. 1990. *Coroplastica*. In Greco, G., Pontrandolfo, A. 1990: 99-123.

Greco G., Pontrandolfo A. 1990 (edited by). *Fratte. Un insediamento etrusco-campano*. Modena: Franco Cosimo Panini.

Grégoire, R. 1994. *Modello di monte sacro: Montecassino*. In *Monteluco e i monti sacri*. Atti dell'Incontro di Studio (Spoleto, 30 Settembre – 2 Ottobre 1993), 23-35. Spoleto (PG): Fondazione CISAM.

Grifoni Cremonesi, R. 2000. *Le Grotte di Latronico*. In *Carta archeologica della Valle del Sinni*, (Atlante Tematico di Topografia Antica, X, 7), edited by L. Quilici, S. Quilici Gigli, 236-241. Roma: L'Erma di Bretschneider.

Grossi, G. 1980. *L'assetto storico-urbanistico del territorio del Fucino nel periodo italico (VII-III sec. a.C.)*. In *Profili di archeologia marsicana*, edited by W. Cianciasi, U. Urti, G. Grossi, 117-185. Avezzano (AQ): Rotary Club di Avezzano.

Grossi, G. 1990. "La dea Angizia tra leggenda e storia". Radar d'Abruzzo XIX, 12: 20-21; XIX, 3-4: pp. 43-47.

Herdejürgen, H. 1971. *Die tarentinischen Terrakotten des 6. bis 4. Jahrhunderts v. Chr. im Antikenmuseum Basel*. Basel: Cambridge University Press.

Higgins, R. H. 1954. *Catalogue of the Terracottas in the Department of Greek and Roman Antiquities. British Museum I: Greek, 730-330 B.C.* London: British Museum.

Higgins, R. A. 1967. *Greek Terracottas*. London: Methuen.

Higgins, R.A. 1969. *Catalogue of the Terracottas in the Department of Greek and Roman antiquities*. Oxford: British Museum.

Higgins, R. A. 1986. *Tanagra and the Figurines*. London: Trefoil Books.

Iacobone, C. 1988. *Le stipi votive di Taranto (Scavi 1885-1934)*. Roma: Giorgio Bretschneider Editore.

I Campi Flegrei nell'archeologia e nella storia. Atti Convegno dei Lincei 33. Roma 1977.

Il destino della Sibilla. Atti del Convegno Internazionale di Studi sui Campi Flegrei (Napoli, 27-28 Settembre 1985). Napoli 1986: Bibliopolis.

Il sacro e l'acqua. Culti indigeni in Basilicata (Catalogo della Mostra, Roma). Roma 1998: Edizioni De Luca.

Jeammet, V. 2003, *Origine e diffusion des Tanagréennes*. In Tanagra: 120-129.

Johannowsky, W. 1952. "Contributi alla topografia della Campania antica: la via Puteolis-Naepolim". RAAN 27: 83-146.

Johannowsky, W. 1963. "Relazione preliminare sugli scavi di Teano". BA: 131-133.

Kleiner, G. 1942. "Tanagrafiguren. Untersuchungen zur hellenistischen Kunst und Geschichte". JdI: EH, XV.

Kleiner, G. 1984. *Tanagrafiguren. Untersuchungen zur hellenistischen Kunst und Geschichte*. Rev. ed. Berlin.

Kruta, V. 2008. *Il culto delle acque presso i Celti transalpini in epoca preromana*. In *Minerva Medica in Valtrebbia. Scienze storiche e scienze naturali alleate per la scoperta del luogo di culto*. Atti del Convegno (Travo, 2006) (Quaderni di Archeologia dell'Emilia Romagna, 19), 59-66. Firenze: Soprintendenza per i Beni Archeologici dell'Emilia Romagna.

La Regina, A. 1970. *Note sulla formazione dei centri urbani in area sabellica*. In *Studi sulla città antica*. Atti Convegno di studi sulla città etrusca e italica preromana. Bologna-Marzabotto-Ferrara-Comacchio 1966, 191-207. Bologna: Istituto per la Storia di Bologna.

Lattanzi, E. 1976a. *Il IV secolo a.C. nella Lucania orientale*. In *Il Museo Nazionale Ridola di Matera*. Matera: Soprintendenza Archeologica della Basilicata: 105-106.

Lattanzi, E. 1976b. *Stipe votiva di Timmari*. In *Il Museo Nazionale Ridola di Matera*, 116. Matera: Soprintendenza archeologica della Basilicata.

Lattanzi, E. 1979. "L'attività archeologica in Basilicata nel 1979". Atti Taranto XIX (Taranto 1979). Taranto: 323-333.

Lejeune, M. 1986. "Méfitis, desse osque". CRAI: 202-213.

Lepore, E. 1989. *Origini e strutture della Campania antica*. Bologna: Il Mulino.

Le sacre acque. Sorgenti e luoghi del rito nella Basilicata antica, Lavello (PZ) 2003: Finiguerra Arti Grafiche.

Letta, C. 1971. *Piccola coroplastica metapontina*. Napoli: Libreria Scientifica Editrice.

Letta, C. 1972. *I Marsi e il Fucino nell'antichità*. Milano: Cisalpino Editore.

Letta, C. 1974. "I Marsi e il Fucino", Atti CeSDIR, suppl. 3. Milano.

Letta, C. 1978. *Il territorio del Fucino in età preromana e romana. Problemi topografici, storici, archeologici*. In *Fucino cento anni (1877-1977)*. Atti degli Incontri e dei Convegni per il centenario del prosciugamento del Fucino e per il venticinquennio della riforma agraria, 99-138. L'Aquila: Arti Grafiche Aquilane.

Letta, C. 1988. *'Oppida', 'vici' e 'pagi' in area Marsa. L'influenza dell'ambiente naturale sulla continuità delle forme di insediamento*, in *Geografia e storiografia nel mondo classico*, edited by M. Sordi, 217-233. Milano: Pubblicazioni dell'Università Cattolica Milano.

Levi, A. 1926. *Le terrecotte figurate del Museo Nazionale di Napoli*. Firenze: Vallecchi Editore.

Libertini, G. 1921. *Le Isole Eolie nell'antichità greca e romana. Ricerche storiche ed archeologiche*. Firenze: Pubblicazioni del R. Istituto di Studi Superiori pratici e di perfezionamento in Firenze, Sezione di Filosofia e Filologia, N.S., Vol. III.

Licinio, R. 1994. *Castelli medievali*. Bari: Edizioni Dedalo.

Lippolis, E. (edited by) 1984. *Gli ori di Taranto in età ellenistica* (Catalogo della mostra). Milano: Arnoldo Mondadori Editore.

Lippolis, E. (edited by) 1994. *Catalogo del Museo Nazionale Archeologico di Taranto III, I, Taranto. La necropoli: aspetti e problemi della documentazione archeologica dal VII al I secolo a.C.* Taranto: Scorpione Editore.

Lippolis, E. 1995. *La documentazione archeologica*. In *Culti greci in Occidente. Fonti scritte e documentazione archeologica*, 1, edited by E. Lippolis, S. Garraffo, M. Nafissi, M., 30-129. Taranto: Istituto per la Storia e l'Archeologia della Magna Grecia.

Lippolis, E. 2001. "Culto e iconografie della coroplastica votiva. Problemi interpretativi a Taranto e nel mondo greco". MEFRA 113, 1: 225-255.

Lippolis, E. 2003. *L'usage votif des Tanagréennes en Italie mérdionale*. In Tanagra: 272-275.

Lirer, L., Rolandi, G., Di Vito, M., Mastrolorenzo, G. 1987. "L'eruzione del Monte Nuovo nei Campi Flegrei (1538)". Boll. Soc. Geol. It. 106: 447-460.

Loiacono, D. 1985. *Le terrecotte figurate*. In *Taranto. Il Museo Archeologico* edited by E. De Juliis, D. Loiacono, 337-411. Taranto: Mandese Editore.

Lo Porto, F. G. 1973. "Civiltà indigena e penetrazione greca nella Lucania orientale". MonAL XLVIII: 153-251.

Lo Porto, F. G. 1974. "L'attività archeologica in Basilicata". Atti Taranto XIII (Taranto 1973). Napoli: 106-134.

Lo Porto, F. G. 1991. *Timmari. L'abitato, le necropoli, la stipe votiva*. Roma: Giorgio Bretschneider Editore.

Loprete, T. C. 1996a. *Corredo della tomba 371 di Sant'Arcangelo-San Brancato*. In Bianco, S., Bottini A., Pontrandolfo, A., Russo Tagliente, A., Setari, E. 1996: 266-268.

Loprete, T. C. 1996b. *Oggetti votivi dall'area sacra di Chiaromonte-San Pasquale*. In Bianco, S., Bottini A., Pontrandolfo, A., Russo Tagliente, A., Setari, E. 1996: 271-275.

Maggiani, A. 1999. "Culti delle acque e culti in grotta in Etruria". Ocnus VII: 187-203.

Maiuri, A. 1926. "Primi saggi di esplorazione nell'antro della Sibilla a Cuma (Luglio-Dicembre 1925)". NSc: 85-93.

Maiuri, A. 1934. *I Campi Flegrei: dal sepolcro di Virgilio all'antro di Cuma*. Roma: La Libreria dello Stato.

Maiuri, A. 1965. "s.v. Pozzuoli". EAA VI: 413-420.

Marinetti, A., Prosdocimi, A. L. 1988. *Lingue e scritture dei popoli indigeni (Lucani, Brettii, Enotri)*. In *Magna Grecia. Vita religiosa e cultura letteraria, filosofica e scientifica*, edited by G. Pugliese Carratelli, 29-50. Milano: Electa.

Masseria, C. 1991. *Banzi. L'area sacra in loc. Fontana dei Monaci*. In *Il Museo Archeologico Nazionale di Venosa*, edited by M. Salvatore, 84-85. Matera: IEM Editrice.

Masseria, C. 1999. "...*et Venerem et proelia destinat (Hor. Carm. III, 13, 5). Riti di passaggio in un santuario di Banzi*", Ostraka VIII, 2: 469-490.

Masseria, C. 2000. "I santuari indigeni della Basilicata. Forme insediative e strutture del sacro", Ostraka II, Napoli.

Masseria, C., D'Anisi, M. C. 2001. *Santuari e culti dei Lucani*. In Nava, M. L., Osanna, M. 2001: 123-134.

Mazzolani, M. 1975. *Piccole terrecotte figurate*. In *Lavinium, II, Il santuario delle tredici are*, 305-309. Roma: Editore De Luca.

Mingazzini, P. 1938. "Il santuario della dea Marica alle foci del Garigliano", MonAL 37: 684-955.

Mollard Besques, S. 1954. *Musée National du Luvre. Catalogue raisonné des figurine set reliefs en terrecuite grecs, étrusques et romains*, I. Paris: Editions des Musees Nationaux.

Mollard Besques, S. 1963. *Les terres cuites grecques*. Paris: Presses Universitaires de France.

Mollard Besques, S. 1986. *Musée National du Louvre. Catalogue raisonné des figurines et riliefs en terrecuite grecs, étrusques et romains, IV, 1. Époques hellénistique et romaine. Italie meridionale – Sicilie – Sardaigne*. Paris: Editions des Musees Nationaux.

Momigliano, A. 1988. *Oracoli sibillini*, in *Saggi di storia della religione romana*. Brescia: Morcelliana: 185-189.

Moretti, M. 1967. *Il Museo Nazionale di Villa Giulia*. Roma: Artistica Editrice A. Nardini.

Nava, M.L. 2003a. *Le sacre acque. Sorgenti e luoghi del rito nella Basilicata antica*. In *Le Sacre Acque. Sorgenti e luoghi del rito nella Basilicata antica*: 13-25.

Nava, M.L. 2003b. *Il santuario di Rossano di Vaglio*. In *Le sacre acque. Sorgenti e luoghi del rito nella Basilicata antica*: 85-100.

Nava, M.L., Cracolici, V. 2005. *Il santuario lucano di Rossano di Vaglio*. In Nava, M.L., Osanna, M., 2005: 103-113.

Nava, M. L., Osanna, M. 2001 (edited by). *Rituali per una dea lucana. Il santuario di Torre di Satriano*. Afragola (NA): Soprintendenza Archeologica della Basilicata, Consiglio Regionale della Basilicata.

Nava, M.L., Osanna, M. 2005 (edited by). "Lo spazio del rito. Santuari e culti in Italia meridionale tra Indigeni e Greci". Atti delle giornate di studio (Matera, 28 e 29 giugno 2002). Siris, Suppl. I, Bari.

Nikiprowetzky, V. 1970. *La troisième Sibylle*, Etudes juives, École pratique des hautes études - Sorbonne. 6. section: Sciences économiques et sociales, 9. Paris.

Olivieri, R. A. 1998. *Butera: santuari e fattorie di età greca nel territorio*. In *Gela. Il Museo Archeologico*, edited by R. Panvini, 243-259. Gela: Sciascia Editore.

Onorato, G. O. 1960. *La Ricerca Archeologica in Irpinia*. Avellino: Amministrazione provinciale di Avellino: 32-35.

Ortelius, A. 1587. "s.v. *Angitiae*". In *Thesaurus geographicus*. Antuerpiae.

Osanna, M. 2004. "Rituali sacrificali e offerte votive nel santuario lucano di Torre di Satriano". ARG VI: 44-61.

Osanna, M. 2005. *Dalla sorgente al santuario. L'acqua "sacra" a Torre di Satriano*. In Osanna, M., Sica, M.M. 2005: 447-450.

Osanna, M. 2008. "Paesaggi agrari e organizzazione del territorio in Lucania tra IV e III secolo a.C.". Bollettino di Archeologia on line, International Congress of Classical Archaeology, I, Volume speciale A/A1/4. Roma: 17-31.

Osanna, M., Giammatteo, T. 2001. *Azioni rituali ed offerte votive*. In Nava, M. L., Osanna, M. 2001: 107-122.

Osanna, M., Battiloro, I. 2012 (edited by). *Brateís Datas. Pratiche rituali, votivi e strumenti del culto dai santuari della Lucania antica*. Venosa (PZ): Osanna Edizioni.

Osanna, M., Sica, M. M. (edited by). *Torre di Satriano I. Il santuario lucano*. Venosa (PZ): Osanna Edizioni.

Pacciarelli, M. 1997 (edited by). *Acque, grotte e dei. 3000 anni di culti preromani in Romagna, Marche e Abruzzo*, Ravenna: Imola, Musei Civici, Morandi.

Pagano, M. 1983-84. "Il Lago Lucrino – Ricerche storiche e archeologiche". *Puteoli* 7-8: 113-226.

Pagano, M. 1985-86. "Una nuova interpretazione del cosiddetto Antro della Sibilla a Cuma". *Puteoli* 9-10: 83-120.

Pagano, M., Reddé, M., Roddaz, J.M. 1982. "Recherches archéologiques et historiques sur la zone du lac d'Averne". MEFRA 94: 271-323.

Palumbo, M. R. 1986. *Le terrecotte figurate di tipo greco in Daunia, Peucezia e Messapia*. Galatina (LE): Congedo Editore.

Panvini, R. 1996. Γελας. *Storia e archeologia dell'antica Gela*. Torino: Società Editrice Internazionale.

Panvini, R. 1998. *Statuetta fittile di tipo "tanagrino"*. In *Gela. Il Museo Archeologico*, edited by R. Panvini, 250. Gela: Sciascia.

Paoletti, M. 1991. "s.v. Luco dei Marsi". BTCG IX: 272-285.

Paribeni, E. 1966. "s.v. Vulcano", EAA VII: 1207-1208.

Passaro, C. 2009. *Cales. Della cittadella medievale alla città antica. Recenti scavi e nuove acquisizioni*. Sparanise (CE): Grafiche Mincione.

Pensabene, P. 2001. *Terrecotte del Museo Nazionale Romano II. Materiali dai depositi votivi di Palestrina collezioni "Kircheriana" e Palestrina*. Roma: L'Erma di Bretschneider.

Pensabene, P., Rizzo, M.A., Ronghi, M., Talamo, E. 1980. *Terracotte votive dal Tevere*, Studi Miscellanei 25, Roma: L'Erma di Bretschneider.

Pianu, G. 1988-1989. "Il santuario di Demetra da Eraclea in Lucania". AnnPerugia XXVI, 1: 103-137.

Pianu, G. 1990. *La necropoli meridionale di Heraclea, 1. Le tombe di IV e III sec. a.C.* Roma: Quasar.

Piccioloni, L. 2012. *Statuette femminili sedute e stanti, statuette maschili, eroti e figure a soggetto teatrale*. In Osanna, M., Battiloro, I. 2012: 65-72.

Piperno, M., Tagliacozzo, A. 1999. *Il Paleolitico e il Mesolitico*. In *Storia della Basilicata. L'Antichità*, edited by D. Adamesteanu, 3-30. Roma-Bari: Laterza.

Pirenne Delforge, V. 1994. "L'Aphrodite greque. Contribution à l'étude de ses cultes et de sa personnalitè dans le panthéon archaïque et classique". Kernos Suppl. IV. Athènes-Liège.

Poccetti, P. 1982. "*Mefitis*". AIΩN 4: 237-260.

Popoli anellenici in Basilicata, Catalogo della mostra. Napoli 1971: La Buona Stampa.

Postrioti, G. 1996. *La stipe votiva del tempio "E" di Metaponto*. Roma: Giorgio Bretschneider Editore.

Rainini, I. 1985. "Il santuario di Mefite in Valle d'Ansanto". *Archaeologica* 60. Roma.

Rainini, I. 2003. *Mephitis aedes o locus consaeptus. Alcune osservazioni sul santuario della dea Mefite nella Valle d'Ansanto*. In *Sanctuaires et sources. Les sources documentaires et leur limites dans la description des lieux de culte*, Table ronde du Centre J. Bérard (Napoli 2001), edited by O. de Cazanove, J. Schedi, 137-143. Napoli: Collection du Centre J. Bérard.

Raiola, G. 1922. *Teanum Sidicinum*. Santa Maria Capua Vetere (CE): Stabilimento Tipografico Cavotta.

Ranaldi, F. 1964. *L'archeologia del Potentino*. In *Basilicata*. Milano: Electa: 140-143.

Rantucci, M.C. 2012. *Protomi, busti, rilievi figurati, tanagrine*. In Osanna, M., Battiloro, I. 2012: pp. 73-79.

Reggiani, A.M. 1979. "La stipe di S. Erasmo di Corvaro a Borgorose". QuadAEI 3, II: 223-225.

Reggiani, A.M., Muzzuoli, M.P. 1980. "Aree sacre della provincia di Rieti: S. Erasmo di Corvaro. *Cures Sabini*". QuadAEI 4, III: 195-198.

Reggiani Massarini, A.M. 1988. *Santuario degli Equicoli a Corvaro. Oggetti votivi del Museo Nazionale Romano*. Roma: Araldo De Luca Editore.

Reinach, Th. 1890. "Le collectivisme des Grecs de Lipari". Rev. Études Grec. III: 86.

Rellini, U. 1916. "La caverna di Latronico e il culto delle acque salutari nell'età del bronzo". MonAL XXIV: 461-622.

Rescio, P. (edited by). *Dizionario di Archeologia Lucana*, *s.v. Rionero in Vulture*: 52-53 (http://www.old.consiglio.basilicata.it/conoscerebasilicata/cultura/archeologia/archeologia.asp).

Rizzello, M. 1980. *I santuari della Media Valle del Liri. IV-I sec. a.C.* Sora: Centro di Studi Sorani "Vincenzo Patriarca".

Romanelli, D. 1982. *Antica topografia storica e corografia dei Marsi*. Avezzano (AQ): Edizioni Polla.

Romanelli, P. 1963. "Lo scavo al tempio della *Magna Mater* sul Palatino". MonAL XLVI: 201.

Rossi, F. 1983. *Terrecotte figurate e architettoniche*, in *Il Museo Archeologico di Bari*, edited by E. De Juliis, 101-116. Bari: Adriatica Editrice.

Rossi, F. 1989. *Il Museo archeologico Nazionale della Valle Camonica. Guida. Dai materiali al territorio*. Camuno (BS): Soprintendenza Archeologica della Lombardia, Cividate.

Rossi, F. 2010. *Minerva a Breno: un santuario romano di confine*. In *Il Santuario di Minerva. Un luogo di culto a Breno tra protostoria ed età romana*, edited by F. Rossi, 415-436. Milano: Edizioni ET.

Roubis, D. 1996. *Corredo della tomba 23 di Sant'Arcangelo – San Brancato*. In Bianco, S., Bottini A., Pontrandolfo, A., Russo Tagliente, A., Setari, E. 1996: 262-266.

Ruffo, F. 2010. *La Campania antica. Appunti di storia e di topografia*, I. Napoli: Denaro Libri.

Russo, A. 1999. *Il ruolo dell'acqua nei santuari indigeni della Basilicata antica*. In *Archeologia dell'acqua in Basilicata*: 103-126.

Russo, A. 2006 (edited by). *Con il fuso e la conocchia. La fattoria lucana di Montemurro e l'edilizia domestica nel IV secolo a.C.* Lavello (PZ): Grafiche Finiguerra.

Russo Tagliente, A. 1996. *Il santuario lucano di Armento-Serra Lustrante*. In Bianco, S., Bottini A., Pontrandolfo, A., Russo Tagliente, A., Setari, E. 1996: 190-193.

Russo Tagliente, A. 2000. "Armento. Archeologia di un centro indigeno". Suppl., volume monografico BA XXXV-XXXVI 1995, Roma.

Rzach, A. 1923. "s.v. *Sibyllen*". RE II.2, coll. 2078-2085.

Sabatini, V. 1900, *I vulcani dell'Italia centrale*. Roma: Tipografia Nazionale.

Salvatore, M. 1991 (edited by). *Il Museo Archeologico Nazionale di Venosa*. Matera: IEM editrice.

Scatozza Höricht, L. A. 1987. *Le terrecotte figurate di Cuma del Museo Archeologico Nazionale di Napoli*. Roma: L'Erma di Bretschneider.

Schettini, F. 1966. "Due monumenti paleocristiani inediti del Vulture e loro riflessi sull'architettura medievale". Archivio Storico Pugliese, XIX.

Schiattarella, M. 1989-1990. "Il ruolo della geologia negli studi di archeologia ambientale: un esempio dai Campi Flegrei". Boll. Soc. Nat. Napoli XCVIII-XCIX: 155-168.

Schiattarella, M. 2010. *Inquadramento geologico e geomorfologico del Monte Vulture e delle aree limitrofe*. In *Dalle Fonti all'Evento. Percorsi, strumenti e metodi per l'analisi del terremoto del 23 luglio 1930 nell'area del Vulture*, edited by F. T. Gizzi, N. Masini, 17-31. Napoli: Edizioni Scientifiche Italiane.

Schojer, T. 1988. *La necropoli di contrada Vaccarella*. In *Il Museo di Taranto. Cento anni di archeologia*. Taranto: Mandese Editore: 415-450.

Sestieri, P. C. 1952. "Salerno - Scoperte archeologiche in località Fratte". NSc VI: 86- 166.

Sestieri Bertarelli, M. 1957. *Il Museo Archeologico Provinciale di Potenza*. Roma: Istituto poligrafico dello Stato, Libreria dello Stato.

Small, A. M. 1976. *The Iron Age Pottery. Site A and F*. In "Gravina di Puglia III. Houses and Cemetery of the Iron Age and Classical Periods", edited by J. du Plat Taylor, A Small. BSR XLIV: 76-132.

Stara Tegge, G. 1905. "I boschi sacri dell'antica Roma". Bullettino Comunale 33: 189-232.

Storti, S. 1993. "s.v. Monticchio". BTCG XII: 44-47.

Taddonio, N. 2012. *Statuette femminili sedute*. In Osanna, M., Battiloro, I. 2012: 187-194.

Talamo, P. F. 1993. *Il santuario arcaico in località Panetelle*. In *Prospettive di memoria. Testimonianze archeologiche dalla città e dal territorio di Sinuessa*, edited by L. Crimaco, G. Gasperetti, 87-99. Napoli: Ministero per i beni culturali e ambientali, Soprintendenza archeologica per le province di Napoli e Caserta.

Tagliente, M. 1984. *Il territorio di Latronico e la Valle del Sinni dall'VIII al III secolo a.C.* In *Testimonianze archeologiche del territorio di Latronico*, edited by S. Bianco, 49-52. Galatina (LE): Congedo Editore.

Tagliente, M. 1999. *La Basilicata centro-settentrionale in età arcaica*. In *Storia della Basilicata, I, L'Antichità*, edited by D. Adamesteanu, 391-418. Roma-Bari: Laterza.

Tagliente, M. 2005a. *Il santuario lucano di San Chirico Nuovo (PZ)*. In Nava, M.L., Osanna, M. 2005: 115-123.

Tagliente, M. 2005b. "L'attività archeologica in Basilicata nel 2005". Atti Taranto XLV (Taranto 2005). Taranto: 725-754.

Tanagra. mythe et archéologie (Musée du Louvre, Paris 15 septembre 2003 – 5 janvier 2004). Paris 2003.

Terrosi Zanco, O. 1966. "Stipi votive di epoca italico-romana in grotte abruzzesi". Att. Soc. Tosc. Sc. Nat. XXVI: 321-338.

Testimonianze archeologiche nel territorio di Tolve. Matera 1992.

Thomasson, B.M. 1961. "Deposito votivo dell'antica città di Lavinio (Pratica di Mare)". OpRom III: 123-128.

Thompson, D. B. 1963. *Troy, Supplementary Monograph, 3, the terracottas figurines of the Hellenistic period*. New Jersey: Princeton.

Tocco, G. 1971a. *Melfi Valleverde*. In *Popoli anellenici in Basilicata*: 111-112.

Tocco, G. 1971b. *Melfi Cappuccini*. In *Popoli anellenici in Basilicata*: 113.

Tocco, G. 1972. "La seconda campagna di scavo nella necropoli di Pisciolo". Atti Taranto XII (Taranto 1971). Napoli: 329-334.

Tocco, G. 1976. *L'età del Ferro e la cultura daunia*. In *Civiltà antiche del medio Ofanto*. Napoli: Soprintendenza Archeologica della Basilicata: pp. 21-22.

Tocco Sciarelli, G. 1996. *I luoghi di culto nella città lucana*. In *I Greci in Occidente. Poseidonia e i Lucani* (catalogo mostra), edited by M. Cipriani, F. Longo, 215-216. Napoli: Electa.

Tomay, L. 2002. *L'area del Vulture nella Preistoria*. In *Viaggio nella regione del Vulture. Archeologia e architettura medioevale*, edited by R. Ciriello, N. Masini, A. Pellettieri, L. Tomay, 19-28. Milano: Ed. Franco Angeli.

Torelli, M. 1966. "s.v. Vulci", EAA VII: 1208-1214.

Torelli, M. 1990. *I culti di Rossano di Vaglio, in Basilicata. L'espansionismo romano nel sud-est d'Italia. Il quadro archeologico*. Atti del Convegno, (Venosa 23-25 Aprile 1987), 83-93. Venosa (PZ): Edizioni Osanna.

Torelli, M. 1992. *Da Leukania a Lucania*. In de Lachenal, L. 1992: XIII-XXVIII.

Uhlenbrock, J.P., Besques, S., Miller Ammerman, R. 1990. *The coroplast's Art: Greek Terracottas of the Hellenistic world*. New York.

Van der Wielen, F. 1994. *Materiali di incerta provenienza*. In *Bovino. Studi per la storia della città antica. La collezione museale*, edited by M. Mazzei, 380. Taranto: Soprintendenza Archeologica della Puglia.

Von Felix Eckstein, B., Legner, A. 1969. *Antike kleinkunst im Liebieghaus*. Frankfurt: Frankfurt am Main

Winter, F. 1903. *Die Typen der figürlichen Terrakotten I-II*, Berlin-Stuttgart: Verlag Von W. Spemann.

Zancani Montuoro, P., Zanotti Bianco, U. 1937. "Capaccio: *Heraion* alla foce del Sele (Relazione preliminare)". NSc XIII: 206-354.

Zannini, S. 2016. "Nuove testimonianze dal santuario di località Panetelle (Mondragone, CE)". Siris 16: 91-104.

Zanotti Bianco, U., Von Matt, L. 1961. *Magna Grecia*, Milano: Stringa editore.

Zevi, F. 1979. "Il santuario della Fortuna Primigenia a Palestrina: nuovi dati per la storia degli studi", Prospettiva 5, 16: 2-22.

Indice analitico

Accettura 18
Afrodite 17-18, 20, 33-34, 72, 75-77
altura (v. anche montagna) 7, 74, 76, 80-81, 83, 90, 92
Angitia 77, 81, 92
Ansanto (valle) 33-35, 76, 81, 85, 90, 93
Ariccia (*Nemus Aricinum*) 81, 92
Armento 15, 17-18, 72, 74
Artemis Bendis 74
Asclepio 72, 77, 79, 89, 93
Atella 5, 7-8
Averno (lago) 85, 90, 93

Banzi 15, 35, 72, 74, 84
Bocca di Teve 83, 92
Bagni di Stigliano 89
Bolle della Malvizza 85, 92
Bolsena 85
bosco 72, 74, 76, 80-81, 83, 86, 90, 92
Breno 86, 92
Buccico, Rocco 13, 15

Campi Flegrei 85, 92
Cansano 83, 92
Cappella del Priore 7, 10
Cappuccini, Melfi 7
cercine 21, 23-24, 26-31, 33
Chiaromonte 17-18, 23, 27, 29-31, 72, 74
Chiuchiari 7
Civita Castellana (*Falerii Veteres*) 81, 92
Colli Albani 86, 92
colomba 16-18, 74-75
Corvaro 89, 93
Cupero 7
Cuma 35, 85

Demetra 18, 72, 74-75
Di Cicco, Vittorio 5, 7, 11-16
Diogene Laerzio 83

Eracle 72, 74, 77, 83, 89, 92
Eraclea 17-18, 29, 31, 33-34
Eros 34-35, 75, 85
erote 34-35, 75, 85
Etna 83, 86

Ferrandina 17, 19, 72
fiume 10, 79, 88-89, 93
fontana 10, 27, 29, 72, 74, 88
Fortuna Primigenia 86, 92
Fortunato, Giustino 5, 7-8
Fratte 25, 31, 35
Fregellae 24, 89, 93
Fusaro (lago) 90, 93

Gabii 81, 92
grotta 11, 33, 76, 80, 86, 90, 92
Grotticelle 74
Grumento 17-18
Iuppiter Latiaris 86, 92
Kore 21, 72

Lacava, Michele 11-12, 14, 16
lago 5, 76, 85, 89-90, 93
Lagole di Calalzo 81, 92
Latronico 12, 86, 88, 92
Lavello 15, 72, 74, 84-85
Leonessa 7
Lucani 71
Luco de' Marsi 81, 84, 92
Lucrezio (*Lucr.*) 90
Lucrino (lago) 85, 90, 93

Mefite (*Mefitis*) 18, 71-72, 74, 76-77, 81, 85, 90, 92-93
Melfi 7
melonenfrisur 19-20, 24, 26-34
Metaponto 15, 17, 31
montagna (v. anche altura) 81, 83-84, 86, 89-90
Minerva 77, 92
Mondragone 31, 85
Monte Cavo 86-87, 92
Museo Archeologico Provinciale di Potenza 5, 7, 11-13, 15, 17, 76
Museo di Storia Naturale del Vulture 74

Nettuno 77

oinochoe 23, 34

Paduli 7, 10
Paestum 17, 19, 29, 31
Palestrina (*Praeneste*) 86, 92
patera (v. anche *phiale mesomphalos*) 10-11, 16-19, 23, 34, 74-75
Pausania (*Paus.*) 33, 79
Pertosa 86, 92
phiale mesomphalos (v. anche patera) 17-20, 75
Piccola Ercolanese 21-22, 75
Pietramelara 85
Pisciolo 7
Plinio il Vecchio 85, 90
polos 10, 16-20, 75

Ridola, Domenico 11-12
Rionero in Vulture 5, 7-8, 10-11
Rivello 17-18, 34, 72, 74-75
Roccamonfina 85, 92
Rocchetta 85

Rossano di Vaglio 17-18, 20, 33, 35, 71-72, 74-76
Ruoti 27, 29, 31, 33, 35, 72, 74
Ruvo del Monte 7

San Chirico Nuovo 17-18, 27, 72
San Michele Arcangelo 5, 11, 74
Sant'Arcangelo 17-18
santuario 7, 10-11, 16-18, 31, 33, 71, 74-76, 79-81, 83, 85-86, 89-90, 92-93
Santa Maria di Luco (o S. Maria di Luco) 7, 76, 84, 86
Serra San Francesco 7
Servio 81
Sgarroni 5, 74
Solfatara 85
sorgente 7-8, 10-11, 72, 74, 76, 79, 84-86, 88-89, 93
Stia 89, 93
stephane 20-21, 25, 27-30
Strabone (*Strabo*) 83, 85, 89-90

Tanagrine 12, 15-16, 20, 27-29, 31, 35
Taranto 10, 17, 24, 29, 33-34, 75
Teano 31, 34, 85
Timmari 11, 17-18, 24, 33-35, 72, 75
Tolve 18, 35
Toppo Daguzzo 7
Torre di Satriano 15, 17-18, 29, 33, 35, 72, 74

Valente, Concetto 15
Valleverde 7
Varco della Creta 5, 7-8, 11, 72, 74, 76, 84
Vesuvio 83
Vicarello 89, 92
Virgilio (*Verg.*) 75, 81, 85, 90
vulcano 12, 76, 83-86, 92
Vulci 89, 93
Vulture, monte 5, 8, 10-12, 71, 74, 76, 81, 84-86, 90

www.ingramcontent.com/pod-product-compliance
Lightning Source LLC
Chambersburg PA
CBHW041706290426
44108CB00027B/2869